W0228273

Droemer
Knaur®

Ernst Aebi

Ein Makkaronibaum in der Sahara

Von einem, der auszog,
eine Wüstenstadt zu retten

Aus dem Amerikanischen von Martina Wiese

Droemer Knaur

Originaltitel: Seasons of Sand
Originalverlag: Simon & Schuster, New York

Die Folie des Schutzumschlags sowie die Einschweißfolie sind PE-Folien
und biologisch abbaubar.
Dieses Buch wurde auf chlor- und säurefreiem Papier gedruckt.

© Copyright der deutschsprachigen Ausgabe
Droemersche Verlagsanstalt Th. Knaur Nachf., München 1995
© Copyright by Ernst Aebi 1993
Das Werk einschließlich aller seiner Teile ist urheberrechtlich geschützt.
Jede Verwertung außerhalb der engen Grenzen des Urheberrechtsgesetzes
ist ohne Zustimmung des Verlags unzulässig und strafbar. Das gilt insbeson-
dere für Vervielfältigungen, Übersetzungen, Mikroverfilmungen und die
Einspeicherung und Verarbeitung in elektronischen Systemen.
Umschlaggestaltung: Agentur Zero, München
Umschlagabbildung: Ernst Aebi
Satz: Franzis-Druck, München
Druck und Bindung: Spiegel Buch, Ulm
Printed in Germany
ISBN 3-426-26754-3

5 4 3 2 1

»Das ist sehr gut gesagt«, antwortete Candide, »aber wir müssen jetzt unseren Garten bestellen.«

Voltaire, *Candide*

Inhalt

Prolog

Seit zweiundvierzig Jahren hatte es in Araouane nicht mehr geregnet. Die dreißig Lehmhütten der Ansiedlung zerbröckelten unter dem immerwährenden Ansturm der sandigen Wüstenwinde. Einige Hüttendächer wurden fast schon von den näherrückenden Dünen berührt. Der nächste bewohnte Ort war das 260 Kilometer südlich gelegene Timbuktu. Das einzige Grün, das die meisten Dorfbewohner je zu Gesicht bekommen hatten, war der Kameldorn im Hof der Moschee. Niemand wußte, wie alt er war – nur, daß der einsame Baum schon immer dort gestanden hatte.

Februar 1991

Meine Verlobte Emilie und ich spielten Scrabble – und das schon seit mehreren Stunden. An den Abenden in Araouane konnte man sich von der harten Arbeit des Tages erholen. Die Dorfbewohner sprachen fast nur noch über Krieg: über den internationalen Konflikt im Persischen Golf und über den kürzlich erfolgten Staatsstreich in Bamako. Dort war ein unbeliebter Diktator, der Mali jahrzehntelang regiert hatte, abgesetzt worden. Das aktuellste Gesprächsthema war jedoch der Aufstand der Tuareg. Seit 1990 führte das Nomadenvolk vom Stamm der Berber einen Guerillakrieg gegen die malische Armee. Das etwa eine Million Menschen umfassende Volk, das über drei Millionen Quadratkilometer der Sahara durchwandert, duldete keine Fremdherrschaft. Die Araber nannten sie »das verschleierte Volk«, weil die meisten Tuareg-Männer stets ihr Gesicht verhüllen. Für die Franzosen waren sie »das blaue Volk«, nach der Farbe ihrer fließenden Gewänder, der Dschellabas. Weder die einen noch die anderen konnten den Nomadenstamm je völlig unterwerfen. Jahrhundertelang schon hatten die Tuareg und die Songhai, schwarze Moslems, in einem unsicheren Gleichgewicht nebeneinander gelebt. Die Songhai gehörten zu einem Stamm, der einst das gesamte Gebiet beherrscht hatte. (Die Songhai von Araouane können sich noch daran erinnern, wie die Tuareg vor nur wenigen Generationen immer wieder Dörfer in der Sahara überfielen und sämtliche Schwarze, deren sie habhaft werden konnten, für den Sklavenhandel raubten.) Als die malischen Behörden damit begannen, sich Schiffsladungen mit Lebensmitteln anzueignen, die von Hilfsorganisationen für die Tuareg herbeigeschafft worden waren, entzündete sich die gegenwärtige Revolte.

Wir tranken Granatapfelsirup mit Wasser, denn da die Rebellen inzwischen alle Fahrzeuge angriffen, die durch diesen Teil der Sahara kamen, mußten wir auf Bier oder Sodawasser, was es gelegentlich gab, verzichten. Der Handelsverkehr war völlig lahmgelegt, und unsere Vorräte waren auf einen winzigen Rest zusammengeschrumpft. Schon seit sechs Wochen hatten wir nicht mehr nach Timbuktu fahren können. Wir konnten zwar den verarmten Nomaden, die an unsere Brunnen kamen, kranke Kamele abkaufen, aber alle anderen Bestände gingen zur Neige. Für die etwa hundertfünfzig Einwohner von Araouane waren in unserem Lagerhaus nur noch ein paar Säcke Hirse übriggeblieben.

An den Grenzen des traditionellen Tuareg-Gebietes patrouillierte zwar die malische Armee, aber das Land war viel zu groß, um von irgendeiner Regierung kontrolliert werden zu können. Es kursierten Gerüchte, Soldaten aus dem Süden hätten die Wasserstellen der Nomaden vergiftet und sie damit in die Flucht geschlagen. In diesem Winter hatten wir bereits vierzehn der Tuareg-Kamele verspeist. Emilie sammelte die Wimpern der Tiere.

»Salaam aleikum, Salaam aleikum!«

Wir fragten uns, wer uns wohl so spät nach Mitternacht noch besuchen wollte. Seit kurzem blieben die Dorfbewohner nach Anbruch der Dunkelheit in ihren Hütten, denn alle befürchteten, die Rebellen würden irgendwann unerwartet an unseren Brunnen auftauchen. Bisher waren sie noch nie nach Araouane gekommen. Mohammed Ali, dem wir ein Radio mitgebracht hatten, gab täglich die Zahl der Todesopfer des Aufstands bekannt; ganze Dörfer waren in einem Streich vernichtet worden.

»Smilla«, rief ich den Leuten vor der Tür grüßend zu.

Fünf Nomaden kamen herein und stellten sich an der Wand auf; sie blinzelten im schwachen Lichtschein der mit Sonnenenergie betriebenen Glühbirne. Ihre schweren Burnusse verrieten sie als Fremde, denn niemand der hier Ansässigen trug solch dicke Stoffe. In den Falten ihrer Kleider hielten sie die Hände versteckt, ihre Turbane waren dicht um ihre Gesichter gewickelt. Sie waren schmutzig.

»Friede sei mit euch.«

»Friede sei auch mit dir.«

»Möge Gott euch beschützen.«

»Möge Gott mit dir sein.«

»Kein Übel möge euch treffen.«

»Auch dir möge kein Leid widerfahren.«

»Ich hoffe, eure Gesundheit liegt in Gottes Hand.«

»Auch deine Gesundheit möge dies tun.«

»Ich hoffe, ihr seid nicht müde.«

»Gott hat uns eine sichere Reise geschenkt.«

»Gott sei gepriesen.«

»Möge Gott deine Söhne beschützen.«

»Möge Gott auch eure Söhne beschützen ...«

Wie üblich, zog sich die Grußzeremonie eine ganze Weile hin. Wir sprachen klassisches Fussha-Arabisch, eine Sprache, in der weder sie noch ich ganz zu Hause waren.

Ich bat sie, ihre Gesichter zu entschleiern, damit ich sehen könnte, mit wem ich sprach. Ein Mann in einem dunkelbraunen Gewand schob einen Teil seines Turbans unter das Kinn. Er war alt und zahnlos und hatte ein Gesicht wie eine verschrumpelte Pflaume. Ich kannte ihn nicht, aber zumindest wußte ich nun, daß er ein maurischer Araber und kein Tuareg war. Ein Tuareg hätte sein Gesicht niemals entschleiert, nur weil ich ihn darum bat.

»Wir müssen mit dir reden«, sagte er. »Verzeih, daß wir so spät zu dir kommen, aber Babaya sagte uns, du würdest wahrscheinlich noch nicht schlafen.«

»Kommt und setzt euch zu uns«, sagte ich. Während sie sich in ihren wallenden Gewändern hinter den Tisch drängten, entschleierten noch ein oder zwei andere ihr Gesicht.

»Wie kann ich euch behilflich sein?« Mein Mißtrauen hatte etwas nachgelassen, doch ich blieb nach wie vor auf der Hut.

»Wir kommen von Bordj-Mokhtar«, sagte der Mann. »Wir haben

drei Tonnen Lebensmittel bei uns. Wir wollten nach Timbuktu, aber wir dachten, du würdest sie vielleicht kaufen wollen.«

Schmuggler. Sie hatten eine zwölf Tage lange Reise von der algerischen Grenze hinter sich, und ihre Kamele waren beladen mit Couscous, Mehl, Makkaroni und Datteln. Normalerweise hätten sie ihre Waren in der Stadt verkauft, aber die Angst vor den Rebellen hatte sie zu uns geführt.

Während wir, süßen Tee schlürfend, um den Preis feilschten, mußte ich daran denken, wie sehr sich die Dinge doch verändert hatten. Nur drei Jahre zuvor hätten diese Händler nicht einmal im Traum daran gedacht, in Araouane einzukehren. Wären sie aus Versehen in der Stadt gelandet, so hätten sie nichts weiter vorgefunden als ein paar halbverhungerte Menschen, die ihnen keinen Gegenwert für die so bitter notwendigen Lebensmittel hätten bieten können. Nun war das Leben in diesem Gebiet der Sahara gefährlich geworden, und selbst Timbuktu stand am Rande einer Hungersnot. Doch Araouane schien – zumindest für den Moment – ein sicherer Ort zu sein. Die Stadt war wieder zu dem geworden, was sie Jahrhunderte zuvor gewesen war – eine blühende Gemeinde, ja sogar eine Oase, inmitten der größten Wüste der Welt. Ich will erzählen, wie sich dies zugetragen hat.

Kapitel 1

Zurück zu den Salzminen

Februar 1988

Vor drei Tagen hatte ich Timbuktu verlassen – das »Ende der Welt«, die »Stadt, die niemals war«, der sagenumwobene »entlegenste aller Orte«. Vom zweiten Morgen an war mein Hintern mit Blasen übersät gewesen, und ich konnte kaum noch auf dem Höcker meines Kamels sitzen. Die Wüstennomaden, die die Karawane führten, sahen höflich über meine Unpäßlichkeit hinweg. Ich wollte zu den Salzminen von Taoudeni und dann wieder zurück sein, bevor der unerträglich heiße Sommer anbrach. Aber ich hatte schon gemerkt, daß in diesem Teil der Welt nichts mit allzu großer Eile vor sich geht. Ich war nur zu meinem eigenen Vergnügen nach Afrika gekommen. Zum ersten Mal seit vielen Jahren fand ich mich in der glücklichen Lage, genau das tun zu können, wozu ich Lust hatte. Durch meine Arbeit als Künstler – und, noch mehr mit lukrativen Dachgeschoßsanierungen im New Yorker Stadtteil SoHo – hatte ich mir finanzielle Unabhängigkeit beschert. Nach einer unerfreulichen Scheidung hatte ich mich ein Jahrzehnt lang als Alleinerziehender meinen vier Kindern gewidmet; nun waren sie erwachsen: Nina, Tony und Jade gingen aufs College, und Tania hatte gerade einen Rekord als Einhand-Weltumseglerin aufgestellt. Zwischen meinem zwanzigsten und dreißigsten Lebensjahr war ich durch die Welt gereist und schließlich von meiner Schweizer Heimat nach Amerika ausgewandert, weil ich meine Träume mit Leben füllen wollte. Dreißig Jahre später hatten sie ein wenig Patina angesetzt, und nun schien mir der Zeitpunkt gekommen, wieder aufzubrechen, um neue Träume zu suchen und zu verwirklichen. So widmete ich mich dem Sporttauchen und dem Bergsteigen, überquerte Ozeane in Segelbooten, nahm an Survivaltrecks durch die Arktis teil und fuhr bei der Paris-Dakar-Rallye mit. Und dabei, als ich mit halsbrecherischer Geschwindigkeit durch die Sahara raste, entschloß ich mich, eines Tages in gemütlicherem Tempo zurückzukehren. Angesichts so großer Armut schämte ich mich für die sinnlose Geldverschwendung, die das Rennen bedeutete, und ich schwor, die Menschen, durch deren Land ich dröhnte, persönlich kennenzulernen.

Schon immer hatte die Wüste eine ganz besondere Anziehungskraft auf mich ausgeübt, das Abenteuer, mit dem sie lockte, ihre Wildheit und ihre unermeßliche Einsamkeit. Immer wenn ich ein Buch mit dem Wort »Wüste« im Titel oder einer öden Landschaft auf dem Deckblatt sah, wollte ich es unbedingt lesen. Solche Berichte von Entdeckungsreisen in Wüsteneien – ob durch Schnee, durch den Dschungel oder vor allem durch Sand – hatten schon die Fluchtphantasien meiner Jugend genährt. Ein Buch zog mich besonders stark zur Sahara hin: *Forbidden Sands*, ein Reisebericht von Richard Trench, der Mitte der siebziger Jahre vergeblich versucht hatte, die Gefangenen in den höllischen Salzminen von Taoudeni zu besuchen. Trench schilderte, wie er sich den Minen von Norden her mit einer Kamelkarawane aus Tindouf genähert hatte. Wegen der Umtriebe der *Polisario*-Separatisten in diesem Teil der Wüste war eine solche Route aber nun ausgeschlossen. Ich war von den Abenteuern seiner langen Reise so begeistert, daß ich den Entschluß faßte, eine Privatexpedition von Süden her zu unternehmen.

In Malis Hauptstadt Bamako aber wurde mir mitgeteilt, daß Taoudeni »aus Sicherheitsgründen« nicht zugänglich sei. Laut Amnesty International befindet sich ganz in der Nähe eines der schlimmsten Gefangenenlager der Welt. Wenige Tage später war mir die Bürokratie der Sahara sattsam bekannt. Ich hatte mit Dutzenden protzig gekleideter Funktionäre gesprochen, welche hinter turmhohen Stapeln von Papier und unter einer alles bedeckenden dicken Staubschicht kaum auszumachen waren. Es schien, als sei der bedeutendste Bürokrat derjenige mit dem höchsten Turm ungelesener Papiere.

Als mir aufging, daß ich so nirgendwohin gelangen würde, charterte ich ein wackeliges Flugzeug mit einem waghalsigen libanesischen Piloten und brauste damit ab nach Timbuktu. Günstigstenfalls würde ich zwei Monate lang mit einer Karawane in der Wüste unterwegs sein, und so schaute ich mich nach Lesestoff um. In der Stadt wurde jedoch nur ein umfangreiches Sortiment verschiedener Ausgaben des Korans – selbstverständlich in Arabisch – angeboten. Das einzige Buch, das ich bei mir hatte, war Hemingways *Die grünen Hügel Afrikas*, aber ein mit mir fliegender Journalist überließ mir eine ältere Ausgabe von *Gentlemen's Quarterly*. Von dem Moment an, da ich in Timbuktu, im »Tor zur Wüste«, landete, war ich von einer schwarzen Fliegenwolke umgeben – was mich nicht überraschte, denn die Stadt war voll mit verrottenden Müllhaufen und ausladenden Bergen von Exkrementen. Die französischen Kolonisten hatten einige eindrucksvolle Regierungsgebäude hinterlassen, doch davon war nur eine Ansammlung baufälliger Gerippe in einem unsäglich verwahrlosten Zustand übriggeblieben. Trotzdem dienten diese Ruinen mit ihren zerfallenen Treppen, eingestürzten Dächern, zerbröckelnden Wänden und Bergen unsortierten Abfalls der jetzigen Verwaltung als Amtsräume. Offiziell hat das moderne Timbuktu ungefähr 12 000 Einwohner. Doch nach amtlichen Schätzungen kommen mindestens weitere 12 000 Flüchtlinge aus der sich ausbreitenden Wüste hinzu, die überall in der Stadt verstreut in behelfsmäßigen Strohunterkünften untergebracht sind. Wie die Hilfsorganisationen und die Regierung zu diesen Zahlen gelangen, ist mir ein Rätsel, da nur sehr wenige der Bewohner und so gut wie keine Flüchtlinge Meldebescheinigungen besitzen.

Die meisten erwachsenen Männer der Stadt schienen nichts weiter zu tun, als in ihren farbenprächtigen Dschellabas herumzusitzen, Tee zu schlürfen und sich zu unterhalten. Die etwas Eifrigeren verkauften alles, was den Fluß herauf- oder herunterkam oder von Algerien, Mauretanien oder Niger eingeschmuggelt werden konnte. Leute in ihren Stammestrachten versuchten sich in allen möglichen Berufen, die in ihrem Stamm Tradition besaßen. Bozo-Fischer verkauften ihren übelriechenden Räucherfisch; arme Mütter oder Schwestern von Minenarbeitern hackten große Salzbarren in kleinere handelsübliche Brocken; Tamaschek-Bella hämmerten alte Autoteile zu Hacken, Beilen oder Teekesseln; Bambara-Frauen in ihren hellen, wogenden Gewändern verkauften Wassermelonen, die von Segou in kleinen Booten, den Pirogen, hergeschifft wurden; Bauern der Songhai verkauften ungeschälten Reis und Bohnen; Nomaden in abgetragenen Kleidern trieben Ziegenherden durch die Straßen und versuchten, sie gegen Zucker und Tee einzutauschen, und Tuareg, die sich einen Namen als Schmied gemacht hatten, boten ihre Kunst jedem an, der auch nur entfernt wie ein Tourist aussah.

Der Ort war voller Leben, Lärm und Dreck. Verschiedene Stadtteile dienten wahren Horden von Bettlern als Heimat; manchen hatte die Lepra Gliedmaßen, Nase und Augen weggefressen, wieder andere Krüppel humpelten müßig herum und suchten nach Nahrung oder Arbeit. Unzählige Kinder, viele von ihnen an Krücken, lagen, saßen oder kauerten traurig herum. Ihre Bäuche waren aufgebläht wie Kürbisse und ihre entzündeten Augen tränten.

Dies also war Timbuktu, die sagenumwobene goldene Stadt vergangener Zeiten, berühmt für ihre Paläste und Universitäten, die Wiege der westafrikanischen Kultur.

Wer immer durch Timbuktu kam, hatte die zweifelhafte Ehre, sich beim städtischen »Empfangskomitee« offiziell anmelden zu müssen, das in der Polizeiwache untergebracht war. Ich erkannte die Hütte an der Bande von Müßiggängern in zusammengewürfelten Uniformen, die davor herumlümmelten. Aus einem im Sand vergrabenen Tonbandgerät dröhnte laute *souka*-Musik.

Schon eine einzige nackte Glühbirne hätte den Wachraum ausleuchten können, wenn die Stromversorgung funktioniert hätte; das allerdings kommt in der Sahara selten vor. Als meine Augen sich an das Dunkel gewöhnt hatten, konnte ich einige am Boden liegende halbbekleidete Körper erkennen, die sich auf behelfsmäßigen Liegen einem Nickerchen hingaben. Niemand erhob sich zu meiner Begrüßung, doch zu meiner Linken nahm ich die Hände von Häftlingen wahr, die sich durch die Stäbe einer Zelle reckten. Mit Schaudern wurde mir bewußt, daß ich es hier mit Timbuktus Hautevolee zu tun hatte. Darüber, welchem Zweck der einzige Stuhl im Raum diente, an dem Metallplatten mit Elektrodrähten befestigt waren, wollte ich mir lieber keine Gedanken machen.

Nachdem ich so lange »*bonjour, messieurs*« gesagt hatte, bis sich einer der Beamten von seinem Schlafplatz erhob, durfte ich die Meldeformulare ausfüllen. Besser gesagt, ich durfte mir einen Musterbogen mit seitenlangen Fragen nach biographischen Einzelheiten ansehen, wie zum Beispiel dem Mädchennamen meiner Mutter, den Geburtsdaten meiner Großeltern väterlicherseits und denen meiner Eltern. Aber die Antworten mußten auf Blankopapier geschrieben werden, weil den Beamten die Kopien ausgegangen waren. Unter anderem wurde ich nach dem Datum meiner Einreise in den Staat »Westafrika« gefragt, der als politisches Gebilde seit den Tagen der französischen Kolonialzeit aufgehört hatte zu existieren.

Ich bezahlte die von dem Polizisten für meinen Paß verlangte Gebühr von tausend Westafrikanischen Francs, was ungefähr drei US-Dollar entsprach. Rein gewohnheitsmäßig bat ich um eine Quittung – überdies brauchte ich dringend Toilettenpapier für meine bevorstehende Karawanenreise. Der Amtsdiener belehrte mich, daß die Ausstellung einer Quittung zwei oder drei Tage beanspruchen würde. Daraufhin verlangte er von mir eine Schachtel Zigaretten, ein T-Shirt oder einen Kugelschreiber.

Tausend Francs erschienen mir Wucher genug, und ich weigerte mich. Glücklicherweise war der Beamte für eine Auseinandersetzung zu müde, und so überließ er mich den Händen der Bewohner Timbuktus, was wörtlich zu verstehen war, denn wohin ich auch ging, streckte mir eine Horde von Kindern ihre Hände in mein Gesicht und in meine Taschen. »*Cadeau, il faut me donner cadeau*« bettelten sie in gebrochenem Französisch. Als ich einem besonders elend aussehenden Jungen ein paar Münzen gab, konnte ich mich nur mit Mühe und Not unversehrt aus dem darauffolgenden Gedränge retten. Und ich dachte mir, es müßte doch sicherlich eine Möglichkeit geben, diesen verzweifelten und armseligen Menschen zu helfen, ohne sie noch mehr an den Bettelstab zu bringen.

Die verwahrlosten Kinder verstärkten noch den schlimmen Eindruck, den Timbuktu mir vermittelte. Während ich durch die staubigen Gassen lief, wurde mir klar, wie sich René Caillié gefühlt haben mußte, als er vor über einem Jahrhundert als erster Europäer die sagenumwobene Stadt erreicht hatte. Ich mußte nicht nur vor den Abwässern auf der Hut sein, die aus hoch über dem Kopf angebrachten Abflußrohren sickern, sondern ich mußte auch noch über glitschige Pfützen aus menschlichen und tierischen Exkrementen springen. Caillié war damals schon enttäuscht, nur eine klägliche Ansammlung von Lehmhütten inmitten der Wüste vorzufinden. Als er bei seiner Rückkehr nach Frankreich seine Eindrücke schilderte, wurde er als Lügner und Scharlatan hingestellt. Seine Leserschaft wollte nicht glauben, daß sie sich in ihrem Bild von dieser legendären Stadt so getäuscht haben sollte. Deshalb nahm sie ihm nicht ab, daß er dort gewesen sei. Erst viele Jahre später, nachdem andere Reisende mit denselben Berichten zurückgekehrt waren, erhielt er die Anerkennung, die ihm gebührte.

Als ich mich im Hotel häuslich eingerichtet hatte, fragte mich ein kleiner Maurenjunge, der sich draußen herumtrieb, sehr höflich, ob er mir Tee machen dürfe. Da er flüssig Französisch sprach und einen ehrlichen Eindruck machte, wollte ich mich von ihm zu den Organisatoren der Karawanen führen lassen. Ich konnte ja schlecht die Polizisten fragen, und sie waren bisher die einzigen Menschen, mit denen ich in der Stadt zu tun gehabt hatte. Am Abend saßen Alouz und ich vor dem Hotel im Sand, und er bereitete mir Tee. Er goß die traditionellen drei Gläser auf: das erste gräßlich stark und bitter, das zweite stark und süß und das dritte dünn und fürchterlich süß.

»Ich würde mich gern einer Salzkarawane nach Taoudeni anschließen«, sagte ich. »Kannst du mir helfen, mit den richtigen Leuten Kontakt aufzunehmen?«

Der Junge sah mich an, als sei ich nicht ganz richtig im Kopf, und schüttete den Tee neben das Glas, das er gerade füllen wollte. »Du kannst nicht dorthin gehen«, sagte er. »Wir dürfen nicht einmal darüber sprechen.«

»Okay, Alouz, dann sprechen wir eben nicht darüber. Aber du kennst doch bestimmt jemanden, der mit den Karawanen zu tun hat?«

»Nun, ja, das wäre Salah Baba.«

»Wo kann ich ihn finden?«

»Im Moment ist er wahrscheinlich auf der Düne hinter dem Hotel. Normalerweise geht er zum Abendgebet dorthin.« Salah Baba erwies sich als ein ausnehmend beeindruckender Mann mit fürstlichem Äußeren. Er hielt sich so gerade, als hätte er einen Stock verschluckt, war fast zwei Meter groß und trug einen Bart, der seine markanten Gesichtszüge dicht umrahmte. Er hatte eine Adlernase, durchdringende schwarze Augen und die Hautfarbe eines Menschen aus dem Mittelmeerraum. Zuerst schätzte ich ihn auf vierzig Jahre, dann auf sechzig, und am Ende war ich mir überhaupt nicht mehr sicher. Von allen Männern, die ich bisher in Timbuktu gesehen hatte, war er mit Abstand der am besten gekleidete. Er trug eine reich, aber nicht protzig bestickte Dschellaba und einen schneeweißen Turban, den er locker um seinen Kopf geschlungen hatte. Er sah aus wie einer der hochangesehenen Marabouts (religiöse Führer im Islam), und später erfuhr ich, daß er genau dies war.

Alouz verschwand sofort, nachdem er mir die erhabene Gestalt gezeigt hatte, als habe er Angst, eine so bedeutende Person zu stören. Wie sich zeigte, brauchte ich ihn nicht als Übersetzer. Salah Baba sprach fließend Französisch sowie Tamaschek, Hassania (das von den Nomaden gesprochene alte Arabisch), Arabisch, Songhai und Bambara. Ich sprach Französisch, Englisch, Deutsch, Italienisch, Spanisch, Schwyzerdütsch und etwas Japanisch, aber keine der in dieser Gegend gesprochenen Sprachen, und so unterhielten wir uns auf Französisch.

Salah Baba war Kettenraucher. Er qualmte ständig Libertés, billige malische Zigaretten, die sich häufig in Tabak- und Papierfetzen auflösen, bevor man sie überhaupt angezündet hat.

»Sie möchten also eine Salzkarawane nach Taoudeni begleiten?« sagte er. »Das ist kein Problem, aber es wird Sie eine Menge kosten. Sie müssen Verpflegung für mehr als einen Monat besorgen und die dafür benötigten Lastkamele sowie die Männer bezahlen, die sich um sie kümmern.«

Ich teilte ihm mit, ich bräuchte keine Sonderbetreuung, ich könne durchaus selbst auf mich aufpassen, und ich bräuchte mit Sicherheit nicht mehr als ein einziges Kamel, um meine Verpflegung zu transportieren. Ich wolle einfach nur dabeisein.

Er unterbrach mich und sagte, wenn ich mitkommen wollte, müßte ich ihm alles Weitere überlassen und mich seinen Anweisungen fügen. Dieser Mann war offensichtlich daran gewöhnt, das Sagen zu haben.

»Also vorausgesetzt, wir einigen uns«, sagte ich, »wann könnte ich dann aufbrechen?«

»Schon sehr bald«, war die Antwort. »Der Februar ist fast vorbei, und bald werden keine Karawanen mehr losziehen. Die heiße Jahreszeit bricht in Kürze an. Ich werde einen verläßlichen Kameltreiber ausfindig machen und sofort Ihre Verpflegung organisieren.«

Die Art, wie er ohne Umschweife an die Sache heranging, gefiel mir. Doch dann kam das dicke Ende: Er verlangte umgerechnet 2000 US-Dollar, was den Kosten für den lächerlich teuren Charterflug von Bamako nach Timbuktu entsprach. Wie ich wußte, war in Afrika der zuerst verlangte Preis selten auch der tatsächlich bezahlte Preis. Doch als ich zu handeln versuchte, wandte sich Salah Baba einfach ab.

»Wir haben keine Zeit für Spielchen«, sagte er. »Wenn Sie sich der Karawane anschließen wollen, geben Sie mir jetzt das Geld. Wenn nicht, gehen Sie nach Hause.«

Ich bezahlte ihn bar an Ort und Stelle.

Nur kurze Zeit später erfuhr ich, daß der aktuelle Preis für eine volle Kamelladung Salzbarren auf demselben Weg nur sechs Dollar betrug.

»Ich werde Ihnen auch einen *boubou* besorgen«, sagte er und meinte damit die leichte hellblaue Baumwolldschellaba der Kameltreiber. »Sie müssen sie unterwegs tragen, weil Sie sonst die Kamele scheu machen. Sie sind nicht an westliche Kleidung gewöhnt. Eine meiner Töchter wird Ihnen eine Liste von Hassania-Wörtern machen, die Ihnen für die Verständigung mit den Männern bei der Karawane vielleicht nützlich sind.«

Dank Salah Baba ging alles sehr schnell. An den darauffolgenden Tagen kaufte er Verpflegung und ließ sie per Esel zu einer Stelle außerhalb der Stadt bringen, wo sie auf die Kamele verladen werden sollte, bevor ich sie überhaupt zu Gesicht bekam. Als er mich über die große Anzahl der benötigten Esel und Kamele aufklärte, fragte ich ihn zaghaft, was ich auf der Reise denn bloß alles essen sollte.

»Das gleiche wie die anderen«, sagte er. Doch erst, als unsere Expedition schon begonnen hatte, konnte ich den Gegenwert meiner 2000 Dollar in Augenschein nehmen. Ich war im Besitz einer halben Tonne Datteln, von zweihundert Kilo Baobabpulver, einem Stapel von Zentner-Säcken mit Zucker, mehreren Holzfässern Tee und einer Tonne Reis mit dem Stempel »Spende der Vereinigten Staaten von Amerika, keine Handelsware«.

Mehrere Abende hintereinander traf ich mich mit Salah Baba auf der Düne hinter dem Hotel. Er wartete auf einen Kameltreiber, der seiner Meinung nach verläßlich genug war, da er mir Ärger auf der Reise ersparen wollte. Eines Abends erschien er mit einem sehr kleinen Mann in einem äußerst schmutzigen *boubou*.

»Das ist Dah Ould Lemine«, sagte er. »Er wird Sie zu den Salzminen und wieder zurück bringen. Ich habe ihm Ihre Verpflegung gegeben und ihn für seine Dienste bezahlt. Er ist ein Clanchef und in diesem Teil der Wüste hoch angesehen. Darüber hinaus ist er ein berühmter Karawanenführer. Da er nur Hassania spricht, werden wir alle Unwägbarkeiten vor Ihrer Abreise genau durchsprechen.«

Von seiner Adlernase abgesehen, war Dah das genaue Gegenteil von Salah Baba. Er hatte den ausgemergelten Hals eines Truthahns, und sein Gesicht war klein und spitz. Bei den seltenen Gelegenheiten, bei denen ich ihn ohne Turban sah, bemerkte ich, daß seine Ohren rechtwinklig vom Kopf abstanden. Die Absätze seiner Gummisandalen waren fast vollständig durchgelaufen. Sein *boubou* sah aus, als könne er vor Schmutz ohne weiteres alleine stehen, aber er selbst schien sauber zu sein. Dahs hervorstechendste Eigenschaft war sein allzeit bereites Lächeln. Das mürrische Timbuktu hatte mich beinahe vergessen lassen, wie ein lächelndes Gesicht aussieht.

Ich glaube, wir beide waren uns von Anfang an sympathisch. Ich brauchte Salah Baba als Dolmetscher, um mit Dah sprechen zu können. Dabei hing Dah so konzentriert an meinen Lippen, als wäre er mit genügend Aufmerksamkeit in der Lage, die fremde Sprache zu verstehen. Allerdings hatte ich ihm nicht viel mitzuteilen. Ich wollte gerne seine Karawane nach Taoudeni begleiten, ich würde das gleiche essen wie die anderen, zur gleichen Zeit aufstehen und schlafen gehen wie sie, alle mir übertragbaren Aufgaben übernehmen und so weit wie möglich als einer von ihnen behandelt werden. Ich fürchte, Dah erhielt nicht einmal einen Bruchteil der Summe, die ich Salah Baba für seine Dienste gegeben hatte.

Am Tag vor unserer geplanten Abreise teilte mir Salah Baba mit, Ausländern sei der Besuch der Minen untersagt, weil sich dort auch ein »Erholungsheim« für politische Gefangene befände. Er sei aber sicher, der Polizeichef von Timbuktu könne gegen ein gewisses Entgelt etwas arrangieren.

Am folgenden Nachmittag gingen wir zum Haus des Polizeichefs, das mit seiner farbenprächtig gekachelten Fassade zu den prunkvolleren in Timbuktu gehörte. Im Hof setzten wir uns auf einen schönen algerischen Teppich, tranken Tee und knabberten kleine Stückchen geröstetes Ziegenfleisch.

Sollte unser Gastgeber zur Truppe in der Polizeiwache gehört haben, so hatte er sich jetzt total verändert. Er war lebhaft, zuvorkommend und ausgesprochen freundlich. Nach der Begrüßungszeremonie fragte er, was er für uns tun könne, obwohl er mit Sicherheit wußte, weshalb wir gekommen waren. Als ich es ihm sagte, rollte er mit den Augen und stöhnte leidvoll ob der Tragweite meines Ansinnens. Mein Plan sei mit zahlreichen möglichen Problemen verbunden, sagte er, und es seien umfangreiche Vorkehrungen erforderlich, um meine Sicherheit zu gewährleisten.

»Man weiß nie«, sagte er, »was mitten in der Wüste geschehen kann, wenn entdeckt wird, daß ein *toubab* schutzlos umherreist.« Beim dritten Glas Tee (schwach, aber sehr süß) händigte er mir eine korrekt abgestempelte und unterzeichnete Reisegenehmigung nach Taoudeni aus.

»Das kostet dann 600 000 Francs.«

Ich starrte ihn ungläubig an. »Sind Sie sicher, daß es nicht 600 oder vielleicht 6000 Francs sind?«

»Nein, nein, es sind 600 000 Francs. Sie können sich nicht vorstellen, wieviel Arbeit für uns damit verbunden ist, Ihnen eine sichere Reise zu garantieren.«

Es schien sich hier um die Standardgebühr zu handeln, und so bezahlte ich sie widerstrebend zum zweiten Mal. Ich hatte kaum eine andere Wahl.

Am selben Abend, kurz vor Sonnenuntergang, brachen wir auf. Zu der Gruppe, die ich begleiten sollte, gehörten Dah Ould Lemine, seine älteren Söhne Hadji und Mohammed und ungefähr vierzig Kamele. Man merkte, daß Dah sich in der Stadt sehr unwohl fühlte und so schnell wie möglich in seine Heimat, die Wüste, zurückkehren wollte. Salah Baba und einige der Kaufleute, die mir Vorräte verkauft hatten, kamen zu den Dünen heraus, um uns eine gute Reise zu wünschen. Alle Mitglieder der Expedition standen im Kreis, gaben sich die Hände und beteten still im orangefarbenen Licht der untergehenden Sonne um eine sichere Reise. Während meines Aufenthaltes in der Sahara sollte ich diesem schönen Ritual noch oft beiwohnen. Es war gleichsam ein Puffer zwischen der hektischen Betriebsamkeit der Reisevorbereitungen und der Gelassenheit, mit der die Wüste uns erwartete.

»Denken Sie daran«, sagte Salah Baba zu mir, »daß es diesen Leuten große Sorgen bereitet, Sie mitzunehmen. Sie befürchten Schlimmes für sich, wenn Sie nicht sicher zurückkehren. Sie sind sehr zurückhaltend und wissen wenig über die Außenwelt. Sie müssen geduldig und verständnisvoll mit ihnen sein.« Ja, dachte ich, und sie mit mir.

Immer in Richtung Norden ließen wir Düne für Düne im langsamen Trott hinter uns. Dah ging voran. Er suchte nach Passagen, die nicht zu steil waren; das erste Kamel führte er an einem Seil, der um den Unterkiefer des Tieres befestigt war. Die Schwänze der Kamele waren jeweils durch ein Seil mit dem Unterkiefer des nachfolgenden Tieres verbunden; die beiden Jungen rannten an der langen Kette von Kamelen auf und ab, rückten hier eine Ladung zurecht und banden dort ein Seil wieder fest. Männer und Tiere warfen im Mondlicht lange Schatten, die wild auf dem wellenförmigen Sand tanzten. Wie aus dem Nichts stieß plötzlich ein kleiner Junge zu uns, der eine Ziege an einem Seil bei sich führte. Ein alter Mann mit zwei Kamelen stapfte eine Weile mühsam neben uns her, um dann wieder in der Dunkelheit zu verschwinden.

Dah und seine Söhne gingen zu Fuß, aber mich hatten sie auf einen Sattel gesteckt, den der Teufel persönlich entworfen haben mußte. Er war nicht hinter, sondern hoch oben auf dem Kamelhöcker installiert, und deshalb außerordentlich instabil. Er war mit einer Unmenge von Seilen festgezurrt worden, aber trotzdem lockerte sich der Sattel von Zeit zu Zeit und mußte neu befestigt werden. Ich wäre lieber zu Fuß gegangen, aber mir war nicht danach, den Status quo in Frage zu stellen. Als wir gegen zehn Uhr unser Nachtlager aufschlugen, durfte ich weder mithelfen, das Lagerfeuer anzufachen, noch eine andere Aufgabe übernehmen. Als der Nachmittag des zweiten Tages anbrach, war mein Hintern eine einzige offene Wunde; ich hatte kein Wasser, um auch nur eines meiner Körperteile zu waschen, und die Reise hatte mich bereits völlig erschöpft. Beim Abendessen – einem Topf Reis mit ein paar Stücken getrocknetem Kamelfleisch, wie man aus der Größe der Knochen schließen konnte – bemerkten die Nomaden, daß ich beim Essen auf dem Bauch lag, statt zu sitzen. Sie errieten den Grund und konnten sich das Lachen nicht verkneifen. Dah bereitete einen Brei aus gemahlenem Kameldung, Asche und Wasser und bedeutete mir, ihn auf meine Wunden aufzutragen. Statt dessen verbrauchte ich meinen ganzen Vorrat an Heftpflastern und fast mein gesamtes kostbares Toilettenpapier zur Polsterung. Obwohl wir nicht dieselbe Sprache sprachen, vermittelten die Nomaden mir das Gefühl, einer von ihnen zu sein. Ich brauchte eine ganze Weile, um das, was sie taten, zu verstehen – warum sie es taten und was sie von mir erwarteten –, aber schließlich paßte ich mich ihrem Tagesablauf an. Dieser brachte nicht viel Abwechslung.

Jeder hatte eine Decke, in die er sich zum Schlafen einrollte. Man breitete sie über die Ladung seines Kamels, um beim Reiten weicher zu sitzen, und wickelte sich abends, wenn gekocht, gegessen und geredet wurde, darin ein. Gegen fünf Uhr morgens standen alle auf. Als allererstes wurde das Morgengebet verrichtet und danach Tee bereitet, der das Lebenselixier der Nomaden zu sein scheint. Für einen Nomaden wäre es die schlimmste Folter, ihm seinen Morgentee auszuschütten. Nach dem Tee gab es Frühstück – normalerweise in heißem Wasser eingeweichte trockene Brotkrümel mit etwas Zucker und *boulenga*. Die flachen Brotlaibe wurden in Ziegenhäuten transportiert und unter das Gepäck, auf dem die Kameltreiber saßen, gezwängt, so daß sie sich bald in einen Krümelhaufen verwandelten. Das trockene Klima verhinderte freilich, daß das Brot schimmelte. *Boulenga* ist eine fettige gelb-grau-schwarz-grüne Masse, die von irgendeiner Pflanze aus dem Süden gewonnen wird. Sie riecht wie eine wochenlang im Gummistiefel getragene Wollsocke. Die Nomaden führten sie in Lederbeuteln mit sich und liebten sie über alles.

Nach dem Frühstück schwärmten die Männer aus, um die Kamele wieder einzufangen. Abends durften die Kamele frei laufen und fressen, was sie fanden; aus diesem Grunde schlugen wir nie zu einer ganz bestimmten Zeit unser Nachtlager auf, sondern zogen bis zu einem Platz mit geeigneter Vegetation. Je nachdem, wie weit die Kamele gewandert waren und wie sehr der Wind ihre Spuren verweht hatte, konnte das Einfangen und Wiederbeladen bis zu mehreren Stunden dauern.

Zu Beginn jeder Tagesreise gingen die Nomaden zu Fuß, um feststellen zu können, ob das Gepäck gut ausbalanciert und gesichert war. Nach zwei oder drei Stunden stieg jeder auf ein Kamel und ließ sich auf der Ladung sitzend tragen. Dabei wurden die Reitkamele täglich gewechselt, damit keines zu sehr beansprucht wurde. Gegen Mittag rasteten wir wiederum je nach Weidemöglichkeit, befreiten die Kamele von ihrer Ladung, damit sie sich Nahrung suchen konnten, und bereiteten Tee und *crème*. Dieses Gebräu hat mit Haute Cuisine nicht das Geringste zu tun, aber aus irgendeinem Grunde wurde es von allen Nomaden – auch wenn sie ansonsten kein einziges Wort Französisch beherrschten – als *crème* bezeichnet. Bereitet wird sie aus einer Handvoll Baobabpulver, drei Handvoll gemahlener Hirse und Wasser. Diese Mischung wurde mit der Hand verrührt und dann herumgegeben. Jeder Nomade nahm einen kräftigen Zug von dem suppigen Brei, und zum Schluß wurde der Bodensatz mit den Händen herausgeschöpft.

Nach etwa zwei Stunden wiederholte sich die morgendliche Prozedur: Tee kochen, Kamele zusammentreiben, beladen, aufbrechen. Abends wurde dann die etwas abwechslungsreichere Hauptmahlzeit eingenommen. Doch ob das Abendessen aus getrocknetem Kamelfleisch mit Reis, Baobabpulver mit gestampfter Hirse oder gefüllten Ziegendärmen bestand – die Hauptzutat war immer Sand. Von den gedämpften Unterhaltungen der Männer verstand ich keine Silbe. Sie sprachen nie laut und schrien auch nie, so als wollten sie die Stille der Wüste nicht stören. Laut Salah Baba sprachen die Nomaden Hassania, aber für meine Ohren hatte ihre hohe melodische Sprechweise nichts mit dem gutturalen modernen Arabisch gemein, das von Algerien bis hinüber nach Ägypten und Syrien gesprochen wird.

Vor meiner Ankunft hatte ich angenommen, daß ich mit den Tuareg zusammenleben würde, über die schon so viele romantische Geschichten geschrieben worden sind. Doch als ich in die Sahara kam, erfuhr ich, daß der Korridor, der von Timbuktu über Araouane, Taoudeni und Tindouf bis nach Marokko verläuft, schon seit über vierhundert Jahren von Mauren kontrolliert wird. Im frühen 16. Jahrhundert hatte dieses von Arabern abstammende Volk die Gebiete um Timbuktu, Gao und Djenné von dem Reich der schwarzen Songhai erobert und damit die Tuareg als Herren der offenen Wüste und ihrer Karawanenwege abgelöst. Dah und die anderen Nomaden, mit denen ich reiste, waren Mauren – wobei die Begriffe »Maure« und »Araber« für die Menschen dieser Region austauschbar sind, denn Mauren sind Araber, die aus dem Maghreb, dem heutigen Marokko, stammen. Die Nomaden in diesem Teil von Mali sind nahezu alle Mauren, und erst viel später traf ich auf größere Gruppen der Tuareg.

Am Nachmittag des dritten Tages holte uns ein Landrover ein. In ihm saßen ein Polizeikommandant, drei schwerbewaffnete Armeeoffiziere und ein maurischer Führer. Die Offiziere richteten die Gewehrläufe auf meinen Kopf und winkten mich auf den Beifahrersitz. Ich bat den Mauren, Dah und seinen Söhnen zu sagen, sie sollten auf mich warten, weil ich bald zurückkehren würde. Ich stieg ein, der Fahrer wendete, und wir fuhren nach Timbuktu zurück.

Auf der Wache bot mir ein neuer Polizeichef einen Stuhl an. Glücklicherweise war es nicht der mit den Stahlplatten und Drähten.

Wie ich erfuhr, saß der Beamte, der mich in seinem Haus bewirtet und mir die Reisegenehmigung ausgestellt hatte, im Gefängnis. Ich wurde der Bestechung eines Polizeikommandanten und der möglichen Spionage bezichtigt. Es schien, als sollte ich Taoudeni zu guter Letzt doch noch einen Besuch abstatten – allerdings in Handschellen. Salzhacken war wohl ein noch größeres Abenteuer als das, worum ich verhandelt hatte – vor allem, wenn sich meine Minen-Kumpel als in Ungnade gefallene malische Bürokraten und Verwaltungsbeamte entpuppen sollten. Mit Bürohengsten war ich noch nie so gut zurechtgekommen.

Zwei glückliche Umstände und eine Lüge retteten mich. Erstens funktionierte die aus Tumbuktu hinausführende Telefonleitung, im darauffolgenden Jahr um die gleiche Zeit fiel sie dagegen für fast vier Monate aus. Und dann antwortete die amerikanische Botschaft in Bamako tatsächlich auf den Anruf. Ich erzählte dem Telefonisten von der Botschaft, daß ich für die Zeitschrift *National Geographic* arbeitete. Es war nicht die reine Wahrheit, aber ich hatte dort einmal einen Herausgeber getroffen.

Die Botschaft wurde aktiv – Gott weiß, wie –, aber es zeigte Wirkung. Erst mußte ich allerdings zehn Tage lang im Hotel schmoren. Ich war der einzige Gast, und meine einzige Unterhaltung war Teetrinken mit Alouz draußen im Sand. Dann erhielt ich meinen Paß mit der strengen Warnung zurück, falls ich irgendwo in der Nähe der Salzminen aufgefunden würde, müßte ich dort bleiben.

Für 500 Dollar mietete ich einen Landcruiser, der seinem Aussehen nach schon längst hätte verschrottet sein müssen, und mit denselben drei Offizieren und dem Führer machte ich mich auf die Suche nach Dah und seiner Karawane. Der Führer versicherte mir, daß sie gewartet hätten. Doch in dem Gebiet, wo wir sie verlassen hatten, teilten uns einige Nomaden mit, die Karawane hätte die Hoffnung auf meine Rückkehr aufgegeben und wäre tags zuvor weitergezogen. Wir folgten der Kamelkotspur, die nun von Taoudeni weg in nordwestliche Richtung nach Mauretanien führte.

Als der Landcruiser zu stottern begann, weil wir kein Benzin mehr hatten, fanden wir Dah und seine Kamele. Ich erklärte, daß ich nicht in die Nähe der Salzminen kommen dürfte, aber gerne mit ihnen ziehen würde, wohin sie auch gingen. Die Offiziere ließen wir zu meinem Vergnügen in der Wüste zurück. Sie mußten sich ein Kamel suchen, das ihnen aus Timbuktu Benzin besorgen konnte, was mindestens drei Tage dauern würde.

Mein wunder Hintern war während meines Zwangsaufenthalts in Timbuktu wieder geheilt, und nun wollte ich Dah und seinen Jungen um jeden Preis beweisen, daß daß ich nicht zimperlich war. In den folgenden acht Tagen schafften wir etwa vierhundert Kilometer. Um meinem Allerwertesten weiteren Kummer zu ersparen, ging ich die meiste Zeit zu Fuß; nur wenn mir manchmal die Beine zu schwer wurden, legte ich einen Kamelritt ein. Dann freilich achtete ich darauf, auf einem Turm Getreidesäcke zu sitzen und nicht wieder auf dem Teufelssattel.

Das Auf- und Absteigen während des Zuges war jedesmal eine Tortur. Weil alle Tiere aneinandergebunden waren, konnte man nicht eines anhalten, ohne den ganzen Konvoi zum Stillstand zu bringen. Und da ich keinen Sattel zum Festhalten hatte, war die in der Sahara gängige Technik, auf ein Kamel zu klettern, für mich noch schwerer zu bewältigen: Dabei geht man zuerst im Schatten des Kamels neben ihm her und murmelt leise vor sich hin. Wenn das gute Tier den Kopf senkt, um zu hören, was man ihm zu sagen hat, schnappt man nach seinem Ohr und zieht es so fest wie möglich nach unten. Das Kamel brüllt dabei wie ein Ochs am Spieß, aber man muß weiter ziehen. Begreift das Tier schließlich, daß es weniger weh tut, wenn es den Kopf gesenkt hält, stellt man den rechten Fuß auf seinen Nacken und läßt das Ohr langsam los. Der Kopf des Tieres schießt dann augenblicklich nach oben, und man wird auf den behaarten Höcker mit seiner Gepäckladung katapultiert. Läßt man aber das Ohr zu schnell los, so wird man möglicherweise in hohem Bogen über den Rücken des Tieres in den Sand geschleudert.

Will man den Nacken als Sprungbrett benutzen, muß man allerdings rücklings aufsteigen, sonst sitzt man falsch herum. Sich umzudrehen, wäre nicht weiter problematisch, wenn das Kamel nicht noch wütend darüber wäre, hereingelegt worden zu sein. Während der ersten paar Minuten bockt es also herum und versucht boshaft, den Reiter wieder abzuschütteln.

Einmal wurde ich Zeuge einer neuartigen Aufstiegsmethode. Ein alter Mann, der aus dem Nichts aufgetaucht war und uns einige Stunden begleitet hatte, stieg von seinem Kamel, um sich im Gehen mit Dah unterhalten zu können. Danach ergriff der Mann den Schwanz des Kamels wie ein Seil und stieg einfach an den Hinterbeinen des Tieres hoch. Ich versuchte es mehrere Male, kam aber nie weiter als bis zu dem zottigen Knie.

Absteigen ist dagegen einfacher – man springt. Immer wenn ich aus irgendeinem Grunde abgestiegen war, gesellten sich die anderen Männer zu mir und gingen neben mir her. Zuerst dachte ich, sie wollten sich davon überzeugen, ob ich sicher gelandet sei, aber später wurde mir klar, daß sie das herzerfrischende Schauspiel, mich wieder aufsteigen zu sehen, nicht verpassen wollten.

Wir überquerten endlose Ketten wunderschön geformter Dünen. Licht und Schatten warfen großartige Muster auf die Berge aus Sand. Lebendig scheinende Formen verlockten den Geist zum Phantasieren. Bewegte sich die Landschaft oder wir?

Immer neue kleine Sandberge formten sich auf großen Sandbergen, um bald wieder vom nächsten Windstoß fortgeblasen zu werden. Meistens wehte der Wind in nordwestliche Richtung, und ich fragte mich, ob er nicht die ganze Sahara einst in den Atlantischen Ozean blasen würde. Schaute ich in die Ferne, so wagte ich nicht zu schätzen, wie weit ein bestimmter Hügel wohl entfernt wäre, denn es gab keinen Baum, kein Haus, kein Tier oder irgendeinen anderen fixen Bezugspunkt. Riesig, klein oder winzig – die Dimensionen verschmolzen miteinander. Ein Fuß vor den anderen, jeder Fußabdruck wurde durch den nächsten wieder ausgelöscht – führte mein Weg in die Zukunft oder in die Vergangenheit?

In vielen Gebieten war der Sand weich und pulvrig und wurde vom Wind modelliert. Die kleinen Dünen überwand ich rasch, aber auf die größeren mußte ich mich hinaufkämpfen, denn bei jedem Schritt rutschte man wieder ein Stück zurück. Sie glichen Flotten von Ozeandampfern. Manchmal geriet das weiche Sandgebilde ins Rutschen, wenn ich meinen Fuß aufsetzte, und ich wurde bis zur Hüfte in heißem Staub begraben. Bald fand ich heraus, daß ich eine Menge Energie sparte, wenn ich mich nahe bei den Nomaden und den Kamelen hielt, die zu wissen schienen, welcher Weg am wenigsten Widerstand bot, weil der Untergrund fest war. Auch wenn ich mich von ihnen entfernte und in die unberührte Wüste wanderte, fühlte ich mich nicht wie ein Zerstörer – die Natur verwischte meine Fußspuren bald wieder.

Ich fühlte mich an das Meer erinnert, wo ich zum letzten Mal wahre Einsamkeit gekostet hatte, als ich den Atlantik in einem kleinen Segelboot überquerte. Allein auf der riesigen Wasseroberfläche, hatte ich gefühlt, wo in der Natur mein Platz war. Hier in der Sahara war ich mit anderen Menschen zusammen, aber unsere Kommunikation beschränkte sich auf Gesten und Grimassen. Einsamkeit schien allerdings das Letzte zu sein, wonach diese Wüstenbewohner trachteten. Sobald wir uns inmitten des unermeßlichen Raumes um uns herum niederließen, bildeten sie einen dichtgedrängten Haufen. Männer und Jungen umarmten sich, hielten sich an den Händen oder legten sich gegenseitig die Köpfe in den Schoß. In den eisigen Nächten schien dies sinnvoll, aber selbst in der Mittagshitze kauerten sich die Nomaden eng zusammen und suchten die Nähe der anderen. Ich aber war nur ein Gast und begrüßte die großartige Einsamkeit der Wüste. Machten wir Rast oder legten uns schlafen, so suchte ich mir eine vom Lager weit entfernte Düne, wo ich die einzigartige, vollkommene Stille genießen konnte. Oft war das einzige Geräusch, das ich in der kalten Nacht hörte, das Klappern meiner Zähne.

Eines Tages kamen wir an einer Stelle vorbei, die mit antiken Steinwerkzeugen, wie Äxten, Kratzmessern, Speerspitzen, Mörsern und Stößeln, übersät zu sein schien. Offensichtlich waren wir auf einen alten Lagerplatz gestoßen, den ein Sandsturm freigelegt hatte. Als ich einige der schöneren Stücke auflas, wurde ich von den Nomaden ausgelacht. Für sie waren diese Zeugen der Vergangenheit einfach nur Müll.

Ich trug die primitiven Werkzeuge in den Händen, weil sich mein Gepäck hoch oben auf meinem Kamel befand und ich schwerlich die ganze Karawane anhalten konnte, nur um ein paar wertlose Steine aufzuladen. Erst nachdem ich die Last über mehrere Dünen und über zahlreiche Ebenen hinweg getragen hatte, begann ich, nach und nach Ballast abzuwerfen. Schließlich ließ ich alle Fundstücke bis auf eine kleine Pfeilspitze fallen. Ich steckte sie in meinen Mund, um den Speichelfluß in Gang zu halten; die Zunge klebte sonst am Gaumen fest.

Als wir uns am neunten Tag unserer Reise einem langgestreckten Tal zwischen zwei riesigen Dünen näherten, kam ein halbes Dutzend Frauen und Mädchen mit wildem Geheul auf uns zugerannt. Dah und die Jungen winkten ihnen von ihren Kamelen aus zu. Als die Mädchen und Frauen meiner ansichtig wurden, rannten sie, so schnell sie konnten, hinter einen Sandhügel. Ich kämmte mich, um einen möglichst guten Eindruck zu machen, und die Jungen lachten über die Schüchternheit ihrer Verwandten. Wahrscheinlich hatten ihre Mütter und Schwestern die Wüste niemals – nicht einmal für einen Besuch nach Timbuktu – verlassen, und aller Wahrscheinlichkeit nach hatte keine jemals zuvor einen Europäer gesehen.

Dah kam zurück, um aus der Karawane zwei Kamele loszubinden. Er gab den jüngeren Kindern Anweisungen und verschwand mit den Kamelen im Schlepptau wieder hinter den Dünen. Mit Hadji und Mohammed ging ich hinter ihm her das Tal hinauf. Nach mehr als einer Stunde erreichten wir die beiden Zelte, aus denen Dahs Lager bestand. In einem wohnten die Frauen: Dahs Ehefrau, die Witwe seines verstorbenen Bruders, eine unverheiratete Cousine und drei Mädchen, in dem anderen die Männer: Dah, Hadji, Mohammed und etwa vier jüngere Söhne.

Die Zelte waren sehr groß und hatten eine Grundfläche von ungefähr neun Quadratmetern, hatten aber mit den Zelten, die ich vor meiner Reise in die Sahara kennengelernt hatte, nicht das geringste zu tun. Das eine war aus Ziegenfellen und Leder, das andere aus zusammengenähten Baumwollstreifen. Beide waren über rauhe, in den Sand gesteckte Holzpfähle gespannt. So erhielt man nichts weiter als einen sehr großen Sonnenschutz mit offenen Seiten und dem Sand als Fußboden, auf dem die Habseligkeiten der Familie verstreut lagen. In kalten Nächten wurden, wie ich später herausfand, die dem Wind zugewandten Seiten als Schutz heruntergelassen. Zwischen den beiden Zelten waren eine Ziege und ihr Kitz an einem Pfahl angebunden, die etwas Wüstenstroh zu fressen hatten.

Im Moment war das Lager jedoch völlig verlassen. Wo waren die

Frauen und Kinder? Ihr Verschwinden schien genauso mysteriös wie die Tatsache, daß sie gewußt hatten, wann wir kommen würden. Zum ersten Mal fühlte ich mich fehl am Platze. Während der Reise mit den Männern hatte ich mich vollkommen wohl gefühlt, aber das Zusammentreffen mit ihren Familien war etwas anderes. Was sollte ich tun, wenn sie sich weigerten, in meiner Gegenwart zu essen? Vor meiner Ankunft in der Sahara hatte ich gelesen, wie grundlegend sich Tuareg und maurische Araber in ihrem Verhalten gegenüber Fremden unterscheiden. Danach sei das Betreten eines Tuareg-Zeltes mit Frauen und Kindern kaum jemals ein Problem. Die großen, schmalen Tuareg-Männer halten ihre Gesichter ständig verschleiert, nicht aber ihre Frauen. Sie sind viel selbständiger als die maurischen Frauen, die fast immer einen Schleier tragen und einem Mann, der nicht zur Familie gehört, niemals erlauben würden, sie zu berühren.

Während unserer Karawanenreise bekam ich Frauen so gut wie nie zu Gesicht. Sobald wir uns einem Lager näherten, zogen sich die Frauen und Töchter sofort zurück. Bei den seltenen Gelegenheiten, bei denen ich einen Blick auf eine Frau erhaschen konnte, waren Gesicht, Hände und Beine, ja jedes Fleckchen Haut vollständig unter schäbigen schwarzen und indigofarbenen Baumwollgewändern verborgen.

Dah kam zu Fuß zurück, und wir begannen, die Kamele von ihren Lasten zu befreien. Mit Gesten signalisierte ich ihm mein Unbehagen, und er signalisierte mir fröhlich zurück, ich solle mir keine Sorgen machen. Etwa hundert Meter von ihren Zelten entfernt errichteten Hadji, Mohammed und Dah einen Unterschlupf für mich – eine Wolldecke, die von ein paar Stöcken hochgehalten wurde. Wir legten mein Gepäck darunter und bereiteten *crème* zu.

»Mach es dir gemütlich«, bedeutete Dah mir mit Gesten und unverständlichen Worten. »Vielleicht dauert alles ein bißchen, aber es wird schon werden.« Zumindest hoffte ich, daß er mir dies sagen wollte.

Wir tranken Tee, und Dah zauberte einen Beutel voll Datteln hervor, dem ich einige in Timbuktu erworbene Süßigkeiten hinzufügte. Dann stiegen er und seine Söhne auf die Kamele, um ihre Verwandtschaft erneut zur Rückkehr ins Lager zu bewegen.

Als meine Freunde gegangen waren, legte ich mich in meinen behelfsmäßigen Unterstand – müde, aufgeregt, schmutzig und besorgt zugleich. Ich befand mich im Herzen der Sahara auf irgendeinem Fleck, der auf keiner Landkarte verzeichnet war. Ab und zu hatte ich unseren Kurs mit dem Kompaß überprüft, aber ich wußte nur, daß wir uns neun Tage lang in grob nordwestlicher Richtung von Timbuktu fortbewegt hatten. Mir kamen Visionen von kaltem Bier.

Die Stille im Lager wurde bedrückend. Es war nicht das geringste zu hören. Kein Vogel, kein Windstoß, keine Stimmen, gar nichts. Das einzige, was ich vernahm, waren meine eigenen Körpergeräusche: mein Herzschlag, mein Atem und das leise Rumoren in meinem Bauch, das die *crème* auf ihrem gewundenen Pfad durch meine Eingeweide begleitete.

Ich zog Hemingway hervor, um mir die Zeit zu vertreiben, aber mir stand nicht der Sinn nach den Heldentaten des »Großen Weißen Jägers«. Ich kramte herum, bis ich meine Ausgabe von *Gentlemen's Quarterly* fand, und machte mich mit den modernsten Theorien vertraut, etwa wie weit die Manschette aus dem Ärmel eines Herrnjacketts herausschauen darf.

Gegen Sonnenuntergang tauchten meine Gastgeber über den Dünen auf. Dah ging zu Fuß mit drei schwarzgekleideten Frauen. Dahinter ritten Hadji und Mohammed, jeder mit ein oder zwei Kindern auf seinem Kamel. Die angemessene Etikette war mir nicht im mindesten geläufig, und auch *Gentlemen's Quarterly* konnte nicht mit einer Antwort aufwarten.

Unbeholfen stellte ich mich mit einer Handvoll Süßigkeiten neben meinen Unterschlupf. Ich setzte mein breitestes, einladendstes Lächeln auf. Hadji und Mohammed luden die Kinder ab, die sich eilends hinter ihren Müttern versteckten. Die Frauen ihrerseits versuchten, sich hinter den Männern zu verbergen. So standen wir uns alle in einer Reihe gegenüber als dunkle Silhouetten vor der untergehenden Sonne inmitten der Wüste, und jeder wartete darauf, daß der andere den ersten Schritt tat. Es war, gelinde gesagt, peinlich. Ich streckte die Hand mit den Süßigkeiten aus. Niemand bewegte sich. Dann richtete Dah einige Worte an die Frauen, woraufhin eine zu mir herüberkam. Ihr Schleier teilte sich ein wenig, und ein

Auge und ein Stückchen Nase kamen zum Vorschein. Eine Hand erschien aus dem abgetragenen schwarzen Gewand. Finger und Handfläche waren mit roten und schwarzen Mustern bedeckt. Soll ich ihr die Hand schütteln? fragte ich mich. Ich entschied mich für eine sichere Variante. Ich ließ die Süßigkeiten in ihre Hand fallen und hoffte, kein Tabu verletzt zu haben. Die Süßigkeiten verschwanden in den Falten ihres Gewandes. Sie drehte sich um und ging an den Männern und den anderen Frauen vorbei zu den Kindern. Sie steckte ein Bonbon in den Mund und sog versuchsweise daran. Dann gab sie jedem Kind eines. Als sie sich wieder zu mir umwandte, war ihr Gesicht noch etwas mehr entschleiert und trug ein breites, freundliches Lächeln. Danach war alles einfach. Ich ging zu meiner Tasche, um noch mehr Süßigkeiten zu holen. Jetzt wagten sich die Kinder nahe genug heran, um sie in Empfang nehmen zu können. Die zwei anderen Frauen gingen zu ihren Zelten, um das Abendessen zu bereiten, während Dahs Frau sich neben die Kinder in den Sand kauerte. Sie sah ohne Verlegenheit mit unbedecktem Gesicht zu mir auf. Ihre Körperumrisse konnte ich unter dem weiten schwarzen Gewand nicht erkennen – gerade deshalb tragen die Frauen es ja –, aber als der Abendwind das Tuch gegen ihren Körper wehte, sah ich, daß sie eher rundlich war. Wie die Nomaden sagen, weist eine fette Frau ihren Ehemann als guten Ernährer aus. Gelegentlich konnte ich einen kurzen Blick auf ihre Hand erhaschen, die, abgesehen von den verschlungenen roten und schwarzen Mustern, von einem blassen, von der Sonne unberührten Weiß war. So schöne Zähne wie ihre hatte ich schon seit langem nicht mehr gesehen.

Dah ergötzte seine Familie mit Anekdoten von unserer Reise, wobei er unmißverständlich von den Mißgeschicken erzählte, die ihm mit dem verrückten Ausländer widerfahren waren. Eine der anderen Frauen brachte eine Schale voll Glut und einen Teekessel herbei. Die Kinder schmiegten sich, die großen Augen auf mich gerichtet, eng an ihre Eltern; sie wußten immer noch nicht so recht, was sie von diesem Fremden zu halten hatten.

An jenem Abend schlachtete Dah mit meinem Schweizer Offiziersmesser eine Ziege. Er wußte zwar nichts mit dem Schraubenzieher, dem Flaschenöffner oder dem Korkenzieher anzufangen, aber fasziniert betrachtete er jedes glänzende Metallwerkzeug und präsentierte es der ganzen Familie.

Mit Ausnahme der widerlich schmeckenden Gallenblase wurde jeder Teil der Ziege gierig verschlungen. Keines der Eingeweideteile wurde gewaschen. Dah schnitt sie einfach in kleine Stücke und kochte sie in schmutzigem Wasser. Der Kopf, noch mit dem Fell daran, wurde in die Glut geworfen und entpuppte sich als Festschmaus für die Kinder, bevor wir anderen überhaupt mit dem Essen begannen. Schockiert beobachtete ich, wie das älteste Mädchen die Augen für ihre kleineren Geschwister herausbohrte und danach das geröstete Zahnfleisch zwischen den gelben Zähnen hervorkratzte. Dah spaltete den Schädel mit dem Griff seines Messers, so daß die Kinder abwechselnd das Gehirn heraussaugen konnten.

Zu meinem großen Entsetzen stellte ich fest, daß mir als dem Ehrengast die ausgewähltesten Organe zustanden – mit anderen Worten, das Herz, die Bauchspeicheldrüse, die Milz, die Gedärme und noch mehr solcher Köstlichkeiten. Das normale Fleisch war für die »geringeren« Leute, und noch nie zuvor hatte ich mir so sehr gewünscht, zu den »Geringeren« zu gehören. Dah steckte mir die Leckerbissen direkt in den Mund, so daß ich mich nicht zu weigern traute. Ich schluckte tapfer, meistens ohne zu kauen. Aus Höflichkeit vermied ich es, Grimassen zu schneiden, obwohl mein gezwungenes Lächeln Dah nur dazu brachte, mich weiter zu füttern. Frauen und Männer saßen in verschiedenen Runden, aber nur wenige Schritte voneinander getrennt. Ganz anders als die Frauen in Timbuktu, aßen die Frauen hier genau das gleiche wie die Männer. Die Kinder bekamen allerdings nur die Knochen, und das erst, nachdem die Erwachsenen sie abgenagt hatten. Da das Schlachten und Rösten im Sand vor sich ging, knirschte jeder Bissen gehörig. Ich würde wohl eine Weile brauchen, mich daran zu gewöhnen.

In dieser Nacht schlief ich gut. Ich hatte einen Unterschlupf und, was noch wichtiger war, eine Wolldecke. Dah hatte meine während meines unfreiwilligen Aufenthalts in Timbuktu verloren, und seitdem ich zu der Karawane zurückgekehrt war, mußte ich mit meiner Skijacke unter dem *boubou* schlafen. Er hatte mir zwar seine eigene Decke angeboten, aber ich brachte es nicht über mich, ihn nur in seiner dürftigen Dschellaba und der weiten knielangen Hose schlafen zu lassen. In dieser Nacht nun, mit einer Decke als Windschutz und einer zum Einwickeln, schlief ich süß und selig.

Kurz vor Sonnenaufgang kehrte im Nomadenlager das Leben ein. Als ich um fünf Uhr aufwachte, umkreisten einige Kinder bereits vorsichtig mein Quartier. Sie lächelten mich an, aber hielten sich in sicherer Entfernung. Ich lächelte zurück und war nicht sicher, was sie von mir erwarteten. Sollte ich zum Hauptzelt hinübergehen? Sollte ich meine Hilfe anbieten? Wobei sollte ich helfen? Ich hatte keine Ahnung, wie ein Tag in diesem Lager aussehen würde. Ich wollte niemandem zur Last fallen, aber ich wußte auch nicht, welchen Beitrag ich leisten könnte.

Abwarten und Tee trinken, dachte ich mir. Dah kam mit seinem Kessel und zwei Gläsern zu mir herüber. Er machte sie sauber, indem er sie mit ein paar Handvoll Sand abrieb. Dann brachte seine Frau eine Schüssel mit getrocknetem, in heißem Wasser aufgeweichten Kamelfleisch, und ein kleines Mädchen trug eine Schüssel mit geronnener Kamelmilch. Das Frühstück war serviert.

Etwa eine Woche lang lebten wir mit der Familie des Kameltreibers und ein paar anderen Nomaden zusammen, die zum Lager gewandert kamen. Bald merkte ich, daß ich durchaus keine unnütze Last war. Dah verteilte nämlich die Riesenmengen an Verpflegung, die ich hatte kaufen müssen, an die verarmten Mitglieder seines Clans, und nach und nach verlor sich das bittere Gefühl, in Timbuktu mächtig übers Ohr gehauen worden zu sein.

Ich fühlte mich aber nicht nur als gemolkene Kuh, sondern war für jedermann im Lager auch ein Garant für Kurzweil. Dahs Kindern fehlte zwar ein Fernseher zur ständigen Unterhaltung, aber jetzt hatten sie ja mich. Mit meiner Minitaschenlampe hüpften sie herum wie kleine Derwische. Sie erwarteten offensichtlich keinen Moment lang, meine Utensilien von mir geschenkt zu bekommen, aber keines hatte den geringsten Skrupel, sie zu jedem erdenklichen Zeitpunkt auszuleihen. Nur einmal erhob ich Einspruch, als die Kleinen ihre Nägel mit meiner Zahnbürste säubern wollten. Später entdeckte ich, daß die Kinder ihre eigenen makellos weißen Zähne stundenlang mit einem Stück Holz bearbeiteten, um sie sauberzuhalten.

Als ich eines Morgens meine Behausung aufräumte, rannte ein Junge, der mich beobachtet hatte, plötzlich davon und kam mit einem angespitzten Stock zurück. Mehrere Male stieß er den Speer in den Sand zu meinen Füßen und zog schließlich eine Hornviper von einem Meter Länge hervor. Offensichtlich hatte er die vordere Schlangenspitze und ihre Augen aus dem Boden ragen sehen. Grinsend sprang er mit seiner Beute davon.

Als wir ein anderes Mal nach dem Essen alle rund ums Feuer saßen, erhob sich Dah und näherte sich mir mit einer Sandale in der Hand. Mit einem Lächeln erschlug er lässig einen Skorpion auf meiner Decke und schlurfte wieder zu seinem Platz am Feuer zurück. Als er dagegen bei anderer Gelegenheit einen in meinen Augen ganz gewöhnlichen Käfer mit seiner Sandale zu einem unförmigen Klumpen zerquetschte, sprangen alle Lagerbewohner alarmiert auf. Ich fragte mich, welches Insekt so tödlich sein konnte, daß die Nomaden es noch mehr fürchteten als einen Skorpion.

Ihren religiösen Pflichten gingen meine Gastgeber eher sporadisch nach. Während das Abendessen kochte oder in irgendeiner anderen Ruhepause, die annähernd zu einer der fünf vorgeschriebenen Zeiten erfolgte, wandten sie sich nach Mekka, um zu beten. Entspann sich dabei in ihrer Nähe ein interessantes Gespräch, so wandten sie sich einfach diesem zu und nahmen ihre Gebete bei der nächsten sich bietenden Unterbrechung wieder auf. Ein Mann, der offensichtlich mit Dah befreundet und mit seinem Sohn und einigen Kamelen zu unserer Karawane gestoßen war, ließ sogar seinen kleinen Jungen auf seinem Rücken herumspazieren, wenn er gebeugt im Sand kniete.

Während der ganzen Zeit, die ich mit den Nomaden verbrachte, sei es bei der Karawane oder im Lager, sah ich sie kein einziges Mal miteinander streiten. Rein materiell betrachtet, sind sie äußerst arm. Die kleinen Kinder laufen nackt umher, die Männer tragen nur Dschellabas aus billiger Baumwolle, und die Frauen sind in dunkle, indigogefärbte Tücher gehüllt, die auf ihrer Haut violette Flecken hinterlassen. Außer ihren Zelten und Tieren besitzen die Nomaden nur ein paar eherne Schüsseln und Utensilien. Ich weiß nicht, ob sie trotz ihrer Armut oder gerade deswegen so gut miteinander harmonieren.

Alle Nomaden, egal, ob Männer, Frauen oder Kinder, beginnen im Sand zu kritzeln, sobald sie sich hinsetzen. Zuerst glätten sie eine Fläche vor ihren gekreuzten Beinen und entfernen alle Zweige oder Kamelhäufchen, wie ein Lehrer, der vor dem Unterricht die Tafel wischt. Beim Reden machen die Nomaden zur Betonung Punkte in den Sand, aus denen dann Muster entstehen. Stehen sie auf, wischen sie die Muster wieder glatt, als wollten sie keine Spuren ihrer Gedanken zurücklassen.

Ziehen die Nomaden zu den Minen oder nach Timbuktu, so errichten sie für ihre Frauen ein Lager in einem Gebiet mit genügend Weidefläche für ihr Vieh. Da sich ausreichendes Weideland selten in der Nähe eines Brunnens befindet, muß mindestens ein Mann zurückbleiben, der Wasser holen geht, denn für eine Frau wäre es »unschicklich«, das Lager ohne Begleitung zu verlassen und an einem Brunnen mit Fremden zusammenzutreffen.

Einen Großteil ihrer Zeit verbringen die Nomaden mit der Sicherung ihres Lebensunterhalts. Die Männer transportieren Salz von den Minen, um Zucker, Tee, Getreide, Kochgefäße, Gebrauchsgegenstände, Stoffe für Kleider und das begehrte altertümliche Gewehr bezahlen zu können. In guten Zeiten, wenn sich nach ergiebigen Regenfällen die Möglichkeit bietet, die Herden stark zu vermehren, züchten sie auch Ziegen als Tauschobjekte. Da aber alle diese Geschäfte Reisen erfordern, verbringen Männer und Frauen ihr Leben meistenteils getrennt voneinander.

Auch die männlichen und weiblichen Kamele werden die meiste Zeit getrennt gehalten. Zu den Karawanen werden nur männliche Kamele mitgenommen, um Unterbrechungen durch Paarungen oder Kämpfe zu vermeiden. Die weiblichen Tiere bleiben bei den Frauen und Kindern im Lager zurück. Diese Tiere dürfen sich frei bewegen, aber die Hirten schaffen es mit einem Trick, daß die Kamele zum Melken von alleine ins Lager zurückkehren: Solange ein weibliches Tier seine Jungen säugt, bindet der Besitzer einen kleinen Korb um das Euter, um die Jungen am Trinken zu hindern. Wird der Milchdruck zu groß, so will sich das Muttertier Erleichterung verschaffen und kommt zum Lager, weil es gelernt hat, daß der Besitzer den Korb dann abnimmt. Dieser holt sich so viel Milch, wie seine Familie braucht, und läßt das hungrige Kameljunge dann nach Belieben trinken. Sind die Männer mit einer Karawane unterwegs, so werden diese Aufgaben von den Frauen und älteren Kindern übernommen.

Die Töne, die eine kleine Herde weiblicher Kamele von sich geben kann, spotten jeder Beschreibung. Sie muhen, gurgeln, rülpsen, schlürfen, stöhnen und ächzen. Als sie eines Nachts überhaupt nicht zu beruhigen waren, gab Dah mir zu verstehen, ihre Unruhe deute auf einen heraufziehenden Regenschauer hin. Bis zur Regenzeit waren es noch fünf Monate, und selbst dann regnet es nur alle paar Jahre und nur in bestimmten Teilen der Wüste, aber am nächsten Morgen bezog sich der Himmel mit düsteren Wolken.

Nach einer Woche brachen wir das Lager ab und zogen weiter; dieses Mal begleiteten uns die Frauen und Kinder. Hadji und Mohammed beluden die Kamele mit all unseren Habseligkeiten. Auf einem der Tiere thronten Ouija, Dahs Ehefrau, und ihre drei jüngsten Kinder auf einer aus Bündeln errichteten Plattform. Die anderen beiden Frauen teilten sich ein weiteres Kamel, das außerdem an beiden Seiten mit den Zeltpflöcken behängt war. Die drei erwachsenen Männer, die beiden großen Jungen und ich gingen zu Fuß. Wohin? Ich hatte keine Ahnung.

Laut meinem Kompaß bewegten wir uns in östlicher Richtung. Um von einem Brunnen zum nächsten zu gelangen, braucht man durchschnittlich fünf Tage, so daß wir alle gierig tranken, wann immer wir einen erreichten. Jeder Brunnen besteht aus einem Loch mit etwa zwei Metern Durchmesser und einer Tiefe von ungefähr fünfundvierzig Metern, umkränzt von einem jahrhundertealten Wall aus Kamelmist. Jedesmal, wenn ein Nomade einen der löcherigen Lederbeutel voll Wasser hochzieht, verschüttet er das meiste unweigerlich auf dem Boden, wo es den festgebackenen Dung aufweicht. Diese trübe Brühe aus Kamelmist, Ziegenmist und Wasser läuft natürlich in den Brunnen zurück, wo sie mit der nächsten Wasserladung wieder hochgezogen und von Mensch und Tier konsumiert wird.

Ich gewöhnte mir schnell an, meine Augen zu schließen, sobald ich von dem braunen Wasser trank, aber der Geschmack ließ mich nach wie vor zurückzucken. Vor meiner Reise in die Sahara hatte ich beschlossen, genau das gleiche zu essen und zu trinken wie die Wüstenbewohner, um mich besser in ihre Lebensweise einfühlen zu können. Ich hatte gehört, in der Wüste bestünde keine große Ansteckungsgefahr für irgendwelche Krankheiten, und so wie ich reiste, hätte ich ohnehin keinen Mikroben entgehen können.

Da ich mich nicht verbal verständigen konnte, mußte ich jede verfügbare Information mit allen meinen Sinnen in mich aufnehmen. Zogen die Frauen die Zeltpflöcke aus dem Sand und rollten ihre Decken ein, oder wurde das Wasser aus den Ziegenhäuten geleert, ohne daß man neues Wasser aus dem Brunnen holte, dann wußte ich, daß ich meine Tasche packen mußte. Nachdem wir alles aufgeladen hatten, hielten wir nochmals an der nächsten Wasserstelle an, um die Tiere zu tränken und alle Ziegenhäute für den bevorstehenden langen Marsch zu füllen.

Ich hatte mich schon länger gefragt, wovon sich die Kamele und Ziegen ernähren sollten, da ich kaum einmal auch nur einen einzigen Strohhalm zum Feueranmachen finden konnte. Eines Tages trafen wir auf eine Karawane mit etwa hundertfünfzig Kamelen, und da erfuhr ich es. Der Konvoi transportierte riesige Bündel mit *halfa*. Das sind die Halme und groben Blattfasern des in manchen Wüstengebieten wachsenden Espartograses. *Halfa* ist das Grundfutter für die Lasttiere. Die Nomaden nehmen es in Bündeln mit auf den Weg zu den Salzminen. Der größte Teil dieser achthundert Kilometer langen Strecke führt durch völlig vegetationslose Gegenden. Damit die Kamele auf dem Heimweg nicht verhungern, hinterlassen die Nomaden in der Wüste Futtervorräte.

Für die Wüstenbewohner ist *halfa* einfach unentbehrlich. Außer einigen Seilen aus Kamelfell zum Zusammenbinden der Salzbarren werden sämtliche Stricke der Nomaden aus *halfa* angefertigt. Außerdem wird es zum Anzünden von Kameldungfeuern und zum Auspolstern der Kamelflanken als Schutz vor dem schweren Gepäck benutzt. Sobald wir irgendo *halfa* wachsen sahen, luden wir es garbenweise auf unsere Kamele. Nachts am Feuer machte die ganze Familie Stricke daraus, indem jeder die Stränge mit schnellen, komplizierten Bewegungen zwischen den Händen drehte. Es sah sehr einfach aus, doch wenn ich es versuchte, kam jedesmal nur eine Handvoll zerknittertes Stroh heraus. Diesen Mißerfolg machte ich jedoch wett, indem ich den Kindern mit den fertiggestellten Stricken Seilhüpfen beibrachte. Merkwürdigerweise hatten sie dieses Spiel trotz der Unmengen an Stricken, mit denen sie tagtäglich zu tun hatten, nie für sich entdeckt. In meiner Jugendzeit hatte ich den Ehrgeiz gehabt, Boxchampion zu werden, und deshalb war ich im Seilspringen gar nicht mal so übel.

Wir bekamen Bauchschmerzen vor Lachen, als wir zusahen, wie sich die Kinder und vereinzelte Besucher aus anderen Lagern, bei dem Versuch, meiner Virtuosität nachzueifern, in den groben Strohseilen verfingen. Außerdem brachte ich ihnen Fangen bei, das wir oft nach getanem Tagewerk spielten. In mondlosen Nächten, wenn nur die Sterne für uns leuchteten, wurde allerdings mehr ein Blindekuhspiel daraus.

Zu diesem Zeitpunkt hatte ich Hemingways *Die grünen Hügel Afrikas* durchgelesen und mich von *Gentlemen's Quarterly* darüber aufklären lassen, welche Farbe meine Krawatte in diesem Jahr haben sollte. Und dann ging mir das Toilettenpapier aus. Ich wollte zwar leben wie die Nomaden und hätte demzufolge Sand nehmen sollen, aber dazu war ich noch nicht ganz bereit, und das hieß, entweder würde Papa Hemingway oder *Quarterly* herhalten müssen.

Es gab zwar in meiner Umgebung eigentlich keine Krawatten – von farbigen ganz zu schweigen –, aber man konnte ja nie wissen, ob man die entsprechenden Informationen nicht irgendwann doch brauchen würde. Und *Die grünen Hügel* waren dagegen voll von immer gleichen Schilderungen über Vermessungen, die der »Große Weiße Jäger« an Geweihen oder Backenzähnen oder Schwänzen vornahm, nur um das jeweilige Beutetier dann doch

zu verschmähen, weil Karl bereits ein noch größeres erlegt hatte
... Als ich das nächste Mal einen menschlichen Drang verspürte, mußte der Abschnitt über die Rappenantilope dran glauben, deren Hörner nur eine Winzigkeit zu kurz gewesen waren.

Ich hatte bemerkt, daß die kleinen Kinder zwar splitternackt herumliefen, die Nomaden ab dem siebten oder achten Lebensjahr aber höchst schamvoll darauf bedacht waren, ihre Körper bedeckt zu halten. Im Zuge meiner Sahara-Ausbildung lernte ich, mich mit diesem Sittenkodex abzufinden. Wie die anderen gewöhnte ich mir an, dem Ruf der Natur erst hinter der nächsten Düne zu folgen, die allerdings gar nicht immer so nah war. So entwickelte ich eine bemerkenswert starke Blase. Das Blatt wendete sich jedoch an dem Tag, als ich den älteren Kindern Kopfstand beibrachte. Da ich lange Hosen trug und es mir ohnehin schnuppe war, ob irgend jemand irgend etwas sehen konnte, gelang mir das Kunststück ohne Schwierigkeiten. Die Kinder aber gaben ein prächtiges Schauspiel ab. Sie konnten entweder auf dem Kopf stehen oder ihre fließenden Gewänder diskret über ihre edlen Teile ziehen, aber beides zur gleichen Zeit war kaum möglich. Wir konnten nicht aufhören zu lachen, nicht einmal, als ein Skorpion aus meinem zusammengerollten Bettzeug hervorkroch.

Immer wieder versuchte ich, von Dah herauszubekommen, wann wir auf eine Salzkarawane stoßen würden, denn ich wollte gerne eine sehen und ich wußte auch, daß Dah meinetwegen nicht zu den Salzminen ziehen würde. Jedesmal antwortete er mit einer Geste, die »bald, bald« bedeuten sollte. Dann erreichte eines Tages eine Karawane unser Lager. Einige der Tiere waren mit *halfa* beladen, was hieß, daß sie nach Taoudeni wollten. Ich packte hastig meine Ausrüstung zusammen, Dah belud mein Kamel und seines mit ein paar Säcken voll Getreide, Zucker und Tee. Dann brachen wir beide mit der Karawane auf. Hadji und Mohammed blieben bei den Frauen und Kindern, um für die weiblichen Kamele und Ziegen gutes Weideland zu suchen.

Erst viel später erfuhr ich, daß dieses Treffen arrangiert worden war. Niemand geht nach Taoudeni ohne einen anerkannten Führer, der die »Gabe« der unfehlbaren Orientierung besitzt. Solche

Männer sind selten. Dah besaß diese Gabe und hatte die Karawane ursprünglich führen sollen, aber da mir der Zugang zu Taoudeni verwehrt und er mein Aufpasser war, hatten die Salzhändler jemand anderen finden müssen. So zogen die Händler nun zu einem Dorf, wo sie eine Karawane mit Führer finden konnten, und der Anführer des Konvois – soviel ich weiß, ein Neffe von Dah – lud uns ein, sich ihnen anzuschließen. Zu diesem Zeitpunkt hatte ich freilich keine Ahnung, wohin sie zogen oder warum, aber ich entschloß mich, soweit wie möglich mit ihnen zu gehen.

Eines Nachmittags stießen wir auf die Spur einer Gazelle. Dah hielt an und sagte etwas zu einem anderen Mann, der auf einem Kamel davontrabte. Ich konnte mir nicht recht vorstellen, wie er das unglaublich schnelle Tier einholen wollte, das in der Ferne mühelos dahinzuschweben schien. Dah gab mir mit Zeichen zu verstehen, der Fährte nach sei das Tier verwundet und ziehe einen Huf nach. Einige Stunden später stieß der Mann wieder zu uns; die Gazelle hing über seiner Schulter. Er hatte kein Gewehr, keinen Bogen, keinen Speer. Seine einzige Waffe war der kurze Dolch, den jeder Nomade in seinem Gürtel trägt. Dah nahm das Tier an Ort und Stelle aus. Er schnitt Leber, Herz, Eingeweide und andere Organe in kleine Stücke und reichte sie herum. Wir aßen die Innereien umgehend, ungewaschen und ungekocht. Die Leber, das Herz und sogar die Lungen waren nicht einmal so schlecht, aber die Gedärme, noch angefüllt mit kurz vor der Vollendung stehendem Gazellenkot, jagten mir kalte Schauer über den Rücken. Ich kaute nicht und schluckte nur, so schnell ich konnte.

Am fünften Tag, nachdem wir seine Familie verlassen hatten, deutete Dah auf einen kleinen Fleck in einem Meer von Dünen. Er sagte einen Namen, den ich aber nicht verstand. Wir zogen weiter, und der Fleck verschwand hinter den Dünen, um ab und zu wieder aufzutauchen. Wir suchten nach einer Passage durch die Sandberge, denn ein beladenes Kamel kann nicht geradewegs einen steilen Hang hinaufsteigen, weil sich sonst die Ladung auf seinem Rücken verschiebt und das Tier nach unten reißt.

Als wir den Flecken schließlich erreichten, sah ich, daß es sich um ein richtiges Dorf mit echten Häusern handelte, die erste feste

Ansiedlung, die ich seit Ewigkeiten, wie mir schien, zu Gesicht bekam.

Doch was für ein schrecklicher Ort war das! Warum jemand hier ein Dorf gebaut hatte, war mir völlig unbegreiflich. Es gab keine Vegetation, keinen Schatten, nur Sand und Geröll – natürlich auch kein Bier. Und ganze Schwärme schwarzer Fliegen surrten ständig über den Bewohnern in ihren zerfetzten Lumpen, den Kamelen, Ziegen und Salzbarren herum.

Das muß die Hölle auf Erden sein, dachte ich. Ich wandte mich zu Dah, der meine Gedanken zu lesen schien.

»Araouane«, sagte er.

Kapitel 2

»Nowhere« rückwärts gelesen

Der typische Tagesablauf eines Mannes sieht hier folgendermaßen aus: Vor Sonnenaufgang erhebt er sich zum Gebet, trinkt – vorausgesetzt er hat welchen – drei Gläser Tee, was ungefähr zwei Stunden dauert, gesellt sich dann zu den anderen Männern, die auf einer der Dünen hocken und wartet, ob nicht irgend etwas zu essen aus dem Sand wächst oder aus der Wüste kommt. Gegen Mittag geht er nach Hause und trinkt Wasser vermischt mit Baobabpulver und gestampfter Hirse – vorausgesetzt er hat welche. Dann schläft er für ein Stündchen, und wenn er Glück hat, findet er beim Aufwachen sogar ein Mittagessen vor. Am Nachmittag geht er zu der kleinen Moschee und betet um Essen. Abends schüttet er sich noch mehr Tee in seinen leeren Bauch.

Die Frauen und Kinder haben da schon mehr zu tun. Anders als bei den Nomaden essen sie von den Männern getrennt. Den ganzen Tag über suchen sie nach Grillen, Eidechsen und Heuschrecken, fast ihre einzige Nahrungsquelle. Manchmal haben sie Glück und entdecken einen Schwarm müder Vögel über sich. Dann errichten sie in aller Eile Schattenspender aus Kamelsätteln, Decken, Eimern und allem, was sich sonst noch anbietet. Die Vögel sehen die schattigen Plätzchen, lassen sich dort zu einer kurzen Verschnaufpause nieder, und die Frauen und Kinder schlagen die mageren Geschöpfe mit feuchten Lumpen tot.

Dahs Neffe und die anderen Mitglieder der Karawane blieben nur einige Tage in Araouane, bis sie einen Führer gefunden hatten, der sie zu den Salzminen bringen konnte. Dah und ich blieben etwa eine Woche. In dieser Zeit bestand die einzige geregelte Tätigkeit der Bewohner offenbar nur darin, mich zu beobachten. Jede Nacht war das Haus, in dem ich einquartiert war, voller Besucher. Jeder brachte hoffnungsfreudig seinen Teekessel und sein Glas mit. Dah versorgte sie alle mit Tee und Zucker. Dann saßen sie – oder standen, wenn der Raum zu voll wurde, – stundenlang da, schlürften ihren Tee und starrten schweigend auf den merkwürdigen Neuankömmling.

Manchmal brachte einer ein Ei mit, was ein fürstliches Geschenk darstellte, denn im ganzen Dorf befanden sich nur ein paar ausgemergelte Hühner. Da ich keine Bratpfanne besaß, mußte ich die Eier roh ausschlürfen.

Die einzige Person, mit der ich reden konnte, war ein junger Maure, der in Timbuktu zur Koranschule gegangen war und noch ein wenig Französisch sprach. Er erzählte mir Geschichten aus Araouanes glorreicher Vergangenheit, aber erst, als ich wieder in den Bibliotheken des Westens verkehrte, stellte ich fest, von welch stolzer Herkunft dieses kleine Dorf war.

* * *

Niemand weiß genau, woher die Stadt ihren Namen erhielt. Manche sagen, er käme von einem alten Ausdruck des Tamaschek, der Sprache der Tuareg, mit der Bedeutung »der Ort, an dem man viele Stricke benötigt, um Wasser aus den Brunnen heraufzuziehen«. Zufällig klingt er ähnlich wie »Erehwon«, das im 19. Jahrhundert von dem Schriftsteller Samuel Butler erdachte Utopia, dessen Name sich beim Rückwärtslesen von »Nowhere – Nirgendwo« ergab.

Man erzählt sich, Timbuktu sei von Siedlern aus Araouane gegründet worden. Die Tuareg seien in der Trockenzeit aus der Wüste zu den Ufern des Niger gezogen, wo sie ein Lager errichteten. Dort ließen sie einige Sklaven, Getreide und Gebrauchsgegenstände unter der Obhut einer alten Frau namens Buktu zurück. Als die Nomaden seßhaft wurden, bauten sie Timbuktu, »am Ort der Buktu«. Als sich Timbuktu zu einem Regierungssitz des Songhai-Reiches entwickelte, wurde Araouane ein Knotenpunkt der durch die Sahara führenden Handelswege. Araouane besaß die einzigen tiefen Brunnen in diesem Bereich des Majabat al-Khoubr, des »Leeren Bezirks«, wo Wasser so kostbar war wie Gold. Vom 12. Jahrhundert an lagerten große Karawanen mit nicht weniger als 10 000 Kamelen in Araouane, um ihre Wasservorräte aufzufrischen. Der gesamte Handelsverkehr von der legendären Gold- und Elfenbeinküste zum europäischen Mittelmeer, in den Mittleren Osten und nach Nordafrika mußte die Sahara durchqueren. Viele Händler hatten gar keine andere Wahl, als durch Araouane zu ziehen. Aus dem Norden kamen Pferde, Glas, Korallen und Kupfergerät, Quecksilber, Datteln, Leder, Meeresmuscheln, Weizen, Rosinen sowie Salz, Waffen, harzhaltige Hölzer, ägyptisches Leinen, indische Baumwolle und kostbare Teppiche aus Persien oder dem Orient. Aus dem Süden kamen Pelze, Parfüm und Gewürze, Melasse, Kolanüsse und Straußenfedern, Elfenbein, Gold und Sklaven. Araouane war das Verbindungsglied zwischen den großen nordafrikanischen Zentren Tripolis, Fez und Marrakesch und den bedeutenden am Niger gelegenen Umschlagplätzen Timbuktu, Gao und Djenné.

Als richtige Stadt wurde Araouane in den Geschichtsbüchern zum ersten Mal um das 14. Jahrhundert herum erwähnt, wie Tuareg Ahmed ag Adda, ein islamischer Heiliger, festgehalten hat. 1470 hatte die Stadt bereits so große Bedeutung erlangt, daß sie über einen eigenen Richter und einen Imam verfügte. Leo Africanus, ein Reisender und Entdecker des 16. Jahrhunderts, bezeichnete Araouane als Kornspeicher für alle umliegenden Berberstämme, die das Gebiet in der Zwischenzeit von den Songhai und Tuareg erobert hatten.

In seiner Blütezeit war Araouane weit mehr als ein Handelszentrum; es war auch ein Zentrum der Kultur und des Glaubens. Im Mittelalter beherbergte die Stadt nicht weniger als 300 moslemische Heilige. Timbuktu – eine Nasenlänge voraus – beanspruchte für sich damals 333. Doch als die Seefahrt im 16. und 17. Jahrhundert immer wichtiger wurde, begann Araouanes Bedeutung zu schwinden. Gold und Elfenbein wurden statt in den Mittleren Osten nach Europa geschafft, und die Kaufleute der Wüste wurden mehr und mehr zu Sklaven. Mit dem Niedergang der großen Reiche Dahome und Timbuktu verblaßte auch der Ruhm Araouanes. 1828 wurde das Dorf von dem französischen Entdecker René Caillié beschrieben:

Die Straßen sind breiter als die Timbuktus – und sauber ...
Die Geschäfte sind sehr eng. Es gibt etwa fünfhundert nicht
sehr gut gebaute Häuser; in jedem leben durchschnittlich
sechs Bewohner, zu denen auch Sklaven gehören ... Alle
sechs Tage treiben die Mauren ihre Kamele zusammen, um
sie an den nahe bei der Stadt liegenden Brunnen zu tränken, welche ungefähr sechzig Schritt tief sind.

Aber Caillié hielt ihn für den elendsten Ort, den er je gesehen hatte, mit unfreundlichen Leuten und mehr Fliegen als sonst irgendwo. Und er hatte auf seinen Reisen zahlreiche elende Orte kennengelernt.

Nur fünfundzwanzig Jahre später berichtete ein anderer Europäer,
die von Caillié auf 3000 geschätzte Bevölkerung sei auf 1500 ge-
sunken. Ebenso vermerkte er, daß die schwarzen Songhai als zah-
lenmäßig stärkste ethnische Gruppe schon lange die Mauren ver-
drängt hätten.

Mit dem Ende des Sklavenhandels wurde auch Araouanes Ende
eingeläutet. Der Handelsverkehr durch die Wüste nahm ab. Ohne
Sklaven als Kaufobjekte hatten die Händler kaum noch Verwendung für die Salzbarren, die jahrhundertelang als Zahlungsmittel
gedient hatten. Nachdem man das Salz einst Pfund für Pfund gegen Gold aufgewogen hatte, wurde es nun nahezu wertlos. Die
großen Karawanen wurden seltener und kleiner.

Am Ende des 19. Jahrhunderts kam der deutsche Reisende Oscar
Lenz durch das vormals berühmte Araouane. »Eine schreckliche
Situation«, schrieb er. »Kein einziger Baum, Sand und Fliegen über-
all.«

Bei einer 1931 durchgeführten Volkszählung wurden in Araouane
nur noch 225 Einwohner registriert. Der französische Kolonial-
offizier, der die Erhebung leitete, klagte: »Bald wird nur noch die
Erinnerung an eine Stadt bleiben, die einst wohlhabend und ein
berühmtes Zentrum der Gelehrsamkeit war.«

Am 22. März 1991, während meines dritten Jahres in Araouane,
führte ich im Dorf meine eigene Volkszählung durch. Ich regi-
strierte einunddreißig bewohnte Häuser, zweiundzwanzig verlas-
sene, die die Wüste bald wieder zurückerobert haben würde, und

drei Moscheen. Nur hundertfünfundvierzig Menschen waren noch geblieben – fünfundvierzig Frauen, vierunddreißig Männer und sechsundsechzig Kinder. Hundertacht Einwohner waren schwarze Songhai, siebenunddreißig arabische Mauren. Soweit sich die Dorfbewohner zurückerinnern konnten, hatten in Araouane noch nie Tuareg gelebt. Doch auch diese, die aufsässigen Nachbarn Araouanes, konnten auf eine lange und stolze Geschichte zurückblicken. Einst waren sie die unangefochtenen Herrscher in einem Gebiet der Sahara, das heute Südalgerien, Mali, Niger, Libyen und Burkina Faso entspricht. Dieses Gebiet ist größer als der Südwesten der USA von Texas bis Kalifornien, hat aber weniger als eine Million Einwohner. Ursprünglich beherrschten die Tuareg dieses gesamte Territorium; sie durchzogen mit ihren Kamel- und Ziegenherden die Wüste, während schwarze Sklaven ihre in fruchtbaren Oasen angelegten Dattelpalmenhaine versorgten. In die Wüste nahmen sich die Tuareg andere Schwarze als Haussklaven mit. Ihre Schmiede – Tamascheks, meistens vom schwarzen Stamm der Bella – waren berühmt für die wunderschön gearbeiteten Dolche, Schwerter und Juwelen. Die Sklaven wurden bei Überfällen auf Dörfer im Süden der Sahara erbeutet. Überzählige Gefangene verkauften die Tuareg gewinnbringend im Norden. So verfuhren sie vom Mittelalter bis zur französischen Kolonialzeit. Dann wurden sie allerdings nach einigen Jahren erbitterten Widerstandes gegen die französischen Eindringlinge wieder zu einfachen Hirten degradiert. Einige von ihnen ließen sich in den Städten der südlichen Sahelzone nieder.
Die Franzosen verlangten von allen Tuareg- und Mauren-Familien in ihrem Hoheitsgebiet, mindestens einen Sohn zu einer staatlich geförderten Schule zu schicken. Aber die Tuareg und Mauren waren mißtrauisch. Sie befürchteten, die Europäer könnten einen schlechten Einfluß auf ihre Kinder ausüben und wollten sie möglicherweise sogar zum Christentum bekehren. Die Tuareg und Mauren schickten daher einfach die Söhne ihrer schwarzen Sklaven zur Schule, während ihre eigenen zu Hause blieben. Damit beraubten sie sich jeder Chance, nach dem Rückzug der Kolonialherren die Kontrolle über ihr Territorium wiederzuerlangen. Als Westafrika 1960 seine Unabhängigkeit von Frankreich errang, wa-

ren die meisten Mitglieder der vormals herrschenden Tuareg- und
Maurenclans des Französischen nicht mächtig und konnten sogar
häufig ihre eigene Sprache weder lesen noch schreiben. Wegen
der großen Anzahl an Stammesdialekten in der Region übernahmen alle neugegründeten Staaten des früheren Westafrika Französisch als offizielle Geschäfts- und Amtssprache. Tamaschek, die
Sprache der Tuareg, und Hassania, die Sprache der Mauren, un-
terschieden sich so grundlegend vom klassischen Arabisch, daß
selbst die moslemischen Imame anderer Stämme die beiden Sprachen nicht verstehen konnten, und so bestand für keine der beiden Hoffnung, zu einer regionalen Lingua Franca zu werden.
Französisch war die Sprache der Macht, und die meisten Personen, die es in der Schule gelernt hatten, waren Schwarze. So bildeten die früheren Herrscher nun eine Unterklasse, die von
schwarzen Bürokraten aus dem Süden, zumeist vom Stamm der
Bambara, regiert wurde.

In den siebziger und achtziger Jahren des 20. Jahrhunderts trieben
verheerende Dürreperioden noch mehr Tuareg und Mauren aus
der Wüste, die selbst für deren genügsame Herden zu unwirtlich
geworden war. Aus den vormals stolzen Nomaden wurden be-
dauernswerte Flüchtlinge, die als Bettler im Sahel leben mußten.
Wie vorauszusehen war, stießen sie bei der schwarzen Verwaltung
auf keine große Gegenliebe mehr. Hilfsgüter von internationalen
Organisationen, die für Tuareg und Mauren bestimmt waren, »verschwanden« häufig, bevor sie die Flüchtlinge erreichten. Auch die
Nomaden verschwanden nach und nach zurück in die Wüste, mit
gestohlenen Geländefahrzeugen und Waffen; sie tauchten nur
wieder auf, um Dörfer und Armeeposten zu überfallen. Die Truppen aus dem Süden kannten sich in der Wüste nicht aus und
konnten die Gesetzlosen ohne einen Mauren oder Tuareg als Führer nicht verfolgen. Dadurch gärte die Revolte weiter – im Zaum
gehalten zwar, aber nie ganz niedergeschlagen. So standen die
Dinge, als ich ankam.

In seiner langen Geschichte hatte sich Araouane stets auf die Versorgung von außen verlassen können. Sein Reichtum bestand in
den Brunnen; mit dem Wasser hatte man immer alles Lebensnot-
wendige bezahlen können. Die Karawanenhändler hatten ihre

schwachen oder überschüssigen Kamele gern als Fleisch an die Bewohner Araouanes verkauft, und da so viele Tiere durch den Ort kamen, gab es auch stets große Mengen Dung als Brennstoff. Araouane war eine blühende – wenn auch vegetationslose – Oase gewesen, aber eine solche Oase kann nur dann gedeihen, wenn sie auch Besucher hat. Ohne den Transsaharahandel mit Sklaven, Salz und Gold blieben diese Besucher aus.

* * *

Ich begann darüber nachzudenken, wie ich den Einwohnern von Araouane wieder auf die Beine helfen könnte. Es war kein hehres Gefühl der Nächstenliebe, das mich auf solche Gedanken brachte. Es war nichts weiter als eine Herausforderung, etwas Aufregendes, ein Zeitvertreib. Jeder kann einen exotischen Ort besuchen, aber dort tatsächlich etwas zum Guten verändern – ja, d a s war ein Abenteuer. Es sollte sich herausstellen, daß dieses Projekt mein ganzes weiteres Leben bestimmen würde, aber zu Beginn stolperte ich einfach nur hinein. Mir war klar, daß die Bewohner der Stadt nie mehr allein vom Handel würden leben können, weil die riesigen Kamelkarawanen ein für allemal der Vergangenheit angehörten; sie müßten also zu Selbstversorgern werden, zu Bauern. Es gab allerdings keinen Garten oder Acker in Araouane, und daher beschloß ich, mich als erstes um die Anlage eines Gartens zu kümmern. Mit Hilfe des Maurenjungen, der für mich übersetzte, heuerte ich einige Kinder zum Sammeln von Kamelknochen an. Blanke Skelette lagen überall herum. Die Knochen sollten die Samenbeete einfassen. In purem Sand wächst natürlich wenig. Wir mußten also eine Art Ackerboden herstellen. Dafür sammelten wir einen riesigen Haufen harten, trockenen Kameldung und begannen, ihn zu Krümeln zu zerstoßen. Bis zum späten Nachmittag hatte sich das ganze Dorf versammelt, um zuzusehen. Erst als genügend Kinder neben mir niedergekniet waren und angefangen hatten, Mist zu zerbröseln, machten auch alle anderen mit.

Ich wies sie an, das Dungbeet täglich zu wässern, damit es zu brauchbarer Pflanzerde verrotten konnte. Und ich versprach, wenn ich in etwa einer Woche nach Timbuktu zurückgekehrt sein würde, mit der nächsten Karawane Gemüsesamen nach Araouane schicken zu lassen.

Zuerst plante ich, nur beim Urbarmachen eines kleinen Fleckchens zu helfen, einige Samen zu schicken und den Dorfbewohnern die Bearbeitung der restlichen Fläche zu überlassen. Doch nach längerem Nachdenken erkannte ich, wie unrealistisch es war, von Leuten, die von Landwirtschaft nicht die geringste Ahnung hatten, zu erwarten, sie könnten ohne jede Anleitung mit dem Ackerbau beginnen. Ich beschloß, zumindest für eine kurze Zeit zurückzukehren und sie zu unterstützen. In jener Nacht lag ich lange wach und kritzelte Notizen in mein Tagebuch.

Was ich bei meiner Rückkehr nach Araouane brauche:
1. Ein Geländefahrzeug, um von Kamelkonvois unabhängig zu sein. Bräuchte ein wüstengeeignetes Fahrzeug, groß genug, um darin zu schlafen und zu kochen.
2. Sämereien aus Europa, speziell für diese Gegend geeignet.
3. Gießkannen – man könnte auch normale Kanister mit fein durchlöchertem Boden nehmen.
4. Viele, viele Strohmatten aus Timbuktu als Wind-, Sand- und Sonnenschutz.
5. Viele Seile und Stricke zum Zusammenbinden von Sachen.
6. Jede Menge Stöcke zum Befestigen der Matten und Anbinden von Schößlingen; hier gibt es überhaupt kein Holz.
7. Massenhaft Eimer zum Wasserholen.
8. Geduld, Geduld, Geduld.

Das Summen von Fliegen im Haus und das Heulen eines fürchterlichen Sandsturms draußen weckten mich. Die Insekten suchten Schutz, um nicht nach Westen Richtung Mauretanien geweht zu werden. Ich weiß nicht, was schlimmer war – die Fliegenplage oder der Sturm.

Ich steckte den Kopf zur Tür heraus; der aufgewirbelte Sand war so dicht, daß ich kaum den Boden erkennen konnte. Die Sonne war nur noch ein fahler Fleck am schmutziggelben Himmel. Es gab keinen Horizont mehr, Himmel und Erde waren zu einer einzigen trüben Masse verschmolzen. Ich wanderte bis zur nächsten Düne etwa sechzig Meter außerhalb des Ortes, um mit dem Sturm allein zu sein. Sandschleier wirbelten in wilden Strudeln im Kreis, und die ganze Erde schien sich wie träge Lava zu bewegen. Es war merkwürdig still, als verschlucke der heulende Sand alle anderen Geräusche. Natürlich gab es keine raschelnden Blätter, keine klappernden Türen oder Fensterscheiben. Als ich aber mein Ohr auf den Boden legte, klingelte der tanzende Sand wie Windharfen in einer steifen Brise. Schließlich ging ich ins Haus zurück; aber nun wußte ich, daß ich abreisen wollte. Es zog mich fort aus dem fliegenverpesteten Haus und fort von den Menschen, die mich unentwegt anstarrten, zurück in die weite, unbewohnte Wüste. Dah merkte es und schien erleichtert. Auch er konnte es kaum erwarten, wieder aufzubrechen.

Als der Sturm etwas nachließ, entdeckten wir zwei mit Salz beladene Kamele, die herrenlos herumstreunten. Da sich in der Stadt zur Zeit keine Karawanen aufhielten, mußten sie verlorengegangen sein. Vielleicht bedeutete es auch, daß verirrte Reisende in der Nähe waren, die zu verdursten drohten. Aber niemand ging hinaus, um etwaige Versprengte aufzuspüren. Es gab keinen Anhaltspunkt dafür, wo man suchen sollte, und die Suchenden würden Gefahr laufen, sich selber zu verirren. Ohne die Sterne als Führer würden sie den Weg nach Araouane vielleicht nie wiederfinden. Wir errichteten ein Signalfeuer aus alten Ziegenhäuten, die zum Wasserholen zu verschlissen waren. Aber der Feuerschein erleuchtete nichts außer Sandschleiern.

Dah und ich konnten unsere Rückkehr nach Timbuktu nicht beliebig lang hinausschieben, und so beluden wir die Tiere im tobenden Sturm. Der Sand war so dicht, daß ich kaum die Augen offenhalten konnte. Selbst die Kamele waren verängstigt und unterließen ihre üblichen Protestgrunzer, als wir sie für die Reise fertig machten.

In den folgenden zwei Tagen sah ich kaum einen Schimmer von der Sonne. Ohren und Nase waren ständig voller Sand, von meiner Kleidung und dem Gepäck ganz zu schweigen. Ich hätte gerne Fotos gemacht, aber schon beim Filmeinlegen wäre meine Kamera im Handumdrehen ruiniert gewesen.

Als ich am ersten Morgen nach unserem Aufbruch erwachte, hatte sich während der Nacht eine kleine Düne um mich gebildet. Mein Körper lag unter einer dicken Sandschicht begraben. Ich buddelte nach meinen Schuhen, der Taschenlampe und der Feldflasche, in der sich noch etwas vom köstlichen klaren Wasser aus Araouane befand. Nach ein paar Schlucken verstand ich, warum Araouanes Brunnen in der ganzen Sahara berühmt waren.

Den ganzen Tag über heftete ich mich an Dahs Fersen, denn ich fürchtete, mich in der Wüste zu verirren, sobald ich ihn nur einmal kurz aus den Augen verlor. Doch während wir uns mühsam vorwärtskämpften, beschlich mich das Gefühl, wir hätten die falsche Richtung eingeschlagen. Im Laufe des Nachmittags verstärkte sich dieser Eindruck immer mehr. Schließlich holte ich meinen Kompaß hervor und stellte fest, daß wir unseren Kurs haargenau eingehalten hatten. Ich verspürte ein brennendes Verlangen, herauszufinden, was meinen Freund, diesen Mann der Wüste, leitete. Wir verbrachten jetzt sehr viel Zeit miteinander, mußten nur unsere beiden Kamele versorgen und brauchten kein Wasser zu holen, weil wir genügend mitgenommen hatten, so daß die Kommunikation zwischen uns nun etwas leichter geworden war. Wir befanden uns allerdings auf dem Niveau von zwei kleinen Jungen aus verschiedenen Ländern, die einfach in unterschiedlichen Sprachen drauflos plappern und es mit Gesten und Gesichtsausdrücken schaffen, die eigenen Gedanken in groben Zügen einander mitzuteilen. Manchmal kam es mir vor, als bestünde zwischen uns eine telepathische Verbindung.

»Woher weißt du, in welche Richtung wir gehen müssen?« fragte ich Dah bei der nächsten Rast.

Ganz einfach, sagte er, indem er mit den Schultern zuckte und zum Himmel zeigte. Man müsse nur den Polarstern über der rechten Schulter behalten.

Aber es war noch Tag, und selbst in der Nacht verhüllte der Sturm den Mond wie auch die Sterne.

»Woher weißt du, wo der Polarstern ist?« wollte ich wissen.

Kein Problem, signalisierte er, und zeigte mit dem Finger. Wieder zog ich meinen Kompaß heraus, und die Nadel deutete haargenau in dieselbe Richtung.

Die Sahara ist voll von Leuten wie Dah, die ihren Weg auch ohne moderne Orientierungshilfen unfehlbar finden. Überall in der Wüste kennt man Geschichten über die berühmtesten Führer. So wird von einem bekannten Pfadfinder erzählt, der seine Karawane Hunderte von Kilometern ohne einen einzigen erkennbaren Orientierungspunkt über eine weite Ebene führte.»Morgen mittag«, verkündete er schließlich beiläufig,»machen wir Rast an der Stelle, wo ich bei der Expedition im vergangenen Jahr meine Pfeife verloren habe.« Und tatsächlich – nach dem Mittagsmahl grub er aus dem Sand vor der Feuerstelle die Pfeife aus und schmauchte sie in aller Ruhe.

Als wir am nächsten Tag bei Morgendämmerung aufstanden, hatte sich der Wind fast ganz gelegt. Statt dessen hing nun eine große schwarze Fliegenwolke über uns. Sandstürme können gefährlich sein, aber immerhin verjagen sie die Fliegen. Auch bei stundenlangen Kamelritten oder Wanderungen durch den heißen Sand fühlte ich mich inzwischen rundum wohl, doch mit den Wüsteninsekten konnte ich mich nach wie vor nicht abfinden. Sie waren überall. Die Fliegen waren am schlimmsten – jedes Lebewesen war von sirrenden Schwärmen bedeckt. Dazu überkrabbelte mich, sobald ich mich irgendwo niederließ, eine Heerschar riesiger Silberameisen; sie waren schnell wie Phantomjäger und brannten auf der Haut wie kleine Feuerteufel. Jedesmal, wenn ich in die Nähe eines Busches oder Strauches kam, mußte ich Spinnen und große zebragestreifte Insekten abwehren, die ich nie zuvor gesehen hatte. In der Nacht kamen dann die *gang-gangs*, riesige Bulldozerkäfer, die ihr Leben damit verbringen, alles zu untertunneln, was ihnen den Weg versperrt. Sie sind harmlos, aber jedesmal, wenn man einen unter sich spürt, muß man aufspringen und sich vergewissern, ob es sich nicht um einen Skorpion handelt.

An diesem Nachmittag gelangten wir an eine größere Wasserstelle. Das frische Wasser war uns willkommen, aber der Brunnen war noch ekelerregender als andere, weil er sich inmitten eines wahren Berges aus Kamel-, Ziegen-, Esel- und Schafmist befand. Es gab einige tote, verwachsene Baumstämme, um die man zum Wasserschöpfen ein Seil spannen konnte. Ein alter Mann mit einem ritterhelmartigen Blechnapf für *crème* auf dem Kopf hatte einen Flaschenzug konstruiert und schlug gerade wüst auf seine Eselin ein. Obwohl sie so trächtig war, daß sie sich kaum bewegen konnte, zwang sie der Mann, eine schwere Wasserhaut aus mindestens fünfzig Metern Tiefe hochzuhieven. Die Szene beleidigte meine Moral- und Hygienevorstellungen, doch trotzdem schob ich Ziegen und Kamele beiseite, um in tiefen Zügen aus dem rostigen Faß zu trinken, in welches für Mensch und Vieh das Wasser gegossen wurde.

Drei Tage nach der Wasserstelle zeigte Dah zur Sonne und zog sie mit Gebärden nieder zum östlichen Horizont, was ich gleich als Sonnenaufgang verstand. Dann wies er auf die Hufe der Kamele, auf unsere eigenen Füße und machte marschierende Bewegungen. Anschließend beschrieb er eine imaginäre Sonnenbahn über den Himmel bis hin zum westlichen Horizont und sagte: »Timbuktu.« Wir würden also Timbuktu am nächsten Abend erreichen.

Ich lächelte ihn an, ebenso die Kamele, die Sonne, nickte und sagte: »Timbuktu ... Bier.«

Dah grinste zurück, wie immer, wenn wir unsere Gedanken erfolgreich ausgetauscht hatten. Wahrscheinlich glaubte er, »Bier« sei in meiner Sprache das Wort für »Ich bin froh«. Wie recht er doch hatte.

An unserem letzten Reisetag entschloß ich mich, meine Belastbarkeit auszuloten. Obwohl ich glaubte, mich an das Nomadenleben gewöhnt zu haben, wollte ich ganz sicher gehen.

Wir brachen unser Lager sehr spät ab, denn die Kamele hatten sich weiter als sonst von uns entfernt. Wir brauchten gut drei Stunden, um sie wiederzufinden. Als wir aufbrachen, verzichtete ich freiwillig auf meinen Turban. Die Feldflasche ließ ich im Gepäck. Ich trug nur Jeans, ein Hemd und Segeltuchschuhe. Mein Ziel war, den ganzen Tag ohne Essen oder Wasser in der gleißenden Sonne zu wandern. Eines Tages, so dachte ich mir, wäre es vielleicht von Nutzen zu wissen, wie lange ich ohne Hilfsmittel überleben könnte.

Nach dem üblichen Zweistundenmarsch bestieg Dah sein Kamel und wartete darauf, daß ich seinem Beispiel folgte. Ich zeigte auf mich und machte marschierende Bewegungen. Dah deutete auf meinen Hintern und hob die Augenbrauen. Ich schüttelte den Kopf und hüpfte kurz auf und ab. Er wischte sich den nicht vorhandenen Schweiß von der Stirn, um deutlich zu machen, daß es für unnötiges Herumhüpfen zu heiß sei. Ich trommelte auf meine Brust wie Tarzan, um meine Zähigkeit zu demonstrieren. Er bot mir eine Feldflasche an, aber ich lehnte ab.

»Nach all der Zeit bei uns«, brachte Dahs Miene unmißverständlich zum Ausdruck, »ist er doch immer noch verrückt.« Bequem auf seinem Kamelsitz thronend, ritt er weiter, während ich im Zockeltrab nebenhertrottete.

Schon bald war mein Mund völlig ausgetrocknet. Ich hatte die Nomaden zwischen den Ruhepausen niemals trinken sehen; ich selber aber hatte immer von Zeit zu Zeit einen Schluck Wasser genommen, um meine Zunge feucht zu halten. Ich lutschte auf einem kleinen Stein herum, um den Speichelfluß in Gang zu halten, aber nach ein paar Stunden war einfach keine Flüssigkeit mehr da. Meine Zunge klebte am Gaumen, und ich war so durstig, daß ich kaum gewahr wurde, wie grausam die Sonne auf meinen Kopf prallte.

Als ich zur Mittagspause weder essen noch trinken wollte, geriet Dah ernsthaft in Sorge. Wahrscheinlich war er zu der Überzeugung gelangt, ich hätte zu guter Letzt tatsächlich den Verstand verloren. Er versuchte buchstäblich, mir Speise und Trank einzutrichtern. Die Versuchung etwas anzunehmen war groß, aber der Wunsch, den Test zu Ende zu bringen, war stärker.

Dah war völlig verwirrt und verstand überhaupt nichts mehr. Er versuchte, mich auf mein Kamel zu ziehen und zu schieben, und ließ es sogar niederknien, damit ich bequemer hinaufsteigen konnte, was er noch nie getan hatte, solange ich mit ihm zusammen war. Er schaute verzweifelt in der leeren Wüste umher, als hoffte er, jemanden zu finden, der ihm mit diesem Verrückten beistehen würde. Ich versuchte, ihm die Gründe für mein merkwürdiges Verhalten darzulegen, aber dazu waren die Mittel unserer Zeichensprache zu begrenzt. Er war schon immer der Überzeugung gewesen, daß ich für ein Leben in der Wüste zu wenig Nahrung und Flüssigkeit zu mir nähme, aber die Vorstellung, daß ein vernünftiger Mensch die Nahrungsaufnahme ganz und gar verweigerte, überstieg sein Fassungsvermögen vollkommen. Die Nomaden verschlingen unglaubliche Mengen – wahrscheinlich, weil ihre Nahrung so unausgewogen ist. Zu Zeiten der Trockenheit besteht ihre Nahrung fast nur aus Stärke in Form von Hirse aus dem Süden, und in Zeiten des Überflusses fast nur aus Fleisch von ihren Tieren – nie aus Gemüse oder Obst. Die Nomaden müssen große Mengen verzehren, damit ihr Körper genügend Nährstoffe aufnehmen kann. Ich hoffte, nach unserer Rückkehr in Timbuktu jemanden zu finden, der Dah mein Verhalten würde erklären können. Ich wollte ihn nicht in dem Glauben lassen, er habe seinen Schützling in den Wahnsinn getrieben.

Bei Einbruch der Nacht erreichten wir endlich die Stadt. Schon lange vor unserer Ankunft war mir der furchtbare Gestank Timbuktus in die Nase gestiegen. In der reinen Wüstenluft war meine Nase so empfindlich geworden, daß ich die Stadt bereits aus mehreren Kilometern Entfernung riechen konnte.

Im Hotel Azalai gönnte ich mir ein kaltes Bier, ein gepflegtes Mahl, Toilettenpapier, eine Dusche und dann noch viel mehr Bier.

Am Tag darauf suchte ich Salah Baba auf, den Kaufmann, der wohl die einträglichste Karawane seit Menschengedenken arrangiert hatte. Man hatte mir gesagt, sein Clan sei einer der angesehensten von Araouane gewesen und sei nach Timbuktu gezogen, um der Armut zu entfliehen. Nun, da er ein wohlhabender Mann war, würde Salah Baba mir vielleicht helfen, das Dorf seiner Vorfahren zu retten.

Als ich ihm meinen Plan unterbreitet hatte, lud mich Salah zu sich ein, damit ich alle anderen einflußreichen Einwohner Timbuktus kennenlernen konnte, deren Familien aus Araouane stammten. Das Abendessen, das wir auf der Terrasse seiner Villa einnahmen, glich einem Festmahl aus Tausendundeiner Nacht. Auf prachtvolle Teppiche und bestickte Kissen gebettet, schmausten wir Eingeweide von Ziegen, Schafen, Kühen und Kamelen, die mit fremdartigen köstlichen Gewürzen gefüllt waren. Außerdem gab es andere Leckerbissen jeglicher Art, die ich nie zuvor gesehen oder gekostet hatte. Nach so vielen Wochen in der Wüste fühlte ich mich in eine völlig andere Welt versetzt. Salah stellte mir einen seiner Gäste als »Oberhaupt« von Araouane vor. Es befremdete mich, daß das Oberhaupt eines Dorfes sieben Tage von diesem entfernt wohnte. Und das war nicht die einzige Merkwürdigkeit an diesem Abend. Obgleich jeder meinen Wunsch, Araouane zu helfen, mit großem Wohlgefallen zur Kenntnis nahm und alle den örtlichen Maßstäben nach recht wohlhabend waren, hatte keiner der Männer mehr als aufmunternde Worte für mich übrig. Ich hatte nicht erwartet, daß sie sich meiner Sache gleich mit fliegenden Fahnen verschreiben würden, ohne gründlich darüber nachzudenken. Doch andererseits bat ich auch nur darum, einige Kamele für den Transport des Saatguts und der Nahrungsvorräte für ihr Dorf benutzen zu dürfen, wofür ich auch noch bezahlen würde.

Ihr Lächeln verunsicherte mich. Wenn diese Männer um ihren Geburtsort so tief besorgt waren, wie sie vorgaben – warum mußten die Menschen in Araouane dann von Grillen und Eidechsen leben? Wenn diese frommen Männer Pilgerfahrten zu den Gräbern von Araouanes Heiligen unternehmen konnten – konnten sie dann nicht auch etwas zu essen mitbringen? Predigte ihre Religion nicht Nächstenliebe gegenüber den Armen? Die geringe Unterstützung, die diese Männer zu leisten bereit waren, galt nur den Mitgliedern ihrer eigenen Familien, und die meisten der anwesenden Männer hatten in dem Dorf keine Verwandten mehr. Araouanes Schicksal in den Händen dieser Personen zu wissen, bestärkte mich in dem Entschluß, selbsttätig zu helfen, und zwar so bald wie möglich.

»Sie brauchen es nicht auf sich zu nehmen, dorthin zurückzukehren«, sagte einer der Männer.

»Ja«, sagte ein anderer, »es muß für einen Fremden schon schwer genug sein, hier in Timbuktu zu leben, von der Wüste ganz zu schweigen.«

»Sie können ruhig nach Amerika zurückgehen, und wir werden uns der Probleme hier annehmen«, sagte der erste. »Schicken Sie uns einfach das Geld, und wir werden uns um alles kümmern.«

Ich hatte das dumpfe Gefühl, daß dies keine gute Idee war. Aber ich hatte den Bewohnern von Araouane versprochen, ihnen Saatgut zu schicken. Also teilte ich das Geld, das ich noch hatte, in drei gleiche Anteile auf und gab es den drei Männern, die mir am vertrauenswürdigsten erschienen.

Später erfuhr ich, daß keiner der Männer auch nur ein einziges Samenkorn nach Araouane geschickt hatte.

Von Timbuktu aus reiste ich in einem völlig überfüllten Buschtaxi durch das Binnendelta des Niger zu der Stadt Mopti, von wo aus ich nach Bamako zum Flughafen gelangen würde. Es war noch dunkel, als wir uns in den armseligen Busersatz, einen abgehalfterten Wagen mit Allradantrieb, zwängten. Im hinteren Teil befanden sich zwei Sitzreihen mit Platz für neun ausgewachsene Männer; Berge von Gepäck türmten sich bis unter das Dach und auf dem Dachgepäckträger.

Allein auf die *piste*, die Wüstenstraße außerhalb Timbuktus, zu gelangen, war schon ein zeitraubendes Unterfangen. Diese Routen scheinen gutgehütete Geheimnisse zu sein, die nur Eingeweihten offenbart werden. Durch ein Labyrinth kleiner Gassen bewegten wir uns nach Westen, wobei wir mitten auf der Straße schlafende Leute wachhupen mußten, an denen wir uns vorbeischlängelten, bevor sie wieder im Nichts verschwanden. Wie der Fahrer unsere »Straße« im Gewirr der kreuz und quer verlaufenden Wege fand, ist mir vollkommen unbegreiflich, aber irgendwie schaffte er es, und wir folgten ihr siebenundneunzig Kilometer weit, bis wir den Fluß bei Goundam erreichten.

Als das Auto gerade über einen großen Schrottplatz kroch, bemerkte einer der Männer, daß ein Hinterrad einen Platten hatte. Natürlich gab es keinen Ersatzreifen. Eine Inspektion ergab: Das Ventil war gebrochen. Die Lösung: Tee kochen.

Nachdem jeder seinen obligatorischen Tee ausgetrunken hatte, nahm der Fahrer in aller Ruhe die Reparatur in Angriff. Praktisch ohne Werkzeug und nur mit Schrott als Material hatte er das Problem bald gelöst. Er bastelte ein neues Ventilgehäuse aus Stücken eines alten Luftschlauchs, die er über der Glut unseres Lagerfeuers vulkanisierte.

Entlang des Ufers wurde die Straße sehr morastig. Die ganze Nacht fuhren wir durch Sumpfland und blieben pro Stunde mindestens einmal stecken. Jedesmal wachten wir auf, quälten uns nach draußen und mußten schieben. Als der Morgen anbrach, waren alle mit schlammigem Morast bedeckt. Meine Mitreisenden trugen es mit Humor. Sie waren ausnahmslos Tuareg aus Timbuktu, die zur Beschaffung von Vorräten nach Mopti fuhren. Ich konnte ihre Gesichter nicht erkennen, denn ein Tuareg-Turban läßt nur die Augen frei. Fasziniert lauschte ich ihrer Sprache, die ein wenig wie Schwyzerdütsch aus dem Aargau oder Thurgau klang. Es schienen sehr liebenswürdige Menschen zu sein – auch wenn ich später feststellte, daß das nicht immer der Fall sein muß.

Als wir am Morgen einen Arm des Niger überquerten, wohnten wir einer Szene heilloser Verwirrung bei. Wir alle hatten das Auto verlassen müssen, damit es nicht im Schlamm steckenblieb. Ein kleines, mit Passagieren überfülltes Holzboot wollte gerade übersetzen, als eine Viehherde am gegenüberliegenden Ufer ebenfalls zur Flußüberquerung ansetzte. Beim Anblick so vieler Menschen ergriffen die Tiere in wilder Panik die Flucht. Das Boot kenterte, und Männer, Frauen, Kinder und Gepäck stürzten in die morastigen Fluten, was die Rinder in noch größere Aufregung versetzte. Meine Reisegefährten, die Tuareg, zogen sich die Reisekleidung über den Kopf, um diese zu schützen, und stellten dabei ein interessantes Potpourri an Seltsamkeiten zur Schau, die sie unter ihrer Bekleidung trugen. Die Bootsführer versuchten, ihr zerbrechliches Fahrzeug vor dem Untergang zu bewahren, Passagiere planschten auf der Suche nach ihrem Gepäck herum, Hunderte von Rindern galoppierten kopflos durch die chaotische Szene – zu guter Letzt brachen alle in hysterisches Gelächter aus. Das heißt, alle bis auf eine recht elegante Dame aus einem anderen Fahrzeug, deren reich besticktes Kleid ihr nun wie ein nasser Lappen am Körper klebte. Später erfuhr ich, daß es sich um die Gattin des Standortkommandanten der Heeresgarnison von Timbuktu handelte, aber in ihrem jetzt hautengen Gewand sah sie eher aus wie die Siegerin des Wettbewerbs »Schönheiten in nassen T-Shirts«.

Im unglaublich schmutzigen Mopti angekommen, entdeckte ich die endgültige Bestimmung der Salzbarren aus den Minen von Taoudeni. Nach dem Karawanentransport bis Timbuktu wird das Salz in kleinen Holzbooten, den sogenannten Pinassen, den Niger hinaufgefahren. In Mopti werden die Barren entladen und auf dem Markt für sehr wenig Geld verkauft. Heutzutage besteht für das Salz kaum noch Verwendung. Die Menschen im Süden benutzen es manchmal, aber immer seltener, zum Kochen, als Viehfutter oder auch als völlig unwirksames Wundermittel. Da es außerhalb der Wüste kein wichtiges Zahlungsmittel mehr ist, nimmt sein Wert praktisch mit jedem Monat weiter ab. Ich beobachtete, wie Kaufleute gleichgültig um die Barren feilschten, um die nahezu wertlosen Brocken loszuwerden, und das erinnerte mich wieder an das Versprechen, das ich Araouane gegeben hatte.

Zurück in New York meldete ich mich als erstes zu einem Intensivkurs in Arabisch an – das heißt, *zuallererst* stopfte ich mich in meinem japanischen Lieblingsrestaurant mit Sushi und Sashimi voll, aber schon in der darauffolgenden Woche sprach ich bei Berlitz vor. Ich bin kein Sprachwissenschaftler, und die Sprachenkarte von Nordafrika ist außerordentlich komplex. Ich wußte, daß in Araouane kein Lehrbuchdialekt gesprochen wurde, aber da es sich inmitten der maurischen Sahara befand, dachte ich, daß mir einige Arabischkenntnisse nicht schaden konnten. Vier Monate lang ging ich vier Stunden am Tag und vier Tage in der Woche mit einem äußerst geduldigen Sprachlehrer in Klausur. An den meisten Abenden und Wochenenden lernte ich in Eigenregie Redewendungen und Vokabeln. Doch erst als ich nach Afrika zurückgekehrt war, stellte ich fest, daß weder Hassania noch Songhai, die beiden wichtigsten Sprachen Araouanes, nennenswerte Ähnlichkeiten mit klassischem Arabisch aufweisen. Songhai ist, von einigen Lehnwörtern für islamische Begriffe abgesehen, mit Arabisch überhaupt nicht verwandt. Hassania ist strenggenommen ein arabischer Dialekt, hat sich aber schon vor langer Zeit nahezu bis zur Unkenntlichkeit von der reinen klassischen Form fortentwickelt. Es wird nur von Nomaden in der westlichen Sahara gesprochen, die im allgemeinen Analphabeten sind und, ohne Fernsehen oder Radio, von der übrigen arabischen Welt isoliert leben.

Demzufolge ist Französisch die einzige Sprache, in der die Bevölkerung Malis miteinander kommunizieren kann. Alle Regierungsbeamte, Händler und gebildeten Leute sprechen es fließend. In den meisten Regionen wird an den Schulen keine andere Sprache gelehrt. In Araouane aber gab es keine Schule und keine Menschenseele, die Französisch sprach. Den Sommer über versuchte ich, die malische Regierung zu etwas Zusammenarbeit zu bewegen. Da ich ihre Landsleute mit meinem eigenen Geld unterstützen wollte, hoffte ich, die Regierungsbeamten seien mir auf andere Art und Weise behilflich. Doch diese Hoffnung erwies sich als töricht. Telexe nach Bamako und Besuche beim malischen Botschafter in Washington blieben ohne Wirkung. Die Regierung war zu keiner Kooperation bereit, sie erteilte mir nicht einmal eine zeitweilige Aufenthaltsgenehmigung. Ich würde mein Projekt erneut mit einem normalen Touristenvisum starten müssen.

Im Anschluß an meinen täglichen Sprachunterricht brütete ich stundenlang über Landkarten von Afrika und Asien. Ich hatte folgenden Plan: Ich wollte in Europa einen Geländewagen kaufen, ihn mit Saatgut und Gartengeräten beladen, zu irgendeiner Oase in Algerien fahren und mich dort über Wüstenbewirtschaftung informieren, nach Araouane reisen, den Garten anlegen und mich aus dem Staube machen. Die Rückreise könnte per Auto quer durch den Kontinent bis Mombasa führen. Dann würde ich mich mit dem Auto nach Bombay einschiffen und von dort aus durch Indien und Pakistan nach Chinesisch-Turkestan, in die Mongolei und nach Sibirien fahren, wo ich einen Weg über die Beringstraße nach Alaska suchen würde. Dort wäre ich dann fast schon wieder zu Hause. Vielleicht würde ich auch versuchen, auf der alten Birmastraße bis Singapur zu fahren. Ich war fasziniert von der besonderen Herausforderung, denn diese Route ist bereits seit dreißig Jahren für Ausländer offiziell gesperrt. Natürlich war Singapur der Heimat nicht näher als die Sahara, aber ich hätte die Gelegenheit zu einem neuen Abenteuer. Nicht im Traum dachte ich damals daran, daß Araouane eines Tages meine Heimat werden könnte.

Im September, sechs Monate, nachdem ich Araouane verlassen hatte, war ich zur Rückkehr bereit. Zu meinem Basislager hatte ich den Hof meines Bruders Peter in der Schweiz bestimmt. Auch Peter hatte, genau wie ich, eine finanzielle Berg-und-Tal-Fahrt hinter sich. Mit zwanzig Jahren war er ohne einen Pfennig in der Tasche durch Afrika getrampt, dann nach Europa zurückgekehrt und hatte Häuser angestrichen, um seinen Lebensunterhalt zu sichern. Schließlich ging er dazu über, Häuser zu bauen, und verdiente ein Vermögen damit. Vor seinem fünfunddreißigsten Geburtstag verkaufte er sein Unternehmen und führt seitdem ein bescheidenes Leben als Schafzüchter.

Als ich in den Bergen eintraf, war der von Peter bestellte Wagen schon an Ort und Stelle. Es war ein Landrover 110 Turbo-Diesel, ausgerüstet mit Sandreifen, Reservetanks, Solaranlage, besonders robustem Dachgepäckträger, verstärkter Federung und einer Elektrowinde, an der ein Schiffsanker befestigt war, um den Wagen aus Treibsand herauszuziehen zu können. Wir hängten einen breiten Pferdeanhänger an den Wagen und schafften meine schwere Ladung darauf: Schößlinge, Pflanzerde, Eimer, Spaten, Planen, Gießkannen, Sämereien, Harken, Ersatzreifen, Ersatzteile, Medikamente, Lebensmittel und unzählige Kanister voller Wasser.

Die Fähre von Marseille nach Algier sollte erst in einigen Tagen auslaufen, und so entschloß ich mich zu einer Probefahrt mit meinem neuen Gespann. Ich fuhr über die Pyrenäen nach Spanien. Auto und Anhänger nahmen die Berge mühelos, aber an der spanischen Grenze wurde ich stundenlang von der Guardia civil verhört. Meine Geschichte, die ich ihnen erzählte, schien ihnen verdächtig. Offensichtlich argwöhnten sie, ich steckte mit den baskischen Separatisten unter einer Decke.

Im Hafen von Algier erwies sich mein neu erworbenes Arabisch als wahrer Segen. Ich beobachtete, wie kleinliche Beamte Englisch oder Französisch sprechende Touristen Stück für Stück ihr Handgepäck auspacken ließen. Doch als ich mit ihnen einige Nettigkeiten auf Arabisch austauschte, ließen sie meine seltsame Fracht unbesehen passieren.

Ich hatte Salah Baba schriftlich von meinen Plänen unterrichtet, und er hatte meinen Brief an Sidi Boubacar Balli in Bamako weitergeleitet. Als einer der vermögendsten Männer von Mali stammte dieser aus Araouane, und sein Vater hatte ihm – selbstredend auf dem Totenbett – das Versprechen abgenommen, das Dorf seiner Vorväter vor dem Untergang zu bewahren. Sidi Boubacar hatte für Araouane mehr getan als irgendeiner der anderen im selbstgewählten Exil lebenden edlen Herren und war dabei ein reicher Mann geworden. Er hatte seinen Einfluß geltend gemacht, um internationale Organisationen zur Unterstützung zu bewegen und hatte sogar das, was er nicht als »Provision« in die eigene Tasche gesteckt hatte, nach Araouane geschickt. Sidi Boubacar hatte mir geschrieben und mir eine Einladung bei Urassell Kheredine vermittelt, einem reichen algerischen Industriellen, der unser Projekt unterstützen könnte.

Algiers Außenbezirke waren voll geplünderter Geschäfte und ausgebrannter Häuser, die noch von den kürzlich erfolgten Hungeraufständen gegen die sozialistische Regierung zeugten. Ich hatte im europäischen Rundfunk darüber gehört, war mir aber nicht im klaren darüber gewesen, daß ich geradewegs an den Schauplatz des Geschehens geraten würde. Sonderkommandos der Armee patrouillierten an fast jeder Straßenecke, und gepanzerte Mannschaftswagen führten penible Verkehrskontrollen durch. Herrn Kheredine gehörte eine große Fabrik in einem Vorort, doch wegen der Aufstände riet er mir, ihn in seiner Wüstenoase zu besuchen.

In der darauffolgenden Woche erfuhr ich über Gartenbau mehr als in meinem ganzen bisherigen Leben. Und was genau so wichtig war – ich lernte, eine Arbeit mit Gerätschaften zu verrichten, die gerade zur Verfügung standen. Ein prächtiges Beispiel war die Vorrichtung, die mein Gastgeber zum Trocknen von Datteln besaß. Es handelte sich um einen ganz und gar aus Schrott zusammengebastelten Raum – er bestand aus zerbeulten Autotüren, gebrauchten Ölfässern, Wellblechplatten, sogar aus Töpfen und Pfannen,und alles wurde durch Drähte zusammengehalten. Aber es funktionierte.

Als ich die Oase verließ, war mein Anhänger mit jungen Bäumen beladen. Es handelte sich um Schößlinge von je dreißig Oliven-, Granatapfel- und Feigenbäumen sowie fünfundzwanzig Weinstöcken. Außerdem wußte ich nun, welche Gemüsesorten für ein Leben in der Wüste geeignet waren. Herrn Kheredines Rat folgend, entschied ich mich für Tomaten, Möhren, Rote Bete, Kopfsalat, Radieschen, Kürbisse, Rüben, Zwiebeln, Wassermelonen, Honigmelonen und Peperoni. Kurz vor meiner Abreise überreichte mir mein Gastgeber noch einen Zentnersack seiner besten Datteln.

»Die können Sie auf Ihrem Weg durch die Wüste verspeisen«, sagte er. »Immerhin ist dies die traditionelle Nahrung der Saharareisenden. Heben Sie nur die Kerne auf, dann können Sie in Araouane Ihre eigene Dattelpalmenschonung anlegen.«
Auf der algerischen Autobahn nach Reggane sang ich zum Zeitvertreib vor mich hin. Zu beiden Seiten schimmerte die blendend weiße Wüste. Stundenlang grölte ich ein Repertoire von italienischer Opernmusik bis zu Schweizer Jodlern. Das Röhren des Motors übertönte meine Stimme noch. Mein Lieblingslied war ein altes Mac-Davis-Stück mit dem Refrain: »O Herr, wie kann ich bescheiden sein, wenn du doch in allem vollkommen bist!«
Herr Kheredine hatte sich um das Überleben der Schößlinge Gedanken gemacht, weil er fürchtete, ich könne auf die lange Reise nicht genug Wasser für alle mitnehmen. Ich dagegen war mehr um mein eigenes Überleben besorgt. Natürlich war ich schon einmal quer durch die Sahara gefahren, als ich bei der Rallye Paris–Dakar in zwanzig Tagen 15 000 Kilometer zurückgelegt hatte. Dieses Mal aber war ich ganz auf mich allein gestellt. Es gab keinen Navigator, keine Rennleitung, die sich um die Errichtung von Notlagern mit Treibstoff, Wasser und Lebensmitteln kümmerte, keine Rettungsmannschaft, die mich auflesen würde, wenn ich einen Kontrollpunkt nicht passierte oder mein Signalfeuer abbrannte. Dieses Mal saß ich in einem hoffnungslos überladenen Fahrzeug mit einem hoffnungslos überladenen Anhänger. Und wenn meine Wassercontainer platzten? Wenn meine Dieseltanks ein Leck bekommen würden? Wenn der Motor ausfiel? Ich wollte gar nicht erst darüber nachdenken und sang daher nur um so lauter.
In der Nacht, bevor ich das 800 Kilometer von Algier entfernte Ghardaia erreichen sollte – jene Stadt, die als die schönste Oase der Sahara gerühmt wird –, geriet ich in einen Sandsturm. Von einem Augenblick auf den anderen konnte ich so gut wie nichts mehr sehen. Die Scheinwerfer reflektierten nur noch rasende Sandwirbel. Der Gegenwind zwang mich zu kriechen, und viele Male kam ich ganz von der asphaltierten Straße ab. Im Auto war bald alles mit einer feinen Staubschicht bedeckt. Kleine Körnchen verstopften mir Ohren, Augen und Mund. Zumindest aber wurde die Monotonie der Reise durch den Sturm für einige Stunden unterbrochen.

In Ghardaia kaufte ich Sandleitern, um mich beim Festfahren im Sand wieder befreien zu können. Unter die Reifen eines Fahrzeugs gelegt, schaffen diese Spezial-Metallplanken genügend Haftung, um den Wagen aus einem Loch herausfahren zu können. Meine Sandleitern waren aus mobilen Landebahnen herausgeschnitten worden, die die Alliierten im Zweiten Weltkrieg benutzt hatten. Wenn sie mir so gute Dienste wie einst Feldmarschall Montgomery leisteten, war ich bestens gerüstet.

In Reggane, der letzten Stadt vor der gesichtslosen Wüste, dort wo die Straße endet, befindet sich ein von den algerischen Behörden eingerichteter Kontrollpunkt, an dem vermerkt wird, wer wann in die Wüste hineinfährt. Taucht jemand nicht am algerisch-malischen Grenzposten Bordj-Mokhtar auf, so werden andere Reisende gebeten, nach ihm Ausschau zu halten.

»Ich fürchte, wir können Sie nicht passieren lassen«, sagte der Grenzwächter in fehlerlosem Französisch. »Mit dieser Ladung werden Sie höchstwahrscheinlich früher oder später steckenbleiben.«

Ich müßte aber weiter, teilte ich ihm mit. Die Schößlinge würden eingehen, wenn man sie nicht bald einpflanzte, und mit ihnen würde dann ein hungerndes Dorf sterben.

Der Grenzwächter schüttelte den Kopf.

»Ich übernehme die volle Verantwortung«, sagte ich. »Sie brauchen nicht einmal nach mir zu suchen, wenn ich auf der anderen Seite nicht ankomme. Ich werde selber ein Auge auf mich haben.«

Nachdem die Grenzwächter kurz überprüft hatten, ob ich genügend Treibstoff, Wasser und Nahrungsmittel sowie einen Kompaß, Landkarten, ein Fernglas und einen Feuerlöscher dabeihatte, ließen sie mich weiterfahren.

»Ich wette um hundert Dollar, daß Sie Bourem nicht erreichen.« Die Bemerkung kam von einem langen, hageren Deutschen, der in der Nähe des Kontrollpunktes sein Abendessen kochte.

»Woher kommt's, daß Sie ein solcher Experte für Wüstenreisen sind?«

»Ich fahre schon zum siebzehnten Mal hier durch – daher kommt's.«

Neben ihm fachte ein fetter, dunkelhaariger Zwerg die Glut eines Lagerfeuers an; ab und zu warf er noch ein paar Zweige mehr auf die Flammen.

»Essen Sie mit uns«, sagte der Deutsche. »Trinken Sie etwas Tee. Und wenn Sie sich etwas Gutes tun wollen, fahren Sie mit Ihrem unglaublichen Gespann wieder nach Hause.« Beim Sprechen hüpfte sein gewaltiger Adamsapfel auf und ab.

Bei Suppe, vielen Tassen Tee und ein paar Datteln aus Herrn Kheredines Vorrat erzählte mir der Lange von seinen Geschäften. In Deutschland kaufte er ausgediente Lastwagen, meistens aus alten Armeebeständen, und fuhr damit nach Mali oder Niger, um die Laster dort gewinnbringend weiterzuverkaufen.

»Manchmal schaffe ich es nicht einmal mit diesen stabilen Ungeheuern«, sagte er, »und dabei sind sie meistens unbeladen. Wie Sie sehen, gehe ich dieses Jahr aufs Ganze.«

Auf der Ladefläche seines Tiefladers und dem seines zwergenhaften Freundes stand je ein kleinerer Lastwagen. Und im Laderaum eines dieser kleineren Lastwagen befand sich noch ein Auto.

»Und Sie wollen mir erzählen, daß ich es nicht schaffe? Ihre Fahrzeuge sind doch viel schwerer als meine«, sagte ich.

»Das schon«, war die Antwort. »Meine Tieflader haben aber viel mehr Bodenfreiheit als Ihr Anhänger. Wenn ich in den Sand gerate, drehen mir vielleicht die Räder durch, aber Ihr Anhänger sitzt dann direkt auf den Achsen. Die Räder werden im Sand versinken. Ich habe einmal einen Anhänger mitgebracht, aber ich mußte ihn mitten in der Wüste stehenlassen, um selber durchzukommen.«

Im Moment hatte ich keine andere Wahl, aber ich dachte mir, wenn die Sache brenzlig würde, könnte ich den Anhänger seinem Schicksal überlassen und nur mit dem Landrover weiterfahren.

»Viel Glück, Kumpel«, rief der Deutsche bei meiner Abfahrt hinter mir her. »Wir sehen uns unterwegs sicher noch. Falls Sie liegenbleiben, können Sie ja mit uns weiterfahren.«

Als ich den Kontrollpunkt hinter mir ließ, war die Nacht hereingebrochen, aber an der Tanezrouft-Piste sind in Zehn-Kilometer-Abständen solarbetriebene Signalleuchten angebracht. Im Grunde war es einfacher, im Dunkeln zu fahren, denn ich brauchte mich nur an den grellblinkenden Lichtpunkten zu orientieren. Zwischen den Signalleuchten lagen lange Strecken pechschwarzer Dunkelheit. Wenn ich aber meinen schnurgerade nach Süden führenden Kurs einhielt, so konnte ich bald schon wieder das nächste blinkende Licht erkennen. In zwei Tagen legte ich fast tausend Kilometer zurück und genoß es. Oft nahm ich die Hände vom Lenkrad und stellte nur den Fuß auf das Gaspedal, denn der schwere Anhänger hielt den Landrover gerade auf Kurs. Nur ein einziges Mal blieb ich stecken, und da konnte ich mich mit meinem Anker und der Winde problemlos selbst befreien.

Ich aß Datteln, trank Wasser, sang Lieder und hielt Ansprachen. So versuchte ich etwa, die Vollversammlung der Vereinten Nationen von der Durchführbarkeit des Baus einer Eisenbahnlinie durch die Sahara zu überzeugen. Ich trat auch als Advocatus diaboli auf und brandmarkte den Plan als unnütze Geldverschwendung, konnte aber jeden meiner eigenen Einwände mit Leichtigkeit widerlegen. Die versammelten Abgeordneten erhoben sich von ihren Plätzen, um mir donnernden Applaus zu spenden. Später konnte ich mich an keines meiner überzeugend vorgebrachten Argumente mehr erinnern.

Die erste Person, der ich beim Übertritt der malischen Grenze begegnete, war ein kleiner Junge mit einer Flasche Bier. Er hatte mich kommen hören, als ich mich langsam der kleinen Ansammlung von Lehmhütten, aus der der Ort Tessalit bestand, näherte. Der Kleine wollte sicherstellen, daß ich mein Geld im Café seines Vaters lassen würde und nicht etwa bei der Konkurrenz. Nach Wochen im islamischen Algerien schmeckte das Bier einfach himmlisch. Die Bevölkerung Malis besteht zwar auch überwiegend aus Moslems, die aber nicht so strenggläubig wie ihre nördlichen Nachbarn sind.

Doch kaum hatte ich den ersten Schluck zu mir genommen, als ein kleiner Mann in einer zerlumpten Uniform hereinstürmte und sich ein Schwall französischer Schimpfworte über mich ergoß: »Du mieser kleiner Hosenscheißer! Du denkst, dir g e h ö r t dieses Land? du denkst, du kannst ein- und ausreisen, wie es dir gefällt? Wir brauchen keine gottverdammten Scheißtouristen hier! Sofort kommst du mit mir zur Grenzstation!«

Normalerweise bin ich im Umgang mit uneinsichtigen Beamten die Sanftmut in Person; lächeln und freundlich nicken ist die einzige Möglichkeit, sie wieder loszuwerden. Doch nachdem ich mehrere Wochen lang auf dem Trocknen gesessen hatte, mußte sich jeder, der mich von meinem Bier trennen wollte, auf eine handfeste Auseinandersetzung gefaßt machen.

»Der einzige Hosenscheißer, den ich hier rieche, bist DU!« brüllte ich in flüssigem Französisch zurück. Wir warfen uns gegenseitig Beleidigungen an die Köpfe, bis wir beide heiser waren. Die Auseinandersetzung fand ein Ende, als der kleine Bastard nach seiner Pistole griff und das Halfter leer war. Er zuckte mit den Schultern und ging seinen Vorgesetzten suchen. Der Befehlshaber der Garnison Tessalit war ein großer Tuareg. Er ließ mich meinen Anhänger entladen und inspizierte meine Schößlinge argwöhnisch.

»Was soll das hier?« fragte er.

»Bäume für das Dorf Araouane.«

»Für welche Organisation arbeiten Sie?«

»Für keine, ich handle auf eigene Initiative.«

»Warum tun Sie das?«

»Weil sich die Dorfbewohner in einer verzweifelten Lage befinden.«

Er nahm mich mit in sein Büro und goß mir Tee ein.

»Ich glaube nicht, daß Sie die Strecke nach Bourem mit diesem Anhänger schaffen können. Mit einem Führer können Sie aber möglicherweise durch das Tilemsi-Tal kommen; dieser Weg ist länger, aber viel einfacher. Führer sind teuer. Sehr viele Europäer kommen hierher und planen, allein zu reisen, dann entscheiden sie sich aber im letzten Moment doch noch anders, so daß die erfahrenen Führer verlangen können, was sie wollen. Ist Ihnen das zu teuer, so könnten Sie vielleicht auf die nächste Armeekolonne warten.«

Ich erklärte ihm, die Bäume könnten nicht warten, und er schickte jemanden los, um einen Führer zu holen. In der Zwischenzeit befahl der Kommandant dem Offizier Hosenscheißer und einigen anderen Polizisten, mir beim Wiederaufladen meiner Pflanzen zu helfen. Wir wischten den Staubbelag von den Blättern und banden sie für den Rest der Reise so sorgfältig wie möglich zusammen. So wurden diese Grenzposten zu meinen ersten freiwilligen Helfern. Während wir noch beschäftigt waren, rollten zwei altbekannte Lastwagen heran.

»Ich schaffe es nie mit dem Anhänger, wie?« spottete ich.

»Ich sagte Bourem«, gab der hagere Deutsche zur Antwort. »Bis hierher ist es noch einfach.«

Mein düster dreinschauender schwarzgewandeter Führer erschien, und ich überließ den Deutschen und seinen Freund der Gnade der Zollbeamten.

Während unserer dreitägigen Fahrt nach Timbuktu sprach mein Tuareg-Führer kaum ein Wort. Er streckte nur die Hand aus, um mir die Richtung anzuzeigen. Wir durchpflügten endlose Strecken Sand und rutschten vorwärts wie ein Schlitten in nassem Schnee. Oft schafften wir kaum fünfzehn Kilometer in der Stunde. Als wir in einer bodenlos scheinenden Sandgrube steckenblieben, war mein Anker wieder die Rettung. Seine fast zwanzig Meter lange Leine zog uns zehnmal schneller heraus, als wir es mit Sandleitern geschafft hätten, und zum ersten und einzigen Mal auf unserer Reise sah ich meinen Gefährten lächeln.

Mit meiner Angewohnheit, siebzehn Stunden am Tag zu fahren, war der Tuareg nicht einverstanden. Wie die meisten Männer der Wüste konnte er es nicht lange ohne seinen Tee aushalten. Alle paar Stunden wollte er eine Pause einlegen und sich eine Kanne aufbrühen, während ich die Fahrt mit möglichst wenig Unterbrechungen hinter mich bringen wollte. Ich dachte immer nur an die Schößlinge, was der Tuareg beim besten Willen nicht begreifen konnte. Ihm mußte es einfach lächerlich erscheinen, daß jemand für ein paar jämmerliche Pflanzen so viel Unannehmlichkeiten auf sich lud.

Als ihm klar wurde, daß ich nicht dazu zu bewegen war, nur für Teepausen anzuhalten, verlegte er sich auf eine Bitte, die ich nicht zurückweisen konnte: Er wandelte sich plötzlich zu einem tiefgläubigen Moslem. Jedesmal, wenn er eine Pause machen wollte, sagte er *prière*. Der Islam verlangt fünf Gebete pro Tag, und dem konnte ich kaum etwas entgegenhalten. Ich hege aber den starken Verdacht, daß er in seinem ganzen bisherigen Leben seine Andacht noch nie so oft verrichtet hatte wie in diesen drei Tagen. Jeden Halt nutzte er, um ein Feuer zu entfachen, den Teekessel aufzusetzen und gerade so lange im Sand zu knien, bis das Wasser kochte.

Wir kamen sicher in Timbuktu an, bekamen den hageren Deutschen jedoch nicht mehr zu Gesicht. Irgendwo dort draußen in der Wüste, sagte ich mir, ist ein Trucker, der mir hundert Dollar schuldet.

Kapitel 3

Widrige Umstände

Die erste Person, die ich – selbstredend nach meiner Pflichtvisite beim »Empfangskomitee« – aufsuchte, war Salah Baba. Mein wortkarger Tuareg, den seine Exerzitien in den Fahrpausen wohl recht mitgenommen hatten, hatte mich beim Anblick des ersten Teekessels im Ort verlassen. Salah Baba hatte angeboten, mich bei meiner Rückkehr nach Araouane zu begleiten und den Dorfbewohnern mein Vorhaben zu erläutern. Er sei glücklich, seinem Heimatort helfen zu können, meinte er, aber ich stand seinen Motiven skeptisch gegenüber.

»Sie werden sehr viele Nahrungsmittel mitnehmen müssen«, sagte er. »Hungrige Menschen arbeiten schlecht, und Sie wissen, daß es dort eigentlich nichts Eßbares gibt. Darüber hinaus werden Sie auch Arbeitskräfte mitbringen müssen. In den kommenden fünf Monaten sind alle arbeitsfähigen Männer von Araouane in den Salzminen.« Von September bis März arbeiteten alle körperlich leistungsfähigen schwarzen Männer in den Salzminen. Während der heißen Jahreszeit kehrten sie im allgemeinen nach Hause zurück. Später wurden mir die miserablen Umstände ihrer Arbeitsverhältnisse erst richtig klar, aber schon ein Blick auf die Stadt hatte mir gezeigt, daß es ihnen nicht eben blendend ging.

Salah präsentierte mir einen Maurer namens Garba, der einen Tageslohn von drei Dollar zuzüglich Lebensmittelzuteilungen erhalten sollte. Bald darauf trieb er auch einen Maurergehilfen mit einem Tageslohn von zwei Dollar auf sowie vier Lohnarbeiter, die jeweils vizreinhalb Dollar erhalten sollten. Garba sprach etwas Französisch, was von großem Nutzen sein würde, wenn Salah Baba wieder heimreiste. Er strahlte mich mit einem zahnlosen Lächeln an. Offensichtlich glaubte er, einen fürstlichen Lohn zu erhalten.

»Ich werde alles tun, was Sie von mir verlangen«, sagte er, »und Salah Baba wird mich schwer bestrafen, wenn Sie nicht zufrieden sind.«

Danach kauften wir Nahrungsmittel ein. Die Preise, die mir Salah Baba berechnete, sagten mir gar nichts, weil ich keine Vergleichsmöglichkeit hatte. Ich mußte ihm einfach vertrauen, obwohl er mir seit seiner »Unterstützung« bei meiner Karawanenreise nicht unbedingt vertrauenswürdig erschien. Wir kauften riesige Säcke mit Reis, Hirse und Maismehl, Großhandelskanister mit Öl, Sardinen, Corned Beef, Zentnersäcke mit Zucker, Tee und Baobabpulver. Außerdem stockten wir unseren Vorrat an Strohmatten, Seilen und Holzpflöcken auf, um die Schößlinge durch Umzäunungen vor hungrigen Kamelen zu schützen.

Bald hatte sich herumgesprochen, daß da ein *toubab* die Spendierhosen anhatte. Plötzlich erschien aus dem Nichts ein Haufen Verkäufer, die mich auf Schritt und Tritt verfolgten und versuchten, mir ihre Waren schmackhaft zu machen. Ein Gauner bot mir mehrere Kisten mit Minestrone-Tütensuppen »unter dem Einkaufspreis« an. Bei näherem Betrachten der Ware fand ich auf jedem Päckchen einen mehrsprachigen Aufdruck, diese Lebensmittel seien Spenden der italienischen Regierung für das malische Schulsystem und keine Handelsware. Ich drohte, zur Polizei zu gehen, doch das schien weder den Verkäufer noch sonst irgend jemanden im geringsten zu beeindrucken.

Am späten Nachmittag war ich im Besitz von sieben Tonnen Vorräten, was, wie ich erfuhr, der zulässigen Höchstbelastung eines Wüstenlastwagens entsprach. Als ich meine Vorräte bei den Lagerhallen aufladen wollte, stellte ich fest, daß fast alle meine durch Salah Baba getätigten Käufe von internationalen Hilfstransporten abgezweigt worden waren. Reis und Maismehl trugen die Aufschrift »Spende der Vereinigten Staaten«, die Sardinen waren aus Japan, das Öl aus Finnland und das Corned Beef aus Dänemark. Die Umstehenden beruhigten mich, dies sei hier nun einmal so. Nahezu alle Verkaufsgüter auf dem Markt von Timbuktu seien den Hilfsorganisationen gestohlen worden. Was konnte ich tun? Ich hatte die Nahrungsmittel bereits gekauft, und kein Argument der Welt würde sie auf die Tische der hungrigen

Kinder bringen, denen sie zustanden. Wenn ich sie nach Araouane brachte, könnte ich wenigstens ein paar hundert Leute damit satt machen, die andernfalls auch hungern mußten. Ich verabscheute es jetzt noch mehr, mit Salah Baba zusammenarbeiten zu müssen, aber ich brauchte seine Unterstützung. Und trotz seiner Wuchergeschäfte schien er mir immer noch ein wenig ehrlicher zu sein als alle anderen Leute, die ich bisher in Timbuktu getroffen hatte.

Mit dem Kaufmann Salah Baba zur Seite mietete ich einen Lastwagen, einen Fahrer, einen Führer und drei Helfer, die das Fahrzeug im Notfall aus dem Sand ausgraben sollten. Weiter löhnte ich für Benzin, Öl, Getriebeöl und für Verköstigung sowie für die Unterbringung der Mannschaft auf dem Hin- und Rückweg – ich griff tief in meine Tasche und bezahlte alles, was Salah Baba mir zu zahlen auftrug.

In der Morgendämmerung des nächsten Tages waren wir bereit zum Aufbruch. Mitten auf der größten und übelriechendsten Müllhalde von ganz Timbuktu wartete der Fahrer auf uns. Zu meinem Entsetzen war der Laster nicht nur mit meinen teuer erkauften Vorräten, sondern auch mit mindestens zwanzig Passagieren beladen. Man hatte mir gesagt, der Laster könne nicht mehr als sieben Tonnen transportieren, aber dieser Haufen Leute und ihre Unmengen an Gepäck verdoppelten das Gewicht der Ladung mit Sicherheit. Bei den Passagieren handelte es sich um Salzminenarbeiter, denen der Fahrer für den Transport nach Araouane eine Menge Geld abgeknöpft hatte; von dort konnten sie dann mit einer Karawane bis Taoudeni weiterreisen. Sie hatten von mir nichts gewußt und ich nichts von ihnen, aber so wie die Dinge standen, war nicht mehr viel daran zu ändern.

Salah Baba und ich fuhren in meinem Landrover nebenher. Überladen, wie der Lastwagen war, kroch er unerträglich langsam vorwärts. Mit dieser Geschwindigkeit, dachte ich, würden wir Araouane vor Ende des Monats nicht erreichen. Ich fragte Salah Baba, ob er das Dorf seiner Vorfahren auch ohne den Führer fände. »Letzten Endes werde ich es wahrscheinlich finden«, war die unbestimmte Antwort. Sein Stolz ließ wohl auch keine andere Antwort zu. Wir folgten einer Kamelkotspur in der Hoffnung, nicht in einem Sandloch zu versinken, wenn beladene Kamele vor uns denselben Weg verfolgt hatten. Tatsächlich erreichten wir nach einigen Kilometern festeren Sand, der frische, noch nicht vom Wind zugewehte Reifenspuren aufwies. Die Hilfsorganisation Île de Paix war dabei, nördlich von Araouane einen Brunnen zu graben, und die Spuren stammten von ihrem Begleitfahrzeug. Es sah so aus, als würden wir Araouane bei Einbruch der Dunkelheit erreichen. Doch gegen Mittag verloren wir die Spuren, und der Landrover blieb stecken. Da er allein mit der Winde nicht aus dem tiefen Sand herauszuholen war, mußten wir ihn Stück für Stück mühevoll ausgraben. Ich fand es nicht besonders angenehm, unter der heißen Sonne zu zerfließen, aber es tröstete mich, zu sehen, daß es Salah Baba ebenso erging. Der Marabout hatte in seinem bisherigen Leben jedwede körperliche Anstrengung irgendwelchen Dienern überlassen, und seine weichen, fast weiblichen Hände ließen vermuten, daß er wahrscheinlich noch nie einen Spaten oder irgendein anderes Werkzeug benutzt hatte. Was seine Leiden noch verschlimmerte – es gab keinen Tee! Den ganzen Vormittag über hatte er vor sich hingebrummelt, wie außerordentlich nachlässig wir doch gewesen waren, keinen Teekessel mitzunehmen, und nun begannen sich bei ihm starke Entzugserscheinungen abzuzeichnen. Er murmelte vor sich hin, stöhnte und schmollte, rauchte seine letzte Zigarette und schlürfte verdrießlich warmes Wasser aus seiner Ziegenhaut. Wir arbeiteten bis zum Sonnenuntergang, und dann gab es Datteln zum Abendessen. Eine Mondsichel wie der Schiffsschnabel einer venezianischen Gondel erleuchtete unser Lager und warf Schatten auf den am Nachmittag aufgeworfenen langen Graben. »Morgen schaufeln wir noch zwei oder drei Stunden«, sagte ich, »und dann können wir weiterfahren.« Salah Baba nickte jämmerlich. Ich war so aufgeregt über unsere bevorstehende Ankunft in Araouane, daß mit viel Schlaf nicht zu rechnen war. Salah Baba und ich schwatzten bis tief in die Nacht. Ich zauberte ihm ein paar Zigaretten aus Tabakkrümmeln, die ich im Handschuhfach gefunden hatte und in Toilettenpapierstreifen einwickelte. Indirekt gab er zu, daß die meisten der Kaufleute aus Araouane, die ich in Timbuktu getroffen hatte, schon jahrelang von Hilfsgütern lebten, die für das Dorf bestimmt waren. Wenn sie bei Hilfsorganisationen um Unterstützung baten, gaben sie Araouanes Bevölkerung mit 3500 an, weil sie genau wußten, daß keiner in die entlegene Siedlung kommen und nachsehen würde. Erreichten die Ladungen Timbuktu, so verkauften sie auf dem Markt, was sie konnten, steckten die Erträge in ihre Taschen und schickten nur an ihre eigenen maurischen Verwandten einige Vorräte. Wie Salah Baba wenig überzeugend beteuerte, würden die Kaufleute gerne die ganze Stadt mit Nahrungsmitteln versorgen, doch bedauerlicherweise hätten sie zu wenig Geld für den Transport.

Dann erzählte er mir Geschichten von Reisenden aus vergangenen Tagen. Eine Karawane mit zweihundert Männern und zweitausend Kamelen war auf der Suche nach Araouanes berühmten Brunnen von Norden her aus Tindouf gekommen. Aus irgendeinem Grunde verloren sie ihren Kurs und irrten wochenlang umher. Bis auf den letzten Mann und das letzte Kamel kamen sie nur wenige Kilometer vom Dorf entfernt ums Leben. Das Unglück hatte sich zugetragen, als Salah Baba ein kleiner Junge war und noch in Araouane lebte, und seither fürchtete er sich ein wenig vor der Wüste.

Über Nacht hatte der Wind den weichsandigen Dünen wieder ein völlig anderes Aussehen gegeben. Wir schafften es, den Wagen auszugraben, hatten aber keinerlei Vorstellung, in welche Richtung wir uns wenden sollten. Wir hatten zwar einen Kompaß, aber wie soll man einen Kurs bestimmen, wenn man seinen Ausgangspunkt nicht kennt? Wir konnten uns in einer geraden Linie bewegen, aber leider wußten wir nicht, welche gerade Linie uns nach Araouane führen würde. Salah wußte auch keinen guten Rat, und so konnten wir nur noch eine auf unsere wenigen Kenntnisse gestützte Vermutung anstellen: Ich wußte, daß Araouane etwa 260 Kilometer von Timbuktu entfernt lag, und wahrscheinlich hatte der Fahrer des Lastwagens, dessen Spuren wir gefolgt waren, einen einigermaßen geraden Weg eingeschlagen. Da wir ihm ziemlich lange auf der Spur geblieben waren, würden wir jetzt einfach in derselben Richtung weiterfahren. Wäre nach 260 Kilometer kein Ort in Sicht, hätten wir Grund, uns Sorgen zu machen.

Am frühen Nachmittag war es soweit: Der Kilometerzähler stand auf 263, und von Araouane war weit und breit nichts zu sehen. Allerdings behinderten die Sandschleier die Sicht so stark, daß wir die Stadt selbst unmittelbar vor uns nicht entdeckt hätten. Ich schlug vor, das Lager aufzuschlagen, bis sich der Wind gelegt hätte, und dann in weiten Kreisen herumzufahren. Salah Baba aber konnte es nicht abwarten. Wir hatten zwar Wasser für viele Tage und für Wochen genug zu essen, doch er fürchtete, eine weitere Nacht ohne Tee oder Zigaretten nicht zu überleben.

»Fahren wir noch ein bißchen herum«, sagte er. »Man kann nie wissen – vielleicht haben wir Glück.«

Für den Fall, daß wir Araouane nicht fanden und zum Niger zurückfahren mußten, wollte ich nicht zuviel Diesel verbrauchen. Aber um Salah Baba vor einem Anfall zu bewahren, fuhr ich weiter und versuchte, mit meinen müden Augen durch den wirbelnden Sand zu spähen.

Nach etwa einer Stunde jauchzte Salah plötzlich auf. »Dort drüben«, schrie er. »Menschen!«

Auch ich sah sie nun, verschwommene geisterhafte Gestalten am Horizont. Sie entpuppten sich als zwei Männer und ein kleiner Junge, die einige Kamele von ihrem Lagerplatz zu den Brunnen führten. Salah sprudelte vor Freude förmlich über, was ich wahrscheinlich auch gern getan hätte, wenn ich in einer Sprache hätte übersprudeln können, die für die anderen zu verstehen gewesen wäre.

Der Junge begleitete uns, um uns den Weg zur Stadt zu zeigen. Es war peinlich, unseren großen Auftritt unter der Führung eines kleines Kindes machen zu müssen, aber so, wie die Dinge standen, war von unserem Stolz ohnehin nicht viel übriggeblieben. Nach etwa sechs Kilometern sahen wir das erste Haus, genau dasselbe, in dem ich vor kurzem noch zu Gast gewesen war.

»*Hamdulillah*«, murmelte Salah vor sich hin.

»Gott sei Dank«, echote ich.

Wahrscheinlich hatten die Dorfbewohner das Motorengeräusch gehört, denn als wir ankamen, hatte sich fast das ganze Dorf auf der nächstgelegenen Düne versammelt. Sie wußten nicht recht, was sie von meinem seltsamen Gespann zu erwarten hatten, aber als sie Salah Baba erkannten, ließen sie die üblichen nicht enden wollenden Begrüßungsfloskeln vom Stapel.

»Friede sei mit dir.«

»Friede sei auch mit euch.«

»Möge Gott dich beschützen.«

»Möge Gott mit euch sein.«

»Kein Übel möge dich treffen.«

»Auch euch möge kein Leid widerfahren.«

»Ich hoffe, deine Gesundheit liegt in Gottes Hand.«

»Auch eure Gesundheit möge dies tun.«

»Ich hoffe, du bist nicht müde.«

»Gott hat uns eine sichere Reise geschenkt.«

»Gott sei gepriesen.«

»Möge Gott eure Söhne beschützen.«

»Möge Gott auch deine Söhne beschützen …«

Dank Salah Babas adliger Abstammung zog sich die Begrüßung noch länger als gewöhnlich hin.

Doch mitten in den Formalitäten lechzte Salah plötzlich nach Tee, und einige Kinder sprangen nach einer Kanne, Zucker und Tassen. Er leerte eine nach der anderen, was seinen Redeschwall jedoch kaum beeinträchtigte. Schließlich hatte er zwei lange Tage aufzuholen. Salah redete und redete, und die Dorfbewohner hörten die meiste Zeit nur zu. Natürlich verstand ich kein einziges Wort, aber anschließend berichtete mir der Marabout, was er gesagt hatte. »Ich habe ihnen alles erklärt«, meinte er, genüßlich seinen Tee schlürfend. »Ich habe gesagt, sie hätten nur die Wahl, hierzubleiben und Ihren Anweisungen zu folgen oder nach Timbuktu zu gehen und sich in die Schar der bettelnden Flüchtlinge einzureihen. Ich habe erklärt, daß viele Dinge, die Sie ihnen auftragen werden, ihnen vielleicht merkwürdig erscheinen, daß Sie aber aus einem fremden Land kommen, wo jeder genug zu essen hat. Ich habe ihnen gesagt, wenn alle Dorfbewohner hart arbeiteten und auf Sie hörten, würden auch alle mehr zu essen bekommen, als sie sich jemals vorstellen könnten.«

»Und wie haben die Leute reagiert?«

»Sie haben nicht viel gesagt. Aber sie wissen, daß dies ihre letzte Chance ist.«

Mit Salah Baba als Kommandant verlief alles reibungslos. Wir entluden den Wagen und fuhren dann mit dem Anhänger zu den Brunnen hinüber, um die Schößlinge zu wässern und zu reinigen. Die Dorfbewohner hatten freilich keinerlei Sinn für Ordnung. Obwohl sie sich Mühe gaben, die Vorräte sorgsam zu behandeln, verwandelten sie den Platz rund um das Lagerhaus in Windeseile in ein Chaos. Kisten, Kästen und Säcke lagen in einem wilden Durcheinander verstreut, als hätte ein Flugzeug seine Ladung verloren. Irgendwer stellte meinen Werkzeugkasten verkehrtherum ab, und eine wahre Flut von Schrauben, Muttern, Nägeln und Krimskrams verschiedenster Art ergoß sich klappernd in den Sand. Alle Pflanzen wurden sorgfältig gesäubert. Ein zerlumpter kleiner Junge verfolgte mich auf Schritt und Tritt und streckte mir schweigend eine Ziegenhaut voll Wasser entgegen, sobald ich in seine Richtung schaute. Die Dorfbewohner betrachteten die Schößlinge mit Verwunderung, denn sie hatten in ihrem ganzen Leben noch keinen jungen Baum gesehen. Abgesehen von dem betagten Kameldorn bei der Moschee hatten die meisten noch nie einen zu Gesicht bekommen. Wie sollte ich ihnen erklären, daß diese scheinbar leblosen Zweige dem Dorf eines Tages Nahrung liefern würden? Ich zeigte den Leuten, wie man jeden grünen Sproß vorsichtig abspülte, darauf achtete, daß alle Wurzeln geschützt waren, und ihn mit der Erde wieder in den Transportkanister setzte. Da sich das gesamte Material für den Bau der Umzäunungen und Saatbeete auf dem Lastwagen befand, würden wir erst in einigen Tagen ernsthaft mit unserem Werk beginnen können.
Salah Baba hatte eigentlich das Grab seiner Vorväter aufsuchen wollen, doch noch vor dem Abendgebet fiel er in Tiefschlaf. Die Dorfbewohner hatten uns ihre schönsten Decken gebracht und breiteten diese nun für uns auf dem Sandboden aus. Der in schäbige Lumpen gekleidete Junge, der mir ständig mit der Ziegenhaut gefolgt war, blieb die ganze Nacht über zusammengekauert bei unserer Tür liegen. »Muß er nicht nach Hause gehen?« murmelte ich noch, bevor ich einschlief. Doch Salah schnarchte bereits.
Als ich am Morgen erwachte, saß derselbe Junge immer noch an unserer Tür. Er hatte ein Feuer aus Kameldung entfacht und einen Kessel für Wasser aufgesetzt. Zwei Eimer mit sauberem Wasch-

wasser, die er den ganzen Weg vom Brunnen hergeschleppt hatte, standen am Fußende unseres Deckenlagers. Der Junge sprach kein Wort und lächelte selten, aber seine Augen verrieten eine wache Intelligenz. Er beobachtete alle meine Bewegungen genau, um zu sehen, wann er gebraucht würde. Sobald ich anfing, meinen Berg aus Kisten und Bündeln zu sortieren, war er zur Stelle und schaffte es irgendwie, mir zur Hand zu gehen und gleichzeitig unser Frühstück zuzubereiten.

»Wer ist dieser Junge?« fragte ich Salah Baba.

»Er heißt Bou-djema«, gab der Marabout zur Antwort, wobei er den Namen ungefähr wie »Buschmann« aussprach. »Bou-djema hat seinen Vater nie gesehen. Der war Arbeiter in den Minen von Taoudeni und setzte den Jungen in die Welt, als er durch den Ort kam. Wahrscheinlich weiß er nicht einmal, daß er einen Sohn hat. Boudjemas Mutter muß noch für zwei kleine Töchter von anderen Männern aufkommen. Da der Junge für die Salzminen noch zu klein ist, muß er bei der Versorgung durchziehender Karawanen helfen und versuchen, seine Großmutter zu ernähren.«

Bou-djema war der erste Einwohner Araouanes, dessen Namen ich erfuhr. Wenn ich jetzt zurückblicke, glaube ich, daß das gesamte Gartenprojekt ohne seine nimmermüde Unterstützung möglicherweise gescheitert wäre.

Als ich wenige Tage später mit Bou-djema die Lage des Gartenzauns plante, näherte sich ein Mann von Süden her durch die Dünen. Er berichtete, unser Vorratswagen sei ungefähr fünfzehn Kilometer von Araouane entfernt mit leerem Tank liegengeblieben. Offensichtlich hatte der Fahrer weniger Treibstoff gekauft, als ich bezahlt hatte, und das restliche Geld in die eigene Tasche gesteckt. Ich hatte nicht die geringste Lust, etwas vom Diesel aus meinem eigenen Wagen herzugeben, denn ich würde eine Menge für meine Rückfahrt nach Timbuktu brauchen, doch ich hatte keine andere Wahl. Alle unsere Vorräte steckten in der Wüste fest, und der Lastwagen sowie die Mannschaft wurden tageweise von mir bezahlt. Ich belud den Landrover mit einigen Kanistern Diesel und fuhr zu dem Lastwagen zurück. Als der Fahrer noch mehr Geld verlangte, da die Fahrt sehr viel teurer sei, als er angenommen habe, bekam ich einen fürchterlichen Wutanfall. Ich konnte mir lebhaft vorstellen, wie er unterwegs darüber nachgegrübelt hatte, wie ich, die Milchkuh, noch weiter zu melken sei. Ich brüllte: »In welchem Hotel bist du beschissener Bastard denn abgestiegen, im verdammten Sahara-Hilton?« Die Adern schwollen mir, als ich schrie: »Frag mich nach einem einzigen Scheißfranc mehr, und ich polier dir die Fresse!«

Soviel zur Lektion »Wie gewinne ich die Zuneigung meiner Mitarbeiter«. Doch mein Ausbruch verfehlte seine Wirkung nicht; als der Lastwagenfahrer später seine Heimreise antrat, hatte er wohl wunderbarerweise noch einen Reservekanister in seinem Fahrzeug gefunden, denn für die Rückfahrt wollte er nichts weiter haben.

Nun stand ich vor der Aufgabe, die Lebensmittel an die Leute zu verteilen. Ich hatte nicht vor, alle Hungernden, die ich fand, mit Almosen zu versorgen – Afrika war zu groß, um allein von mir ernährt zu werden. Ich wollte nur den Personen Nahrungsmittel geben, die bereit waren zu arbeiten; zunächst aber mußten sie zu Kräften kommen. Ich wies jeden an, der beim Anlegen des Gartens helfen wollte, sich in meinem Haus zu melden und als Gegenleistung eine Lebensmittelration abzuholen.

Beim Umfüllen von Hirse, Maismehl und Baobabpulver wurde mein Zimmer in eine solche Staubwolke gehüllt, daß ich kaum noch etwas sehen konnte. Etwa fünfundvierzig Menschen kamen, um ihre Ration in Empfang zu nehmen; scheu flüsterten sie ihr Dankeschön auf Songhai und wagten kaum, mich anzusehen, als sie mir ihre Tassen und Pfannen entgegenhielten. Bou-djema war natürlich da, um mir beizustehen. Bald war sein Gesicht eine geisterhaft weiße Maske mit großen rotgeränderten Augen. Ernst und konzentriert maß er die Portionen ab.

Um sieben Uhr am nächsten Morgen machten wir uns an die Arbeit. Garba, der Maurer, ging mit einigen Dorfältesten in die Wüste hinaus, um sich nach Baumaterial umzusehen. Die Einheimischen zeigten ihm, wo es unterirdische Ablagerungen von Banco gab, einer trockenen tonartigen Masse, aus der wir Mauerziegel machen konnten. Einige Männer und Kinder begannen, Löcher für die Pflöcke zu graben; nur die Frauen standen als Zuschauer herum.

»Warum helfen sie nicht mit?« fragte ich Garba.

»Sobald jemand Wasser holen muß, werden sie gehen«, sagte er. »Etwas anderes dürfen die Frauen nicht tun.« Die Kinder waren bei weitem die eifrigsten Arbeiter. Sie beobachteten, wie ich die Schößlinge einpflanzte, und versuchten ihr Bestes, es mir gleichzutun. Die Erwachsenen dagegen verrichteten so wenig Arbeit wie möglich. Zu den von mir verteilten Rationen hatten auch Tee und Zucker gehört, und die meisten Männer konnten der Versuchung nicht widerstehen, sich niederzulassen und Tee zu trinken.

Es war ein trauriger Anblick – da gaben sich ausgewachsene Männer der Muße hin, während die Kinder in der heißen Sonne schufteten. Als ich Garba beauftragte, sie in meinem Namen zurechtzuweisen, schrie ein großer, starker Mann namens Fah zurück, niemand habe ihm vorzuschreiben, ob und wann er seinen Tee trinke.

»Dann geh und trink, wenn du willst«, teilte ich ihm mit. »Aber komm nicht zurück. Ich hoffe, es gefällt dir, Eidechsen zu essen, denn meinen Tee wirst du von jetzt an nicht mehr trinken.« Am nächsten Tag entschuldigte er sich und bat, wieder am Projekt teilnehmen zu dürfen. Ich wies ihn ab. Fah war selbst für die Arbeit eines kleinen Kindes zu faul, und deshalb wollte ich an ihm ein Exempel statuieren. Ich war entschlossen, die Teilnahme am Projekt nicht zu einem Freibrief für den Empfang von Almosen werden zu lassen. Danach verbrachten die Männer mehr Zeit mit Pflanzenpflege und weniger mit Teetrinken.

Wir pflanzten alle Schößlinge ein, doch das plötzliche Auftauchen einer kleinen grünen Insel im riesigen Wüstenmeer lockte einige ungebetene Gäste an. Heuschrecken erschienen in Schwärmen. Anfangs wurden die Insekten noch von den Dorfbewohnern verspeist, doch als die Leute nun regelmäßig ihre Rationen erhielten, betrachteten sie die Heuschrecken bald eher als Ärgernis denn als Lebensmittel. Mir wurde klar, warum: Ich briet mir ein paar und zwang mich, sie zu essen, aber sie schmeckten wie schlechtgewordene Shrimps. Nur eine alte Frau mochte die Viecher tatsächlich. Noch lange Zeit später, als wir bereits Hühner, Ziegen, Kamele und vielerlei Gemüsesorten in Hülle und Fülle besaßen, blieb sie ihrer Heuschreckennahrung treu.

Im Rückblick erscheint mir unser Anfangserfolg unglaublich. Abgesehen von den sechs Lohnarbeitern aus Timbuktu hatte keiner dieser Menschen jemals Gartenarbeit verrichtet. Die meisten hatten auch sonst nicht viel getan, weil es eben recht wenig zu tun gegeben hatte. Doch nun pflanzten sie in wenigen Wochen alle Bäume und gossen und düngten sie regelmäßig. Aus dem Material, das ich von Timbuktu mitgebracht hatte, bauten sie einfache Einfassungen um die jungen Triebe, damit diese vor den hungrigen Kamelen und Ziegen geschützt waren. Danach zogen sie robuste Mauern aus Bancoziegeln um das gesamte Areal, um die Pflanzen vor den heftigen Wüstenstürmen zu schützen. Allmählich wurde mir klar, daß ich Araouane so bald nicht würde verlassen können. Die Dorfbewohner taten zwar bereitwillig nahezu alles, was ich von ihnen verlangte, aber sie besaßen noch nicht genügend Eigeninitiative und Sachkenntnis, um das Projekt selbständig weiterzuführen. Und ich hatte nach wie vor den Eindruck, sie fügten sich nur mir zuliebe in die Gartenarbeit. Für sie blieb das ganze Projekt lächerlich.

Daß ich nicht auf direktem Wege mit ihnen kommunizieren konnte, erleichterte die Sache nicht unbedingt. Wollte ich jemandem etwas sagen, so mußte ich Bou-djema, der immer in meiner Nähe war, losschicken, um Garba zu holen. Selbst dann gestaltete sich die Kommunikation schwierig, weil das Französisch des Maurers bestenfalls als lückenhaft zu bezeichnen war. Es war so mühselig, eine Botschaft zu übermitteln, daß ich oft vergaß, was ich eigentlich hatte sagen wollen.

Wenn ich durch Garba erklären wollte, daß die zierlichen Obstbaumschößlinge eines Tages eßbare Kost hervorbringen würden, betrachteten mich die Dorfbewohner mit mildem Lächeln. Als ich sie veranlaßte, Löcher in den Boden zu bohren, winzige Samenkörnchen hineinfallen zu lassen und Tag für Tag Wasser daraufzuschütten, verfestigte sich zweifellos ihr Eindruck, es mit einem Irren zu tun zu haben. Aber sie waren gutmütig genug, meinen Anweisungen trotzdem Folge zu leisten.

»Was soll's«, sagten sie wahrscheinlich zueinander.»Hauptsache, er gibt uns etwas zu essen.«

Doch als ich Gießkannen herstellte, indem ich leere Sardinen-
büchsen mit einem Nagel durchlöcherte, war ich wohl endgültig
zu weit gegangen. Baba Cambouse, der alte schwarze Dorfmara-
bout, nahm mich mit einer Abordnung von Ältesten beiseite.
»Wir wissen, daß du hier bist, um uns zu helfen«, sagte er durch
Garba zu mir, »und wir sind sehr glücklich darüber und danken dir
von ganzem Herzen. Aber vielleicht sind einige Dinge, die du tust,
doch nicht so gut. Diese Büchsen konnte man als Aufbewahrungs-
behälter verwenden, aber nun hast du sie unbrauchbar gemacht.«
Garba selbst konnte kaum das Lachen unterdrücken, da Timbuktu nahezu unter einer geschlossenen Decke verrostender Büchsen
begraben liegt. Unsere völlige Unfähigkeit zur Kommunikation
war jedoch alles andere als lustig. Ich mußte den Leuten von Araouane Sinn und Ziel des Projekts begreiflich machen und ihnen
erklären, wie es weiterzuführen war, wenn ich wieder nach Amerika ging. Und dafür mußten wir dieselbe Sprache sprechen.
Ich beschloß, den Kindern etwas Französisch beizubringen. Immerhin würden sie die Französischkenntnisse brauchen können,
um sich mit irgendwelchen Fremden oder Regierungsbeamten
verständigen zu können. Ich ließ Garba alle Kinder für den Abend
zu meinem Haus bestellen und versprach ihnen Datteln und Erdnüsse, falls sie kämen.
Die ersten Kinder trafen ein, während ich mein Abendessen zubereitete. Bald schon folgten zwanzig Augenpaare jeder meiner Bewegungen. Als ich aß, starrten sie fasziniert auf meinen kleinen
Gaskocher. Wie konnte ein Feuer ohne Kameldung brennen?
Wir gingen zu einer nahegelegenen Düne und setzten uns in einen Kreis. Ich zeigte auf mich und sagte langsam:
»*Mon nom est Aebi – Mein Name ist Aebi.*«
Auf ihren Gesichtern spiegelte sich Verwirrung.
»*Mon nom*«, wiederholte ich noch langsamer und deutete wild auf
meine Brust, »*est Aebi.*«
Die verwirrten Blicke vertieften sich nur.
Plötzlich fiel mir ein, daß *abbi* das arabische Wort für »mein Vater«
ist. Ich hatte ihnen mitgeteilt, ich sei ihr Papi.
Ich versuchte es anders. Ich hieß Bou-djema aufstehen und zeigte
auf ihn.

»*Toi*«, sagte ich, »*tu es Bou-djema.*«

»*Toi*«, wiederholte er brav, »*tu es Bou-djema.*«

»*Non, non. Je suis Aebi. Toi, tu es Bou-djema.*«

»*Tu es Bou-djema.*«

Wir hatten noch einen langen Weg vor uns.

Ich ließ die Kinder jeden Nachmittag nach getaner Arbeit zu mir kommen. Einmal brachte ich einen Wecker mit und zeigte ihn. Als ich ihn klingeln ließ, breitete sich ein Lächeln über die Gesichter. Das Klingeln gefiel ihnen, aber sie hatten keine Ahnung, wozu das Ding gut war. Wie, fragte ich mich, erklärst du jemandem eine Uhr, der keine Vorstellung von Stunden und Minuten hat? Da fielen mir die Gebetszeiten ein. Gläubige Moslems sollen zu fünf bestimmten Tageszeiten ihr Gebet verrichten. Die Einwohner Araouanes mochten diese zwar nach der Sonne berechnen, aber sie berechneten sie alle gleich. Und da die meisten religiösen Begriffe ihre arabischen Bezeichnungen behielten, besaß ich nun eine gemeinsame Verständigungsgrundlage. »*Salat el sobbah*«, sagte ich und machte Bewegungen wie zum Gebet. Das verstanden sie. Ich stellte die Uhrzeiger auf Sonnenaufgang, also sechs Uhr. »*Il est six heures – Es ist sechs Uhr*«, sagte ich, und sie mußten es wiederholen. »*Salat el soehor*«, erklärte ich und stellte die Uhr auf Mittag. »*Il est midi – Es ist Mittag.*« Ich war mir nicht sicher, wieviel sie tatsächlich verstanden, aber der Weckalarm verfehlte nie seine erheiternde Wirkung.

Manchmal wohnte Baba Cambouse dem täglichen Unterricht bei. Und als die Kinder anfingen, hier und da einige französische Sätze zu sprechen, tat Baba Cambouse es ihnen nach. Doch nach und nach merkte ich, daß er auch Wörter benutzte, die ich den Kindern nicht beigebracht hatte. Einen Monat später sprach der alte Mann ein nahezu flüssiges jargongefärbtes Französisch. Er war der älteste Einwohner des Dorfes. Die anderen wußten alle nicht genau, wie alt sie waren. Geboren worden waren sie einfach »in dem Jahr der schlimmen Heuschreckenplage« oder »in dem Jahr, als viele Kamele umkamen«. Baba aber behauptete, ungefähr achtzig Jahre alt zu sein. Er hielt sich immer noch kerzengerade, und trotz der Kamelkotbröckchen in seinen Nasenlöchern, die einer chronischen Triefnase entgegenwirken sollten, war sein Geist immer noch hellwach. Schließlich fragte ich ihn, woher er die Sprache kannte.

Er erzählte mir, er sei noch ein Kind gewesen – *un gosse*, wie er im Kolonistenjargon sagte –, als eine Garnison der französischen Fremdenlegion in demselben Haus einquartiert worden sei, in dem ich jetzt wohnte. Baba hatte sich mit Gelegenheitsarbeiten für die Soldaten ein paar zusätzliche Happen verdient und genügend Französisch aufgeschnappt, um ihre Wünsche zu verstehen. Fast siebzig Jahre lang hatte er kein Wort dieser Sprache mehr gesprochen, aber nun, sagte er mit einem zahnlosen Grinsen, fiele ihm alles wieder ein.

Bou-djema erwies sich weiterhin als unersetzlich. Vor jeder Unterrichtsstunde trommelte er alle Kinder zusammen und schaffte es, daß sie sich ohne Geschrei und Gekreische in einer Reihe aufstellten. Wenn ich die täglichen Schulimbißrationen verteilt hatte, sammelte er die restlichen Datteln und Erdnüsse zusammen und schüttete sie, ohne daß ich ein Wort dazu sagen mußte, in die Vorratsbeutel zurück.

Kam ich nach Hause, so fand ich jeden Tag zwei Eimer mit sauberem Wasser vor meiner Tür. Kaum hatte ich mein Abendessen beendet, hatte er schon meine Suppentasse ausgespült. Und kaum hatte ich mich umgedreht, hatte er meine Decken gefaltet und mein Lager glattgestrichen. Wenn die anderen Kinder nach dem Unterricht gingen, blieb Boudj, wie ich ihn der Einfachheit halber nannte, einfach da und wartete darauf, daß ich seine Hilfe für irgend etwas in Anspruch nahm. Ging ich abends zu Bett, so saß er still neben der Tür, und wachte ich morgens auf, so saß er wieder abrufbereit da. Ob er jemals schlafen ging?

Ich mochte den Jungen sehr, aber schon nach kurzer Zeit in Afrika hatte ich, wie die meisten Ausländer, den Beweggründen anderer Leute gegenüber ein gewisses Mißtrauen entwickelt. Ich beschloß, dem Jungen auf den Zahn zu fühlen. Ich »vergaß« ein Messer unter einer Tasche, »verlegte« ein paar Datteln in einer Schüssel, ein T-Shirt in meinem Abfallhaufen, einen Sack Zucker außerhalb des Hauses. Boudj machte mich auf jeden Gegenstand aufmerksam. Ja, sagte ich zu mir, dieses Kind soll meine rechte Hand werden.

Im Unterricht gab ich mein Bestes, wußte aber, daß ich zum Lehrer einfach nicht geschaffen war; mir fehlte die entsprechende Ausbildung und vor allem die Geduld. So ließ ich in Timbuktu verlauten, in Araouane werde ein Lehrer gesucht. Zuerst schien es unwahrscheinlich, daß wir überhaupt jemanden in unser Dorf locken konnten. Immerhin war Araouane für die meisten Menschen der Umgebung ein von Sandstürmen und Fliegenschwärmen heimgesuchter, hungergeplagter Ort des Schreckens. Doch bei einem meiner monatlichen Ausflüge nach Timbuktu, bei denen ich mit Schmugglern, Dieben und Betrügern um Vorräte feilschte, kam auf der Straße ein junger Mann auf mich zu.

»Ich habe gehört, daß Sie nach einem Lehrer suchen«, sagte er.

»Ja, das stimmt.«

»Ich bin examinierter Lehrer der Pädagogischen Hochschule von Mali«, sagte er.

»Was machen Sie zur Zeit?«

»Ich bin arbeitslos. Die Regierung stellt keine neuen Lehrer ein und bezahlt nicht einmal die bereits angestellten.«

»Und womit beschäftigen Sie sich?« Ich nahm an, er gehörte zu den Scharen von Müßiggängern, die den ganzen Tag über in den Gassen herumsaßen, Tee tranken und schwatzten – sehr langsam, versteht sich, um ihre Kräfte nicht zu vergeuden.

»Ich treibe Sport«, gab er zur Antwort. »Ich bin Landesmeister im 800-Meter-Lauf und habe mitgeholfen, die Fußballmannschaft von Timbuktu aufzustellen.«

»Wie heißen Sie?«

»Mohammed Ali Ould Ahmed.«

Mohammed Ali war ein hochgewachsener, intelligent aussehender Maure mit sehr heller Hautfarbe. Da ich die rassistische Einstellung der ansässigen Weißen kannte, warnte ich ihn, er müsse auf engem Raum und zu gleichen Bedingungen mit einer überwiegend schwarzen Bevölkerung zusammenleben. Das beeindruckte ihn nicht im geringsten. Er erzählte, er habe seine ganze Kindheit in einer kleinen Gemeinde mit Schwarzen außerhalb Timbuktus verbracht. Seine Familie sei eine der ärmsten des Dorfes gewesen, und weit und breit habe es keine anderen Mauren gegeben. Auf seinem College in Sikasso seien fast alle seine Freunde Schwarze gewesen. Wie er sagte, fühle er sich ihnen mehr verbunden als Menschen seiner eigenen Hautfarbe.

Ich bot ihm ein Monatsgehalt von etwa 160 Dollar an und machte deutlich, daß ich ihn postwendend nach Hause schicken würde, wenn ich nicht voll und ganz zufrieden wäre. Er bat weder um einen Vorschuß für seine kränkelnde Mutter noch um eine Lebensmittelration für seine hungernden Kinder und auch nicht um ein Darlehen, um Lehrmaterialien bezahlen zu können. »Ich komme mit dem nächsten Lastwagen«, sagte er nur.

Ich kann mir Araouane kaum ohne Mohammed Ali vorstellen. In zwei Jahren brachte er den Kindern ein nahezu flüssiges Französisch bei und vermittelte ihnen Geographiekenntnisse über ihre Heimat und die ganze Welt. Er unterrichtete sie in Gesundheitslehre und stellte Sportprogramme auf. Schließlich gab er auch den Erwachsenen Französischunterricht und zeigte den Frauen und Kindern, wie man das von uns angebaute fremdartige Gemüse zubereitete. Mit Bou-djemas Hilfe führte er Buch über alle Lebensmittelrationen und Vorräte. Während seines Urlaubs im zweiten Jahr belegte Mohammed Ali einen Erste-Hilfe-Kurs im Krankenhaus von Timbuktu und konnte somit Verletzungen behandeln und die medizinische Grundversorgung der Dorfbewohner und vorbeiziehenden Nomaden sicherstellen.

Im dritten Jahr übernahm Mohammed Ali die Führung eines Gemischtwarenladens, in dem wir Streichhölzer, Turbane, Stoffe, Kerzen, Zucker, Tee, Gerbsäure, Seife und andere Güter an Nomaden aus der gesamten Wüste verkauften. Dieser Handel war so einträglich, daß ich ihm kein Gehalt mehr zu zahlen brauchte, doch trotz seines Monopols schien er nie viel Geld zu besitzen. Stets half er Freunden mit »Darlehen« aus, deren Rückzahlung er nie erwartete. Er ließ die Nomaden ihre Rechnungen mit Schafen, Ziegen oder Kamelen bezahlen, wenn sie dies wünschten, und anstatt die Tiere bei der erstbesten Gelegenheit zu verspeisen, wie es dem Brauch entsprochen hätte, brachte Mohammed Ali mit der Zeit eine schöne kleine Herde zusammen, die für den Ort eine nie versiegende Quelle für Milch, Käse und Fleisch in Notzeiten war.

Als das erste Jahr zu Ende ging, hatten einige Dorfbewohner den Sinn des Gartens begriffen: Sie hatten entdeckt, daß die kleinen Körnchen, die sie in der Erde vergraben hatten, tatsächlich Nahrung hervorbrachten – merkwürdige Nahrung zwar, aber immerhin Nahrung. Als das dritte Jahr zu Ende ging, gehörte ich dank Mohammed Ali im Grunde zu Araouanes Arbeitslosen.

Kapitel 4

Sklaven des Salzes

Als es Mai wurde, überließ ich Mohammed Ali die Aufsicht über das Projekt und kehrte nach New York zurück. Den ganzen Sommer über, während ich mich in klimatisiertem Luxus rekelte, fragte ich mich bange, wie es um meine neue Heimat bestellt war. Um den Garten selbst machte ich mir nicht allzu viele Sorgen. Den Maurer, seinen Gehilfen und die vier Arbeiter hatte ich zwar mit nach Timbuktu genommen, doch Mohammed Ali hatte sich mein volles Vertrauen erworben, und inzwischen waren auch schon einige Dorfbewohner beinahe überzeugt von dem Projekt. Meine größte Sorge galt den Beziehungen zwischen den Arabern und den Schwarzen.

Im Mittelalter hatten die weißen Bewohner der Sahara die Schwarzen aus dem Süden versklavt, um sie entweder selbst zu behalten oder mit großem Profit zu verkaufen. Zuweilen behandelten die Nomaden ihre Sklaven fast wie Familienmitglieder, meistens aber unterdrückten sie die Schwarzen gnadenlos. Der Entdecker Mungo Park überlieferte folgende Beschreibung aus dem 18. Jahrhundert:

Ich nehme an, daß die Zahl der Sklaven in Afrika dreimal so groß ist als die der Freien. Sie haben für ihre Dienste nichts zu fordern als Nahrung und Kleidung und können gütig oder hart behandelt werden, je nach der Gesinnung ihres Herrn ... So werden allgemein die Haussklaven, das heißt diejenigen, die in dem eigenen Haus eines Mannes geboren sind, milder behandelt als die gekauften.

Parks Berichten zufolge konnten »gekaufte« Sklaven beliebig an Fremde verkauft werden, während im Haus ihres Herrn geborene Sklaven den Schoß der Familie nie verließen. Der Wert eines Sklaven stieg mit der Entfernung von seinem Heimatort, weil man glaubte, ein Fluchtversuch werde um so unwahrscheinlicher, je weiter er von zu Hause entfernt lebe.

Jahrhundertelang hatten die Araber von Araouane das Dorf und alle seine Bewohner buchstäblich in ihrem Besitz gehabt. Sogar noch zum Zeitpunkt meiner Ankunft waren die meisten schwarzen Dorfbewohner ihre Leibeigenen gewesen. Obgleich die Sklaverei seit der französischen Kolonialzeit in Mali abgeschafft worden war, geht es in den entlegenen Städten und Dörfern tatsächlich immer noch zu wie damals, als Timbuktu ein Zentrum des afrikanischen Sklavenhandels war. Die Vorfahren der Schwarzen waren Jahrhunderte zuvor dorthin gebracht worden, um den arabischen Karawanenbesitzern zu dienen, und als ich ankam, stellte ich fest, daß die Schwarzen noch immer dem Willen ihrer Herren folgten.

Eigentlich haben die Schwarzen sich dieses Sklaventum selbst zuzuschreiben. Weil ein Mann in seinem Dorf aber keine Arbeit findet, hat er keine andere Möglichkeit, als sich einem arabischen »Patron« zu verpflichten, der ihn für die Arbeit in den Salzminen bezahlt. Der Patron freilich berechnet seinem Arbeiter den Transport zu den Minen und zurück, seine Nahrung und Kleidung, und da er ein absolutes Monopol über diese Dinge besitzt, hält er den Arbeiter bald in ständiger Abhängigkeit. Da ein Minenarbeiter nur einen Hungerlohn erhält, muß er von seinem Patron auf Kredit zusätzliche Nahrung kaufen und verschuldet sich somit immer mehr. Je länger er arbeitet, desto größer wird sein Schuldenberg.

Üblicherweise arbeitet jeder Arbeiter sechs bis sieben Monate im Jahr in den Minen, denn aufgrund der schlechten Wasserqualität kann man dort nicht länger arbeiten, ohne unheilbare Schäden davonzutragen. Wird ein Mann zu krank oder zu alt zum Arbeiten, so erben seine Kinder die Schulden und müssen sich ihr Leben lang für den Patron schinden, um sie abzuzahlen.

Mohammed Ali erklärte mir, bekäme er mit einer der schwarzen Frauen in Araouane ein Kind, ohne vorher die Zustimmung ihres Herrn eingeholt zu haben, so würde das Kind diesem Herrn gehören, und Mohammed Ali besäße keinerlei Ansprüche darauf.

Wäre das Kind ein Junge, so stünde ihm wie allen anderen schwarzen Männern die Sklavenarbeit in den Minen bevor.

Ab Mitte März waren die Minenarbeiter nach und nach ins Dorf zurückgekommen, mit jeder durchziehenden Karawane trafen einige weitere ein. Ich war entsetzt über ihren Zustand. Sie hatten die fünfhundert Kilometer von den Minen zu Fuß zurückgelegt, weil alle Kamele mit Salz bepackt waren. Die meisten konnten sich keine Schuhe leisten, und deshalb hatten sie die Reise barfuß angetreten – so, wie sie im übrigen auch monatelang gearbeitet hatten. Ihre mit Rissen übersäten Füße wiesen so tiefe Wunden auf, daß man bis auf die Knochen sehen konnte. Ein Mann, der seine Füße mit Nylonfäden aus einem alten Mehlsack zusammengenäht hatte, bat mich flehentlich um Medizin, um die Schmerzen zu lindern.

Bevor ich Araouane für den Sommer verließ, trug ich Mohammed Ali auf, zu beobachten, welche Minenarbeiter am bereitwilligsten mithalfen, welchen ihr Dorf am meisten am Herzen lag, welche am stolzesten auf ihre Familie und ihre Heimat waren. Wollte ich Araouane helfen, von der Außenwelt unabhängig zu werden, so mußte ich eine Möglichkeit finden, seine Männer im Dorf zu halten.

Bei meiner Rückkehr im Herbst brachte ich Fritz Gross mit, einen befreundeten Künstler, der seine Malerei und Bildhauerei zeitweilig unterbrochen hatte, um mir bei meinem Projekt beizustehen. Mohammed Ali hatte mir eine Liste mit sechs Männern aus dem Dorf als Ersatz für die sechs Lohnarbeiter präsentiert, welche wir im Jahr zuvor mitgebracht und zu Beginn der heißen Jahreszeit wieder nach Hause geschickt hatten. In Kürze sollten aus Timbuktu ihre Patrone eintreffen, um die Männer zurück zu den Minen zu begleiten, wo die Patrone sie abwechselnd beaufsichtigen würden.

Bevor die Herren eintrafen, nahmen Fritz, Mohammed Ali und ich die Sklaven beiseite und machten ihnen einen Vorschlag: Wir boten ihnen an, alle ihre Schulden abzuzahlen und sie von der Leibeigenschaft zu befreien, wenn sie im Dorf blieben und für das Projekt arbeiteten. Im Gegenzug bekämen sie reichliche Lebensmittelrationen, medizinische Versorgung und Kleidung. Wir würden außerdem für die Ausbildung ihrer Kinder und – sofern sie es wollten – für ihre eigene und die ihrer Frauen sorgen. Und schließlich erhielte jeder als Gegenleistung für seinen Beitrag einen Teil des gemeinschaftlichen Gartens, ein am Rande des Gartens gelegenes Haus und einen Anteil an den Einkünften des zu erwartenden Handels mit den Touristen.

Wir hätten genausogut Chinesisch sprechen können. Die Männer konnten sich unter Einkünften oder Besitz nicht das geringste vorstellen. Aus ihrer Sicht wurden sie lediglich von einem Patron an den anderen »verkauft«. Sie glaubten, sie sollten zu meinem Profit zur Bewirtschaftung eines Stücks Land verpflichtet werden. Und zu versuchen, ihnen »potentielle Einkünfte aus dem zu erwartenden Tourismus« zu erklären, war ein völlig aussichtsloses Unterfangen. Warum, so fragten die Männer mit bewundernswertem Scharfsinn, sollten sie einen Herrn, der ihnen zumindest Arbeit und Nahrung sicherte, zugunsten irgendeines Fremden verlassen, der sie jederzeit wieder im Stich lassen könnte?

Mohammed Ali glaubte, ihnen die Idee besser vermitteln zu können. Er erklärte ihnen, nicht ich wäre ihr Herr, sondern das Dorf, dessen Teil sie waren. Er sagte ihnen, die Hälfte des Preises für ihre Freiheit würde ihnen von Fritz und mir geschenkt, die andere Hälfte aber blieben sie dem Dorf schuldig. Außerdem würden sie nur die Hälfte für das Dorf zurückzahlen müssen, falls sich unsere Voraussagen über die wirtschaftliche Existenzfähigkeit des Gartens bewahrheiten sollten. Dies schien recht einleuchtend zu sein – abgesehen davon, daß »Geld« hier mit »Salzbarren« gleichgesetzt wurde und keiner dieser Männer jemals ein anderes Zahlungsmittel besessen hatte.

»Wie sollen wir Araouane bezahlen«, fragten sie, »wenn wir kein Salz hauen können?«

Zu guter Letzt gestatteten die Männer uns großzügig, sie freikaufen zu dürfen. Das taten sie aber vermutlich nur, weil sie zu den sechs Auserwählten zählten. Unter Freiheit konnten sie sich bisher noch nicht viel vorstellen, aber sie waren stolz darauf, zu der Elite zu gehören, auf die eine wenn auch dubiose Entlohnung wartete.

Wir luden die Patrone zum Abendessen ein. Mir war bereits klargeworden, daß ich gleich von Anfang an die Marschrichtung bestimmen mußte, damit sich die Kaufleute nicht zusammentaten, um mich zu übervorteilen. Zu Hause hätte ich versucht, für potentielle Geschäftspartner eine möglichst gemütliche Atmosphäre zu schaffen. Daher bestand ich darauf, die Patrone in meinem Haus zu empfangen, und bot ihnen den Transport in meinem Mercedes mit Allradantrieb gegen eine Gebühr von einer Ziege pro Fahrgast oder hundert Kilogramm Gepäck an. Die Ziegen sollten später an die Gartenarbeiter verteilt werden.

Ich führte die Patrone in meine Bude. Sie war inzwischen recht gemütlich eingerichtet und besaß eine solarbetriebene Beleuchtung, einen Tisch, einen Solar-Ventilator und das Bandgerät aus dem Landrover, aus dem arabische Unterhaltungsmusik tönte. Mohammed Ali erklärte den Gästen unseren Plan, und fünf Augenpaare leuchteten habgierig auf. Das roch nach einem guten Geschäft! Dann hörten sie meine Bedingungen, und ihr Lächeln erlosch. Sie beanstandeten – mit Recht –, wir hätten es auf ihre besten Arbeiter abgesehen. Wir hielten dagegen, der Salzmarkt werde bald völlig erschöpft sein und ihre Arbeit dann überhaupt nichts mehr wert.

»Es wird immer einen Markt für unser Salz geben«, entgegneten sie. Sie waren offensichtlich nicht zu großen Zugeständnissen bereit, und so preschte ich vor, bevor sie einen Preis nennen konnten. »Sie alle behaupten, die Rettung Ihres Dorfes läge Ihnen mehr am Herzen als alles andere«, sagte ich. »Wir wollen zu verhindern versuchen, daß das Dorf Ihrer Vorväter von der Landkarte verschwindet. Das wird Sie nichts kosten. Ich bitte Sie nicht, uns Ihre Männer zu überlassen, ich will für sie bezahlen. Ich bitte Sie nur, die Alternativen zu bedenken, falls Sie eine Kooperation verweigern.«

Sie wechselten leicht nervöse Blicke.

»In der Zukunft«, fuhr ich fort, »werden auch Sie von dem Araouane, das wir uns vorstellen, profitieren können. Ersteht hier eine blühende Gemeinde, so werden auch Sie, die ursprünglichen Oberhäupter, mit Sicherheit sehr viel an Prestige gewinnen und einen erheblichen Profit machen. Doch stellen Sie sich dieser Entwicklung entgegen – und die wird es mit Ihnen oder ohne Sie geben –, dann wird dies unvergessen bleiben. Sie alleine, meine Herren, entscheiden, auf welcher Seite Sie stehen möchten.«

Ich ließ jeden einzelnen Patron den Preis für seinen Mann auf ein Stück Papier schreiben und erklärte Ihnen, ich sei zu keinen Verhandlungen bereit. Ich würde einfach nur akzeptieren oder ablehnen. Da wir alle wußten, daß sie in Timbuktu so viele arbeitslose Männer bekommen konnten, wie sie wollten, und der Salzpreis so tief gefallen war, daß es sich kaum noch lohnte, Salz zu fördern und zu transportieren, hatten sie ein starkes Interesse an einem Abschluß des Geschäfts. Inzwischen war allen bekannt, daß ich felsenfest zu meinem Wort stand; wenn ich sagte, ich akzeptierte kein zweites Angebot, dann meinte ich dies auch. Heraus kam ein Durchschnittspreis von 450 Dollar pro Arbeiter. Wir nahmen alle Preisvorschläge an und bezahlten. Die Patrone zerbrachen sich wahrscheinlich noch lange den Kopf darüber, wieviel mehr zu zahlen wir bereit gewesen wären. Sie werden es wohl nie erfahren, denn ich weiß es selber nicht.

In den kommenden Monaten entwickelten die Schwarzen von Araouane allmählich ein anderes Selbstgefühl. Es war ihnen so in Fleisch und Blut übergegangen, die »naturgegebenen« Knechte der arabischen Patrone zu sein, daß es sehr schwer für sie war, die Vorstellung von Gleichheit und Selbständigkeit zu verinnerlichen. Sie brauchten ganz einfach Beispiele.

Das beste Beispiel lieferte Mohammed Ali, der – obgleich Araber – schwerer und länger arbeitete als alle anderen Dorfbewohner. Auch ich scheute vor keiner körperlichen Arbeit zurück – aber da die Leute ohnehin annahmen, ich sei nicht ganz richtig im Kopf, beeindruckten meine Schaufelanfälle sie längst nicht so sehr. Fritz, immer schon ein Arbeitstier, verband jede Aktivität mit irgendwelchen Späßchen, so daß die Erwachsenen wohl annahmen, er spiele nur, doch bei den Kindern bewirkte seine Methode wahre Wunder.

Bei einem meiner Ausflüge nach Timbuktu kamen die Straßenkinder, die inzwischen keine *cadeaux* mehr von mir verlangten, auf mich zugerannt.

»Ernst«, sagten sie, »dein Sohn ist angekommen, er ist auf dem Polizeirevier.«

Ich ging schnurstracks dorthin. Ja, wirklich – in dem stinkenden Loch drängten sich Tony und fünf junge französische Reisende, mit denen er von Mopti aus in einer Piroge den Niger heruntergefahren war. Angesichts der Tatsache, daß er fast zwei Monate lang in einem kleinen Boot eingepfercht gewesen war, sah er großartig aus. Die Polizisten wollten gerade ihr Sümmchen einfordern, als ich Anspruch auf meinen Sohn anmeldete. Ich hatte in der Zwischenzeit Lamine Diabira, den Bezirksgouverneur, zum Freund gewonnen, und dieser hatte mich schon mehrere Male vor bürokratischen Übergriffen bewahrt. Und – o Wunder – man verzichtete auf die »Gebühr« und gab die Pässe mit gezwungenem Lächeln und kurz angebundenen Wünschen für einen schönen Aufenthalt an ihre Eigentümer zurück.

Tony begleitete mich nach Araouane, wo er einen Monat lang schuftete wie ein Pferd. Es war wundervoll, daß die Dorfbewohner nun sahen, wie ein Mann, der weißer war als der weißeste Araber des Dorfes, unter den gleichen schweren Lasten schwitzte wie sie selbst. Tony war der Ansicht, da er nur kurze Zeit hier sei, könne er sich regelrecht verausgaben, um zu demonstrieren, daß harte Arbeit weder degradierend noch unehrenhaft war. Manchmal plagte er sich so sehr, daß eines der Kinder am Abend auf seinem Rücken herumspazieren mußte, um die verspannten Muskeln für die Arbeit des nächsten Tages wieder in Form zu kneten.

Noch nie zuvor hatten Tony und ich soviel Zeit ungestört miteinander verbracht. In den langen Nächten ohne Radio, Zeitung, Freunde, Filme, Restaurants, Telefon oder andere Ablenkungsmöglichkeiten kamen wir uns viel näher als jemals in Amerika. Die Dorfkinder verliebten sich samt und sonders in Tony. Am Ende eines jeden Tages lud er alle, die besonders schwer gearbeitet hatten – Schwarze wie auch Araber –, zu einer Fahrt im Landrover ein, und manchmal durften die Fahrgäste abwechselnd lenken. Doch als es Januar wurde, mußte Tony zum College zurück. Am Neujahrstag, als wir gerade nach Timbuktu abfahren wollten, kam Bou-djema mit einem Hirsesack voller Kleidung auf dem Kopf angerannt, ein paar leere Ziegenhäute für Wasser hinter sich herziehend.

»Bitte, Ernst«, sagte er, »leih mir ein Kamel zum Wassertragen. Ich will mit Tony gehen und ihm bei der Arbeit in den Gärten von Amerika helfen.«

Als ich mich in Timbuktu gerade auf die Rückkehr nach Araouane vorbereitete, bog ein mir merkwürdig vertrauter roter Mercedes mit Allradantrieb um die Ecke. Bevor bei mir der Groschen fiel, war mein Bruder Peter schon aus dem Wagen gesprungen. Zwei Monate zuvor hatte ich ihn um Netze als Schutz gegen Heuschrecken gebeten, aber nicht im geringsten damit gerechnet, daß er sie mir persönlich vorbeibringen würde.

»Du Spinner hast doch wohl völlig den Verstand verloren!« waren seine ersten Worte. »Du bist verrückt, völlig übergeschnappt! Du brauchst einen Arzt! Gibt es keinen Psychiater in dieser Stadt? Bist du krank? Nicht mehr richtig im Oberstübchen? Von allen guten Geistern verlassen?«

»Ich freue mich von Herzen, dich zu sehen«, sagte ich. »Du hast Tony nur um ein paar Stunden verpaßt, kannst du dir das vorstellen? Wie war denn deine Reise?«

»Du bist wahnsinnig!« tobte er. »Völlig durchgedreht!« Ich besah ihn mir genauer. Er machte keine Witze, er kochte vor Wut.

»Komm, wir gehen ein Bier trinken«, sagte ich. Ich brachte den Landrover für einige kleinere Reparaturen zum Schweißer und schärfte ihm ein, meine Ausrüstung im Wageninneren gut im Auge zu behalten. Als ich den Wagen später abholte, fehlten auch wirklich nur mein Fernglas und mein Werkzeugkasten.

Mit dem ersten kalten Getränk seit Wochen besserte sich Peters Laune. Er war wie der Teufel von Europa herübergefahren, um mir die erbetenen Sachen zu bringen, und hatte sich in der Wüste verirrt. Dann war ihm der Treibstoff knapp geworden, und er war zweieinhalb Tage nonstop gefahren, um irgendeinen Ort zu erreichen, bevor ihm das Wasser ausging. In seiner Verzweiflung hatte er eine Ladung Raketen abgefeuert, die er als Neujahrsfeuerwerk für die Dorfbewohner aufgehoben hatte. Ein alter Nomade hatte ihn nach Araouane geführt – und dort hatte man ihm gesagt, ich sei nach Timbuktu abgereist.

»Na komm«, sagte ich, »geh duschen, und danach gehen wir fürstlich essen, und wenn wir morgen nach Araouane zurückkehren, wirst du es sicher liebgewinnen.«

»Du mußt verrückt sein, zu glauben, daß ich jemals dorthin zurückkehren werde, und genauso verrückt, wenn du vorhast, für den Rest deines Lebens in der Wüste zu verrotten. Ich sollte dich wirklich fesseln und knebeln und nach Hause schleifen – später wirst du mir dankbar dafür sein ...«

Nach einem langen Gespräch und einer beträchtlichen Menge Bier einigten wir uns auf einen Kompromiß. Peter erklärte sich bereit, für eine Woche nach Araouane mitzukommen – aber keinen Tag länger!

In jenen Tagen besaß Araouane noch neun von insgesamt hundertzehn Brunnen. Mit der Zeit war einer nach dem anderen eingebrochen oder von den wandernden Sandmassen zugeschüttet worden. In alten Zeiten hatte man zur Wartung regelmäßig Sklaven in die Wasserschächte hinabgelassen, aber nun zogen nur noch so wenige Karawanen vorbei, daß die Dorfbewohner mit einigen intakten Brunnen auskamen. Deren Instandhaltung lag schon so lange zurück, daß sich keiner der Dorfbewohner mehr daran erinnern konnte, daß jemand in einen Brunnen hinabgelassen worden war. Peter faßte den Entschluß, die Tradition wiederaufleben zu lassen. Er entschied sich für den Brunnen, welcher dem Garten am nächsten lag.

Bis dahin war mir die Furcht der Dorfbewohner vor solch einer Aktion nie bewußt gewesen. Für einen Bewohner Araouanes gibt es nichts Furchterregenderes, als sich unter die Erdoberfläche zu begeben. Und selbst die Salzminenarbeiter haben eine panische Angst vor tiefen Löchern. In Taoudeni werden die Gruben sehr breit und flach ausgehoben, da sich die Salzschicht nah unter der Oberfläche befindet. In Araouane dagegen haben die etwa fünfundvierzig Meter tiefen Brunnen einen oberen Durchmesser von höchstens zweieinhalb Metern und sind in Höhe des Wasserspiegels beträchtlich enger.

Als ich ankündigte, Peter wolle in den Brunnen steigen, breitete sich Entsetzen aus. Die Dorfbewohner versuchten ihn mit allen Mitteln davon abzuhalten. Wer Peter kennt, der weiß, daß ihn von diesem Moment an keine Macht der Welt mehr zurückhalten konnte. In seinen jungen Jahren war er ein begeisterter Höhlenforscher gewesen und hatte viele der furchterregendsten Höhlen der Schweiz ausgekundschaftet. Dieses kümmerliche Loch im Sand konnte ihn nicht im geringsten schrecken.

Ich zeigte ihm einige der eingebrochenen Brunnen, die jetzt nur noch Krater im Sand waren, um ihm vor Augen zu führen, worauf er sich da einließ. Dann sah er sich nach Material für einen Flaschenzug um, an dem wir ihn hinunterlassen konnten. Seine Unbekümmertheit hatte jedoch auch Grenzen: Als er feststellte, daß Seile zum Wasserschöpfen nur aus ein paar Kamelhäuten gedreht waren, wollte er sich lieber doch nicht den örtlichen Gegebenheiten anvertrauen.

Alle Männer und Kinder hatten sich um den Brunnen versammelt, als wir Peter in einem Hirsesack an einem der Seile aus meiner Ausrüstung hinunterließen. Als Helm diente ihm ein mit Handtüchern ausgestopfter Couscouskorb. Die Männer, die das Seil hielten, schnatterten die ganze Zeit über aufgeregt durcheinander, doch nichtsdestoweniger kam Peter wohlbehalten wieder oben an. Er berichtete, der Brunnen sei offenkundig in gutem Zustand. Darüber hinaus hatte er mit seiner Brunneninspektion noch viel mehr zuwege gebracht: Er hatte den schwarzen und weißen Einwohnern Araouanes gezeigt, daß ein Weißer die Arbeit eines Sklaven tun konnte – und daß er sie gerne tat.

Fritz und ich hatten naiverweise angenommen, die sechs Männer, die wir freigekauft hatten, würden ihre neuentdeckte Unabhängigkeit in vollen Zügen genießen. Dies war nicht ganz der Fall. Als die anderen Männer des Dorfes mit der Karawane zu den Minen aufbrachen, schauten sie sehnsüchtig hinterher und wären wohl am liebsten mitgezogen. Sie hatten eine tiefgreifende Entscheidung getroffen, die ihr ganzes Leben umkrempeln würde, und waren einfach noch nicht dazu gekommen, dies in allen Einzelheiten zu begreifen. Solange sie zurückdenken konnten, hatten sie immer der einen oder anderen Araberfamilie gehört, hatten gesagt bekommen, was sie zu tun und zu lassen hatten, und waren mit dem Lebensnotwendigsten versorgt worden. Nun war mit einem Mal alles ganz anders. Obgleich Mohammed Ali ihnen ihre Situation wiederholt erklärte, nannten sie mich getreu der Tradition der Arbeiter von Timbuktu ihren Patron. Für die Dorfbewohner war ich bisher einfach »Aebi« gewesen. Nun scherzten die schwarzen Bewohner nicht mehr mit mir herum und schenkten mir in ihren Teepausen nicht mehr wie üblich drei Gläser Tee ein. Es geziemte sich für sie nicht mehr, mit mir zu trinken. Sie kamen zu keinem Schwätzchen mehr vorbei und brachten mir keine von ihren Frauen zubereiteten kleinen Imbisse. Und sie luden mich auch nicht mehr zu sich nach Hause ein. Das Verhalten der Mauren mir gegenüber hatte sich genauso drastisch verändert. Auch wenn ich von Anfang an versucht hatte, Schwarze und Weiße gleich zu behandeln, so stellte sich in ihren Augen jeder, der Beziehungen zu den ihm »Untergeordneten« pflegte, mit diesen auf eine Stufe, und dementsprechend hatten sie mich auch behandelt. Doch mit dem »Kauf« der Sklaven waren aus Fritz und mir ehrbare Patrone geworden, die der herrschenden Schicht angehörten. Mit einem Mal wetteiferten die maurischen Familien darum, wer von ihnen uns am häufigsten zum Essen einladen könnte.

Dieser Wettstreit bescherte uns eine reiche Palette phantasievoller Gerichte, die wahrscheinlich alles, was während der letzten Jahre in Araouane serviert worden war, bei weitem in den Schatten stellte. Wir speisten junge Tauben über *halfa* geröstet und anschließend in einer pikanten Sauce mit hartgekochten Hühnereiern gesotten. Wir genossen *tacoulah*, ein gedünstetes, besonders lockeres Brot, in Erdnußsauce geschmorte Datteln, Berge von Couscous und gestopfte Ziegen- und Kamelinnereien. Bou-djemas Großmutter bereitete ein Gericht namens *kata* zu, das entfernt gerollten Glasnudeln glich. Als sich herumsprach, wie verrückt wir auf *kata* waren, wurde uns diese Delikatesse bei jeder Mahlzeit serviert.

Nur wenn ich ein Kamel schlachtete, hatte ich noch die Möglichkeit, mit meinen schwarzen Mitarbeitern zusammen zu essen. Traditionellerweise nimmt das ganze Dorf am Verspeisen eines Kamels teil. Ebenso schreibt die Tradition vor, daß dem Oberhaupt das Herz des Tieres und andere auserlesene Organe zustehen. Ich war derjenige, der das Kamel bezahlte und es verteilte, und somit war ich faktisch das Oberhaupt.

Ich liebe Kamelleber. Nach dem Schlachten pflegten wir sie über einem *halfa*-Feuer zu rösten, und als letzten Pfiff streute ich dann noch ein bißchen Salz darüber. Wenn aber jetzt einer der früheren Sklaven das Schlachten übernahm, stellte ich häufig fest, daß von dem besten Fleisch eine Menge fehlte. Einmal ertappte ich Zain und Habba regelrecht auf frischer Tat mit kamelblutgetränkten Händen. Als ich sie wegen des Diebstahls zur Rede stellte, blieben sie uneinsichtig – einem Diener war es durchaus erlaubt, seinen Herrn zu bestehlen, solange es sich um Kleinigkeiten handelte. Die anderen Dorfbewohner hatten auch nichts dagegen einzuwenden, obwohl sich ihre Rationen damit verringerten. Als ich noch ein exzentrischer Außenseiter war, hatte niemand die Projektvorräte angerührt, doch als Patron war ich plötzlich Freiwild geworden. Wir waren nicht länger Kameraden – ich war jetzt ihr Boß, sie gehörten mir. Was immer sie auch taten, taten sie für mich, wie sie nicht müde wurden zu betonen. Sie wünschten verzweifelt, daß ich die Stelle ihrer alten Herren einnahm, und fürchteten daher, ich würde meiner Verpflichtung dem Dorf gegenüber vielleicht nicht nachkommen. Wieder und wieder mußte ich ihnen versprechen, daß ich Araouane erst dann verlassen würde, wenn es auf eigenen Füßen stehen könnte.

Ich kommandierte die Männer nie herum, aber manchmal machte ich mir ihre Gefühle zunutze, um sie zu zügigem Arbeiten anzuhalten. Trödelte oder jammerte jemand herum, so sagte ich nur: »Ich will euch nicht zwingen, in eurem Dorf Dinge zu tun, die ihr nicht tun wollt. Ich will dies alles nicht für mich selber. Wenn ihr wollt, daß ich gehe, dann sagt es mir, und ich verschwinde sofort.«

Zain, bei weitem der klügste und beste Arbeiter, unser neuer Maurer, verstand den Wink. Er sprach ein wenig Französisch, das er in seiner Kindheit im Haushalt seines Patrons in Timbuktu gelernt hatte. »Patron – Verzeihung, ich meine, Aebi«, sagte er, »bitte habe Verständnis für uns. Bei vielen Dingen, die du, Fritz oder Mohammed Ali tun, sagen wir, daß wir sie verstehen, damit du dich nicht über uns ärgerst. Aber das meiste verstehen wir wirklich nicht. Bitte, sei nicht böse und verlaß uns nicht. Wir wollen ein gutes Dorf werden, uns gefällt alles, was du sagst. Es ist nur manchmal schwierig, weil wir es einfach nicht verstehen.«

Als die Sprachbarrieren mit der Zeit fielen und die Gartenarbeit zur Routine wurde, nahmen die Mißverständnisse zwischen uns ab. Und später, als die Arbeiter die Früchte ihrer Anstrengungen auf ihren Tellern und in ihren Taschen sahen, waren sie bereit, für das Projekt um seiner selbst willen Eigenverantwortung zu übernehmen. Natürlich habe ich ihnen nie gesagt, daß meine Drohung, sie zu verlassen, ohnehin nicht ernst gemeint war.

Anfangs ließen sich nur die Schwarzen zur Arbeit am Projekt herab; sie hätten sonst nichts zu essen gehabt. Die arabischen Oberherren besaßen allesamt Verwandte in Timbuktu, die ihnen regelmäßig Vorräte mit den Karawanen schickten. Aber der Ort war nun so sehr mit neuem Leben erfüllt – der Arbeit im Garten, dem Bau neuer Häuser, dem Anbau von Luxusgütern wie Pfefferminze für Tee –, daß selbst die Hochmütigeren unter den Arabern dies nicht alles übersehen konnten. Araouane veränderte sich, und dem konnten sie nicht Einhalt gebieten. Einige wurden mit der neuen Situation fertig, indem sie der Stadt den Rücken kehrten und nach Timbuktu gingen, während andere so taten, als bemerkten sie die Veränderungen nicht. Sie saßen müßig herum, stocherten mit kleinen Holzstöckchen in ihren Zähnen und spuckten in den Sand.

Ein junger Maure namens Dahar, der sich bei meinem ersten Besuch in holprigem Französisch mit mir unterhalten hatte, erklärte sich bereit, als Aufseher bei dem Projekt mitzuarbeiten. Doch genau diese Hierarchiebildung wollte ich um jeden Preis vermeiden. Als ich ihm sagte, er würde Seite an Seite mit den Schwarzen zusammenarbeiten müssen, verschwand er nach Taoudeni, um dort die schwarzen Arbeiter zu beaufsichtigen.

Die ersten Konvertiten aus den Reihen des »Dorfadels« waren Araouata und sein kleiner Bruder Bouama. Araouata war etwa dreißig Jahre alt und Bouama achtzehn. Sie waren Neffen von Salah Baba und unter der Obhut ihres Onkels aufgewachsen, da ihr Vater starb, als sie noch klein waren. Als ich mit Dah zum ersten Mal nach Araouane gekommen war, hatte ich gesehen, wie aus einer schmalen Öffnung in einem Verschlag auf dem Hof von Araouatas Haus eine alte Frau herausschaute. Es gab keine Tür, nur diese kleine Öffnung in Schulterhöhe. Später erfuhr ich, die Frau sei Araouatas und Bouamas Mutter und habe den Verstand verloren. Die Söhne hatten sie eingemauert, damit sie kein Unheil anrichten konnte, und als sie starb, mußten sie die Mauer einreißen, um ihre Leiche herausschaffen zu können.

Als Salah Baba mich nach Araouane begleitet hatte, um den Bewohnern mein Vorhaben zu erklären, hatte er seinen Neffen eingeschärft, ich sei ihre letzte Chance. Er hatte ihnen im Grunde genommen befohlen, alles zu tun, was ich sagte – egal, was es sein mochte. Natürlich genierten sie sich anfangs, Wasser zu holen, Banco auszugraben und Schulter an Schulter mit den früheren Leibeigenen ihrer Familie Zäune zu ziehen. Keiner der beiden hatte jemals körperliche Arbeit verrichtet, und mehr als einmal erreichten sie nun ihre physischen Grenzen.

Schnell bemerkte ich, daß Araouata einfach nicht in der Lage war, dieselben Arbeiten zu verrichten wie die Schwarzen. Ich übertrug ihm die anspruchslose Aufgabe, täglich zu vermerken, wer zur Arbeit erschien, und auch zu entscheiden, welche Arbeiten Kindern zuzumuten seien und welche Erwachsenen zufallen sollten. Obwohl er, um ein Zeichen zu setzen, nach wie vor Wasser holen mußte, ersparten ihm seine gehobenen Pflichten den Spott der arabischen Müßiggänger, die kamen, um die Arbeiter zu begaffen. Doch zumindest war es meiner Meinung nach weitaus lehrreicher, Araouata gemeinsam mit den Schwarzen arbeiten zu lassen, als ihm so schwere Arbeiten aufzubürden, daß er gar seinen Dienst hätte quittieren müssen.

Für Bouama galt das Argument der mangelnden physischen Belastbarkeit freilich nicht. Obgleich er schon achtzehn Jahre alt war, hatte er bisher nichts weiter getan, als Tee zu trinken und Schwätzchen zu halten. Ich ließ ihn dieselben Arbeiten verrichten wie alle anderen, und die Schwarzen hatten ihre diebische Freude daran, ihm die dreckigsten Jobs zu überlassen. Nach ein paar Monaten flüchtete er nach Timbuktu, aber der alte Salah schickte ihn postwendend mit der nächsten Karawane zurück. Es blieb ihm nichts anderes übrig, als die Arbeit eines Sklaven zu tun.

Drei Jahre später war Bouama völlig integriert. Niemand kommandierte ihn mehr herum, und als Barlöhne eingeführt wurden, arbeitete er häufig drei Schichten hintereinander. Er war jetzt sehr stolz auf seinen durchtrainierten, muskulösen Körper, und wenn er, was nicht oft vorkam, keine Sonderschichten schob, stolzierte er gerne in dem elegantesten *boubou* aus Timbuktu, den er sich mit seinem hart verdienten Geld nun hatte leisten können, in den Dünen umher. Er hatte irgendwen gebeten, den *boubou* aus der Stadt mitzubringen, weil er keine Arbeitszeit beim Einkauf verlieren wollte. Es schien, als sei Araouata etwas neidisch auf seinen Bruder, denn ich beobachtete oft, wie er sich mit anstrengenden Arbeiten abquälte, zu denen er sich anfangs niemals aufgerafft hätte. Bei einigen anderen Mauren siegte schließlich die Neugier. Nachdem sie gesehen hatten, daß Araouata die Arbeit nicht im geringsten schlecht bekam und die beiden sich sogar Respekt vor mir und ihren Mitstreitern erworben hatten, entschieden sich einige ebenfalls zur Mitarbeit. Den größten Einfluß auf die anderen Mauren hatte mit Sicherheit aber Mohammed Ali. Er erzählte ihnen von der Außenwelt, davon, wie Araber und Schwarze in anderen Ländern Seite an Seite arbeiteten, und daß die Lebenssituation in Araouane ein Relikt längst vergangener Zeiten sei. Die harte Arbeit, die er leistete, verlieh seinen Worten Nachdruck, und die Schar der Freiwilligen wuchs.

Nicht alle Araber trugen dieses Herren-Sklaven-Denken in sich. Kamen die Nomaden ins Dorf, so gingen sie normalerweise direkt zum Haus eines alten Schwarzen mit Namen Habbabu, wo sie Salz gegen Seile oder *kitas* eintauschen konnten – *kita* war die Vorrichtung, die zum Transport der Salzbarren oder anderer Ladungen über den Kamelhöcker geschnallt wurde – oder wo es etwas zu essen gab. Offensichtlich fühlten sie sich in der Gesellschaft der Schwarzen wohler als bei anderen Arabern. Dies kam vielleicht daher, daß einige Nomaden gewissermaßen selber Knechte von Araberfamilien aus der Stadt waren, deren Kamele sie hüten mußten. Einem nomadischen Aristokraten, dem einbeinigen Sidi, wurden die größten Kamelherden im gesamten Umkreis nachgesagt – man fragte einen Mann natürlich niemals nach der Zahl seiner Kamele, so, wie man in Amerika nicht im Traum fragen würde, wieviel Geld jemand auf der Bank hat. Eben dieser Sidi führte bei seinen Aufenthalten in Araouane lange geschäftliche Unterredungen mit gerade anwesenden arabischen Nomaden, die seine Leibeigenen waren, und mit seinen schwarzen Leibeigenen aus den Salzminen.

Vor langer Zeit, als die Karawanen nicht Salz, sondern Sklaven gen Norden transportierten, waren diese Nomaden mit Sicherheit in den Sklavenhandel verwickelt gewesen. Aber selbst da waren sie meistens nur Transporteure der Sklaven und nicht die Besitzer.

Das Leben in der Wüste hätte den Nomaden ohnehin keine größeren Haushalte gestattet, es war schon schwer genug, ausreichend Weideland zu finden, um den Lebensunterhalt für ihre Familien bestreiten zu können, und sie führten ein so einfaches Leben, daß sie gar keine Diener nötig hatten.

Auf dem Höhepunkt der Dürrekatastrophe von 1972, dem die meisten Tiere in diesem Teil der Sahara zum Opfer gefallen waren, war ein Nomade namens Abidine mit seinen letzten drei Kamelen nach Araouane gekommen. Der Rest seiner Herde war verdurstet, und die noch lebenden Tiere waren sehr schwach. Weil aber die Dorfbewohner dem Hungertod nahe waren, überließ er ihnen seine Kamele zur Schlachtung, obwohl sie sein einziger wertvoller Besitz waren, und dann verschwand er wieder.

»Vielleicht«, sagte er, »könnt ihr mir eines Tages auch einen Gefallen tun.«

Abidine verließ seine Familie in Timbuktu und zog auf der Suche nach Arbeit siebzehn Jahre lang durch ganz Nordafrika. Er arbeitete auf den libyschen Ölfeldern, pflasterte Straßen in Algerien, wanderte durch den Sahel. Unterwegs hörte er von unserem Projekt in Araouane. Und eines Tages war er da, ein verschrumpelter alter Mann mit einem steifen Bein, der aussah wie ein italienischer Bauer aus den Abruzzen. Er fragte nicht, ob wir ihm helfen könnten, er fragte, ob wir Arbeit für ihn hätten.

Natürlich war Abidine willkommen, vor allem, nachdem wir seine Geschichte gehört hatten. Jeden Tag erschien er pünktlich und schien von Herzen dankbar für die Beschäftigung zu sein. Eines Tages ging er nach Timbuktu, um herauszufinden, was aus dem Rest seiner Familie geworden war, und wir sahen ihn erst im darauffolgenden Jahr wieder.

Kurz nach Abidines Abreise war ein junger Araber in Araouane erschienen. Zuerst hielt ich ihn für einen Nomaden, der sich etwas länger als gewöhnlich aufhielt und uns bei der Gartenarbeit zur Hand gehen wollte. Das war nichts Besonderes, denn viele der Nomaden arbeiteten eine Zeitlang am Projekt mit, aber er war immer und überall zur Stelle. Schließlich fragte ich Mohammed Ali, wer dieser junge Mann war und warum er für seine Arbeit nicht einmal um Lebensmittelrationen bat. Mohammed Ali wußte es auch nicht und ging, ihn zu fragen. Wie sich herausstellte, hieß er Sidi Mohammed und war Abidines Sohn. Sein Vater hatte ihm erklärt, die Zukunft der Familie läge in Araouane, und ihm eingeschärft, mich niemals um etwas zu bitten, weil »der Fremde sehr wütend wurde, als einmal jemand bettelte«. So hatte er sich ohne ein Wort der Erklärung vorgenommen, seinen Wert unter Beweis zu stellen, indem er sich geradewegs an die Arbeit machte. Wir nahmen ihn mit Freuden auf und gaben ihm seine wohlverdienten Rationen. Bald machte er sich daran, ein schmuckes kleines Haus zu bauen. Als wir anboten, Überstunden mit Geld zu entlohnen, war Sidi Mohammed von früh bis spät bei der Arbeit.

Eines Tages fragte er mich, ob ich bei meiner nächsten Fahrt nach Timbuktu seine Frau und zwei Kinder sowie seinen Vater mitbringen könne. Sein Haus war fertig, und er wollte seine Familie bei sich haben.

»Ich habe von Nomaden schon die Ziegen gekauft, um den Transport zu bezahlen«, sagte er. Immer wenn ich nach Timbuktu fuhr, berechnete ich eine Ziege pro Fahrgast oder zwei Zentner Ladung. Diese Ziegen wurden dann für besondere Leistungen an die Arbeiter verteilt.

Die Familie ließ sich in Sidis kleinem Haus nieder. Sein Gärtchen war so schön, daß Sidi sich weigerte, das Gemüse zu ernten, um dabei nicht die sorgfältig angelegten Grüngemüse-, Zwiebel- und Möhrenreihen zu zerstören. Seine Familie wurde in unserem Dorf hochgeachtet und war sowohl den Schwarzen als auch den Arabern ein großes Vorbild.

Ein anderer Nomade namens Hamd'r Rahman genoß offensichtlich bei jedermann fern und nah ein besonders hohes Ansehen – er schien edler, vermögender und einflußreicher als alle anderen zu sein. Wenn er ins Dorf kam, neigten alle jungen Männer, gleich, ob schwarz oder weiß, in Demut das Haupt vor ihm, und er legte ihnen leicht die Hand darauf. Einmal nahm ich ihn in meinem Landcruiser mit. Er hatte gehört, einer seiner Schwiegersöhne, der weit im Süden lebte, sei schwer erkrankt, und er wollte mit der

Suche per Kamel nicht ein oder zwei Wochen vergeuden. Es war das erste Mal, daß der nicht mehr ganz junge Mann in einem Auto saß. Während der ganzen Fahrt saß er angespannt da. Nach einigen Stunden entdeckte er einige Nomaden in der Ferne und bedeutete mir, anzuhalten. Er sagte, er kenne diese Männer und wolle sie fragen, wo sich das Lager seines Verwandten befände. Auf seinen Ruf hin kamen die Männer zu uns gelaufen. Sie verbeugten sich tief vor ihm und schlugen prompt mit den Köpfen gegen die Wagenfenster – offensichtlich hatten sie noch nie zuvor eine Glasscheibe gesehen und wunderten sich über das unsichtbare Hindernis. Dem armen Hamd'r Rahman war das ausgesprochen peinlich, und er versuchte, das Fenster zu öffnen, doch damit war er hoffnungslos überfordert. Er suchte nach dem richtigen Hebel, und bevor ich ihm beistehen konnte, schnappte er nach dem Türgriff. Die Tür flog auf und knallte den Nomaden ein zweites Mal an die Köpfe. Die Szene hätten selbst Dick und Doof nicht besser darstellen können.

Im Januar des zweiten Jahres lud ich die Leute von Araouane als Anerkennung für ihre Leistungen zu einem Spaghetti-Essen in mein Haus ein. Geladen waren die besten männlichen Arbeiter sowie diejenigen Araber, die unser Projekt am meisten unterstützt hatten. Zu jener Zeit war es für die Frauen noch undenkbar, in meinem Haus zu essen. Das Mahl bot meinen Gästen manch neue Erfahrung. Die meisten von ihnen hatten weder jemals an einem Tisch gesessen, denn in ihren Häusern gab es keine Möbel, noch Musik von einem Bandgerät gehört oder Spaghetti gegessen. Und nur selten hatten die beiden Gruppen bisher gemeinsame Feste gefeiert. Da die Einladung von mir kam, konnte niemand ohne weiteres absagen. Doch zu Beginn fühlte sich jede Gruppe in der Gesellschaft der anderen unbehaglich – die Schwarzen verhielten sich den Arabern gegenüber unterwürfig, und die Araber versuchten etwas zu krampfhaft, sich ungezwungen zu geben. Es herrschte eine steife Atmosphäre, um es vorsichtig auszudrücken. Doch wenn man ohne Gerätschaften Spaghetti ißt, ist es schwierig, auf Dauer die Form zu wahren.

Will man in diesem Teil der Welt auf höfliche Art und Weise mit den Fingern essen, so formt man aus dem Essen eine Kugel, indem man vier Finger wie eine Schale hält und den Bissen mit dem Daumen hin- und herrollt. Ist das gelungen, hebt man die Hand zum Mund und schnellt den Happen mit dem Daumen hinein. Mit langen Nudelfäden war dies jedoch leider unmöglich. Einige Männer versuchten, die Spaghetti in Kugelform zu bringen, andere schaufelten sich ganze Hände voll in den Mund, und alle bekleckerten ihre Turbane und Dschellebas mit hellroter Tomatensauce. Sie sahen sich an, lachten und warteten, ob jemand eine praktikablere Lösung fand, dieses merkwürdige fremde Gericht zu verspeisen. Der alte Baba Cambouse entwickelte schließlich folgende Technik: ergreifen Sie eine Handvoll Spaghetti, und warten Sie, bis die Nudeln ruhig nach unten hängen. Dann lassen Sie sie langsam von oben in den weit geöffneten Mund gleiten. Doch zu diesem Zeitpunkt mußten alle Männer schon so furchtbar lachen, daß keiner den Mund lange genug aufhalten konnte.

Das gemeinsame Essen ließ bei den Männern ein Gefühl der Verbundenheit entstehen.

Kapitel 5

Die Saat des Bösen

Als ich zum ersten Mal nach Araouane kam, hatten die Dorfbewohner nicht die geringste Ahnung von Geld, zumindest nicht in unserem Sinne. Mußte jemand etwas kaufen, so bezahlte er mit Salz. Jedes Stück Salz besaß je nach Qualität und Gewicht einen allgemein anerkannten Wert. In Araouanes Blütezeit wurde ein Pfund Salz mit einem Pfund Gold aufgewogen, das die Karawanen in Hülle und Fülle aus dem Süden mitbrachten. In jenen Tagen tauschten die Bewohner Araouanes aber auch ihr kostbares Wasser gegen Güter wie Elfenbein, Sklaven, seltene Pelze, Gewürze, Teppiche und Gewehre ein.

Zur Zeit meiner Ankunft besaß Malis offizielle Währung, der Westafrikanische Franc, in Araouane nur einen geringen Wert. Hätte ich den Weitblick besessen, auf dem Markt von Timbuktu für ein paar hundert Dollar einen Berg Salzbarren zu kaufen, so hätte ich damit meine Karawanen-Reise begleichen können. Die Nomaden waren gewohnt, all ihre Habseligkeiten mit Salz zu bezahlen, für sie war jeder Barren gleichbedeutend mit einer bestimmten Menge Reis, Hirse, Zucker oder Tee. Ein Bündel Papierscheine sagte ihnen überhaupt nichts, und die auf den Scheinen aufgedruckten Zahlen waren für sie nur merkwürdige Symbole, die sie nicht verstanden.

Damals versuchte ich einem Nomaden ein Kamel als Schlachttier für die Araouaner abzukaufen. Es hatte einen gebrochenen Kiefer, konnte daher nicht fressen und mußte ohnehin getötet werden. Ich wußte, daß der Preis niedrig sein würde. Garba, der Maurer aus Timbuktu, feilschte für mich. Mit meinem klassischen Arabisch verstand ich nichts von dem Handel, aber ich schnappte die Zahl zehntausend auf. Als Garba mir mitteilte, sie hätten sich auf einen Preis von fünfzigtausend geeinigt, glaubte ich, er wolle mich hereinlegen.

»Ich habe ihn deutlich *ashra* sagen hören«, meinte ich. »*Ashra*, nicht *chamseen*.«

»Der Mann will fünfzigtausend haben«, beharrte Garba. Da ich ihn nicht gut einen Lügner schimpfen konnte, blätterte ich ihm fünf 10 000-Franc-Scheine[*] hin. Der Nomade weigerte sich, die Scheine anzunehmen. »Er sagt, das sei kein Geld«, übersetzte Garba. »Er will blaue, Aebi. Zehn blaue Tausender.« Vielleicht sollte ich ja doch nicht übers Ohr gehauen werden. Aber die 1000-Franc-Scheine waren orange, nicht blau. Trotzdem gab ich ihm fünf davon, und der Nomade warf sie mir wütend vor die Füße.

»Blaue, Aebi«, sagte Garba.

»Die einzigen blauen Scheine sind Fünftausender«, sagte ich.

»Ja«, gab der Maurer zur Antwort. »Für die Nomaden sind alle Geldwerte über eintausend gleich. Fünftausend, zehntausend, eine Million – für sie ist das alles einfach ›eintausend‹.«

Ich gab dem Mann seine zehn blauen Scheine – 50 000 Franc, wie Garba ursprünglich gesagt hatte –, und widerstrebend gab er mir das Kamel.

Wie ich bald feststellte, besaßen die Araouaner ein kompliziertes Schuldensystem, das einzig und allein auf wechselseitigem Vertrauen basierte. Brauchte jemand eine Schüssel, so nahm er sich die erstbeste und gab sie später wieder zurück. Das Zahlungsmittel für Geschäfte mit Außenstehenden war in fast allen Fällen Salz. Wenn ich während meines ersten Jahres in Araouane nach Timbuktu fuhr, luden die Dorfbewohner jedesmal Salzbrocken jeglicher Form und Größe auf meinen Landrover.

»Kannst du für dieses Stück meinen Teekessel reparieren lassen?« fragten sie dann.

»Kannst du mir für das Stück Garn mitbringen?«

»Würdest du mir hierfür einen Turban kaufen?«

Soweit ich ihre Bitten verstehen konnte, notierte ich sie. Die restlichen vermerkte Araouata auf kleinen Zetteln und legte sie zu den dazugehörigen Salzbrocken.

---

[*] 1995 entsprachen 100 Westafrik. Franc etwa 40 Pfennigen.

In Timbuktu entlud ich das Salz dann vor Salah Babas Haus, weil er der einzige war, der Araouatas Handschrift entziffern konnte.

Als ich später meinem Arabischlehrer in New York einige von Araouatas Notizen zeigte, entdeckte er in dem Gekritzel keinerlei Ähnlichkeit mit Arabisch, den Berbersprachen oder irgendeiner anderen ihm bekannten Sprache.

Nach traditioneller Überzeugung war derjenige ein reicher Mann, der riesige Salzvorräte oder große Kamel- und Ziegenherden besaß. Selbst heutzutage verkauft ein Nomade Tiere aus seiner Herde erst dann, wenn er sich in großer Not befindet. Wenn ich versuchte, als Nahrungsvorräte für die Dorfbewohner Ziegen zu kaufen, waren die Nomaden kaum zu überreden, einen Handel überhaupt in Erwägung zu ziehen. Nannten sie widerwillig einen Preis, so war dieser immer neun- oder zehnmal höher als der aktuelle Marktwert. Und doch nahmen dieselben Hirten einen Fünftagesmarsch nach Timbuktu auf sich, um die Tiere gegen ein paar Teebeutel einzutauschen, wenn diese ihnen auszugehen drohten. Die Vorstellung, Ziegen in Papierscheine verwandeln zu können, die man in den Gürtel steckte, war diesen Wüstenmenschen völlig fremd.

Wenn andere Leute von den scheinbar idyllischen Lebensbedingungen vorkapitalistischer Zeiten schwärmen, so kann ich nur müde lächeln. Statt eines Paradieses, wo Geiz und Habgier unbekannt sind, sehe ich dann ein Haus voll zerkrümelter Salzbarren vor mir. Ich denke an einen Bauern, der sein Vieh nicht bis zum vollen Schlachtgewicht behält, sondern nur so lange, bis er zufällig einen neuen Kessel benötigt.

Die Menschen brauchten zum Erwerb von Gütern, die sie nicht selbst produzieren konnten, schon immer Tauschgegenstände. Ohne eine leicht konvertierbare Währung wird diese Praxis durchaus nicht weniger wichtig, sie wird nur komplizierter. Getreide und Gemüse verderben, bevor man sie eintauschen kann, und Bauern müssen mit Tieren bezahlen, die schon zu alt oder noch zu jung sind, um von großem Nutzen zu sein. So wird aus einer Transaktion, die in einer Geldwirtschaft problemlos wäre, eine höchst verwickelte Angelegenheit.

Eigentlich hatte ich nicht vorgehabt, mit der angestammten Wirtschaftsform der Leute von Araouane zu brechen. Ich wollte ihnen zeigen, wie man im Garten Obst und Gemüse anbaut und weiter nichts. Doch die Dinge entwickeln sich häufig anders als erwartet. Durch den Garten wurden die Dorfbewohner auch mit Begriffen wie Gewinn und Verlust, Sparen und kaltem, hartem Bargeld vertraut. Mein erstes wirkliches Geldproblem führte auf Umwegen zum Tod des Dorfoberhaupts: Mohammed Sultan kam eines Tages in einem der von mir gemieteten Lastwagen nach Araouane, um mein Projekt persönlich in Augenschein zu nehmen. Er hatte nie im Dorf gewohnt, denn ein solches Leben wäre für einen so reichen Mann wie ihn viel zu unbequem gewesen. Statt dessen verbrachte er seine Tage abwechselnd in seinen Häusern bei seinen verschiedenen Familien in Timbuktu. In Araouane angekommen, zog er eine große Show ab und ermunterte die Leute, für den Erfolg des Projektes hart zu arbeiten.

»Wenn Sie in meinem Dorf einen Garten anlegen«, sagte er nach Inspizierung der bereits gepflanzten Obstbaumreihe, »dann möchte ich, daß Sie genau hier ein Haus für mich bauen.« Offensichtlich hatte er nicht vor, dafür zu bezahlen. Seiner Meinung nach konnte ich damit meine Dankbarkeit dafür unter Beweis stellen, bei der Rettung seines Dorfes helfen zu dürfen. Klar, mein Junge, dachte ich, ich baue dir ein ganz, ganz großes Haus.

Nachdem er zwei Tage lang im Dorf herumstolziert war und Steuern in Form von Salz eingetrieben hatte, verlangte er, ich solle seine Ausbeute nach Timbuktu transportieren. Ich hatte nichts dagegen, da mein Lastwagen sonst leer zurückgefahren wäre, aber es war durchaus nicht meine Absicht, es umsonst zu tun.

»Wieviel zahlen Sie mir dafür?« fragte ich und hoffte, dadurch einen Teil der enormen Mietkosten einbringen zu können.

»Wir können nicht mehr als achtzig Barren aufladen«, sagte er, verärgert darüber, daß er überhaupt etwas zahlen sollte, »und die Standardgebühr beträgt 250 Francs pro Barren.«

»In Ordnung«, erwiderte ich, obwohl ich wußte, daß eine Kamelkarawane, die Salz von Araouane nach Timbuktu transportiert, im allgemeinen einen von vier Barren als Transportgebühr einbehielt, und der damalige Durchschnittspreis eines Barrens betrug in Timbuktu etwa 2000 Francs. Aber ich hatte keine Lust zu feilschen.

Um vier Uhr morgens sollte der Lastwagen abfahren. Doch als ich in der Nacht auf meinem Bett aus Hirsesäcken lag, überdachte ich den Handel noch einmal genau: Der Lastwagen hatte acht Tonnen Lebensmittel hergebracht, und jetzt erzählte mir Mohammed Sultan, er könne nicht mehr als achtzig Salzbarren mit einem Gesamtgewicht von etwa anderthalb Tonnen aufladen. Ich nahm meine Taschenlampe und begutachtete den beladenen Wagen. Und wirklich – ich zählte 320 Barren. Ich sah rot! Ohne den Morgen abzuwarten, stürmte ich in das Haus, wo der Fahrer mit seinen Helfern in tiefem Schlummer lag.

»Du betrügerischer Bastard!« schrie ich außer mir vor Wut. »Ich lasse dich im Gefängnis verrecken, und wenn es mich eine Million Francs kostet!«

Der arme Fahrer schien keine Ahnung zu haben, wovon ich redete, und mir dämmerte, daß Mohammed Sultan hinter allem stecken mußte. Mir war klar, daß ich ihn nicht direkt belangen konnte, weil ich mit der politischen Struktur von Araouane noch zu wenig vertraut war. Aber vielleicht konnte ich ihn über einen Stellvertreter zur Rechenschaft ziehen.

Der Fahrer sprach Französisch und das Dorfoberhaupt nicht. Ich erklärte dem Fahrer, ich würde ihn zu Mohammed Sultan bringen und ihn dort zur Schnecke machen, aber er solle sich keine Sorgen machen, alles würde gut ausgehen. Der Fahrer war nicht sehr glücklich über diese Aussichten, aber ich ließ ihm keine andere Wahl.

Wir gingen zum Haus des Dorfoberhaupts hinüber und weckten ihn. Ich raste und tobte wegen des Schweinehundes von Fahrer, der zweihundertvierzig Barren mehr auf den Lastwagen geladen hätte, als Mohammed Sultan befohlen hatte. Ich würde zur Polizei gehen, brüllte ich, zu einem Anwalt, zum Gouverneur persönlich, um mein Recht zu bekommen, er habe jemanden belogen und betrogen, der aus purer Nächstenliebe nach Mali gekommen sei, und dafür müsse er bitter bezahlen und so weiter und so weiter. Der Fahrer übersetzte meine ganze Tirade mit Unbehagen.

»Diesen schwarzen Untermenschen ist nie zu trauen«, ließ mir das Dorfoberhaupt durch meinen schwarzen Fahrer als Übersetzer mitteilen. Er war wie der nervöse Fahrer schweißüberströmt und versprach, sich um alles zu kümmern und für alle zusätzlichen Barren zu bezahlen, die »der Bastard entgegen seinen Anweisungen auf den Lastwagen geladen hat«. Die Sache fing an, mir richtig Spaß zu machen, und ich hatte nicht vor, sie bald zu beenden. Ich stampfte mit den Füßen und schrie mich heiser. Nie und nimmer ließe ich den Fahrer ungeschoren davonkommen, donnerte ich, hier müsse ein Exempel statuiert werden, Betrüger gehörten bestraft, ich brächte ihn an den Galgen, gleichgültig, wieviel es mich kostete. Der arme Fahrer mußte seine Angst nun nicht mehr spielen. Ich nahm mir vor, ihn später, so gut ich konnte, für seine Qualen zu entschädigen.

Inzwischen hatte das Dorfoberhaupt sein überhebliches Gebaren völlig abgelegt. Mohammed Sultan bot mir sogar mehr Geld als die übliche Transportgebühr an. Ich war sofort einverstanden und steckte es ohne zu zögern in die Tasche.

»Doch Ihre Großzügigkeit wird mich nicht davon abhalten, diesen Betrüger zur Rechenschaft zu ziehen«, rief ich und stürmte aus dem Haus. Mohammed Sultan folgte mir zu meiner Hütte, setzte sich zu mir auf die Hirsesäcke, und wir führten unsere Diskussion in gebrochenem Arabisch fort. Er flehte mich an, den Fahrer nicht weiter zu belangen, denn es habe sowieso keinen Zweck, weil »diese Leute ja doch alle gleich sind«. Er bot mir noch mehr Geld an und war einem Schlaganfall nahe, als ich ablehnte. Er wollte mein Haus erst verlassen, wenn die Sache bereinigt sei. Weil ich schlafen wollte, versprach ich ihm schließlich, alles noch einmal zu überdenken.

Um vier Uhr morgens fuhr der Lastwagen vor meinem Haus vor. Mohammed Sultan stieg aus und erkundigte sich, ob ich meine Meinung geändert hatte. Ich wandte mich dem armen Fahrer zu und hob die Faust.

»Du wanderst ins Gefängnis«, brüllte ich, »so wahr ich hier stehe! In zwei Tagen bin ich in Timbuktu, und dann wird es dir leid tun, mich jemals betrogen zu haben!« Ich konnte ihm nicht einmal mehr beruhigend zuzwinkern, um ihm zu versichern, daß alles nur gespielt war, Mohammed Sultan belauerte uns mit Adleraugen.

Als ich dann nach Timbuktu kam, suchte mich das Dorfoberhaupt bei Salah Baba auf, wo ich Salz ablud. Unterwürfig lud mich

Mohammed Sultan zum Mittagessen in sein Haus ein, wo er mir ein wahrhaft königliches Mahl auftischte. Aber ich nahm meine Drohung nicht zurück.

Ich glaube, wenn er den armen Fahrer nicht so schwer verleumdet hätte, wäre ich weich geworden, doch da er so unverschämt gewesen war, sollte er sich ruhig noch etwas winden. Wie es der Zufall wollte, war ich an diesem Abend beim Bezirksgouverneur von Timbuktu zum Essen eingeladen. Ich erwähnte die Geschichte nur am Rande – es gab weitaus wichtigere Dinge zu besprechen – doch es mußte zum Dorfoberhaupt durchgesickert sein, daß ich beim Gouverneur gegessen hatte. Nur wenige Tage später starb Mohammed Sultan an einem Herzanfall.

Bei späteren Transportfahrten wurden der Fahrer und ich gute Kumpel. Marafat war ein großer, breiter, gemütlicher Bär von einem Mann, der immer ein Lächeln auf dem Gesicht hatte. Ich achtete darauf, daß er bei seinen Aufenthalten in Araouane immer gut behandelt wurde, und er genoß es, jedem dort die Geschichte »unseres« Sieges über Mohammed Sultan zu erzählen. Mir wäre lieber gewesen, wenn er nicht gar so laut damit geprahlt hätte, denn man sollte von mir nicht denken, ich hätte keinen Respekt vor der traditionellen Obrigkeit, doch zumindest war die Geschichte ein Lehrstück für andere. Einmal versuchte ein Minenarbeiter, mich um die Gebühr für den Transport von Araouane nach Timbuktu zu prellen, und als ich ihn aus dem Lastwagen warf, bat er Marafat, für ihn Fürsprache einzulegen.

»Versuch es gar nicht erst«, sagte der Fahrer zu ihm. »Jeder, der versucht, Aebi aufs Kreuz zu legen, wird es hinterher bereuen.«

Nicht lange, nachdem wir den Garten angelegt hatten, begannen wir mit dem Bau einer Schule und eines Hotels. Es war nicht schwer, die Dorfbewohner von der Notwendigkeit einer Schule zu überzeugen, da in der Vergangenheit bereits mehrfach Koranlehrer in Araouane gewesen waren, aber was das Hotel betraf, mußten sie mir blind vertrauen. Obwohl die Lebensmittelversorgung durch den Garten nun einigermaßen gesichert war, konnten die Dorfbewohner gutes Bargeld aus dem Tourismus brauchen, um die schweren Zeiten überstehen zu können, die unausweichlich kommen würden.

Ich bezahlte die Arbeiter aus Timbuktu, die an den Bauprojekten beteiligt waren, mit barem Geld. Die Dorfbewohner staunten darüber, daß die Arbeiter ihre Familien in der Stadt ernähren konnten, indem sie ihnen Papierscheine schickten. In Araouane gab es für Geld immer noch rein gar nichts zu haben.

Gegen Ende 1989 war der Hotelbau abgeschlossen, und unser erster Gast war einer meiner Freunde aus New York. Er blieb fast einen Monat lang, und beim Begleichen seiner Rechnung zählte er die Franc-Scheine vor einer Versammlung von Dorfbewohnern ab. Ich versuchte zu erklären, wie sehr der Tourismus der Stadt helfen könne:

»Julio hat gerade 270 000 Francs bezahlt«, sagte ich zu ihnen. »Dieses ganze Geld ist für euch.«

Nichts rührte sich.

»Mit diesem Geld«, sagte ich, »könntet ihr in Timbuktu ungefähr hundertzwanzig Salzbarren kaufen.«

Die meisten Erwachsenen wußten mit der Zahl hundertzwanzig nichts anzufangen.

»Das ist mehr als das ganze Salz, das Sidi im gesamten letzten Jahr hergebracht hat.«

Jetzt hatte ich ihr Interesse geweckt. Sidi besaß eine Menge Kamele und schleppte mit den Karawanen stets große Salzladungen ab.

»Na gut«, sagte einer, »und wo ist das Salz?«

Den Dorfbewohnern war der Sinn des Hotels nie ganz aufgegangen. Sein Bau hatte sehr viel Arbeit gekostet, es war sehr hübsch anzuschauen, und Leute, die man »Touristen« nannte, sollten sich hier einmal aufhalten, aber die Bewohner von Araouane begriffen eigentlich nicht, welchen Vorteil s i e davon haben sollten. Und um das Maß voll zu machen, hatten wir die Regale in den Räumen und der Eingangshalle aus Salzbarren gebaut. Sicher, Aebi hatte für sie bezahlt, aber was für eine Verschwendung – wer hatte jemals davon gehört, Salz von einwandfreier Qualität zu verbauen?

»Von diesem Geld«, fuhr ich fort, »können wir vierzig Säcke Hirse kaufen. Man braucht zwanzig Kamele, um soviel Hirse herzuschaffen.«

Zu guter Letzt hatten sie die Grundidee wohl verstanden, aber das reichte noch nicht. Eines Tages sollten die Dorfbewohner von mir und anderen Gönnern völlig unabhängig sein. Sie mußten lernen, selbständig mit Geld umzugehen. Ich bin zwar kein Wirtschaftsfachmann, aber ich wollte ihnen die eine oder andere Grundidee des Kapitalismus nahebringen.

Um mögliche Probleme gleich im Keim zu ersticken, hämmerte ich den Kindern ein, sie sollten n i e m a l s stehlen. Bisher war Diebstahl in Araouane auch nie ein Problem gewesen – wohin sollte ein Dieb mit seiner Beute schon verschwinden? Jeder wußte genau, was der andere besaß. Und eine Vorstellung von persönlichem Eigentum, wie wir sie kennen, hatte es hier eigentlich nie gegeben. Brauchte jemand einen Turban, so nahm er sich einfach den ersten besten, auch wenn er sich gerade auf dem Kopf eines andern befand.

Sobald wir die ersten Bäumchen gepflanzt hatten, fing ich an, mit den Gemüsesamen aus Europa zu experimentieren. Ich versuchte es mit Tomaten, Bohnen, Roter Bete, Zwiebeln, Kürbissen, Kartoffeln, Erbsen, Kopfsalat, Möhren, Erdnüssen, Paprika, Pfefferminze, Melonen, Gurken, Auberginen, Mais, Hirse, Radieschen, Knoblauch, Kohl, Broccoli, *disma*, einem in Afrika heimischen Gewürz, und Petersilie.

Zuerst legten wir ein Gemeinschaftsbeet an. Bevor ich den Dorfbewohnern einzelne Parzellen zuteilte, wollte ich wissen, welche Pflanzen ertragreich waren und welche nicht, wieviel Wasser und wieviel Dünger sie brauchten und wie wir die Jungpflanzen vor Schädlingen schützen konnten. Es war schon schwierig genug, die Dorfbewohner von meinem Plan zu überzeugen, und es wäre doppelt schwierig geworden, wenn sie mit ihren eigenen Gärtchen aus Mangel an Erfahrung gescheitert wären. So arbeiteten wir alle gemeinsam an unserem Versuchsbeet, und keiner verstand so recht, worauf ich eigentlich hinauswollte.

Das erste Gemüse, das wir ernten konnten, waren Radieschen – scharlachrot, prall und bildhübsch. Gemeinsam mit den Kindern zog ich sie aus der Erde, wusch sie ab, entfernte die Blätter und rief alle Arbeiter zusammen, um ihnen zu zeigen, was sie produziert hatten. Ich pries ihnen das köstliche Gemüse zum Probieren an. Zuerst rührte sich niemand, doch dann wagten sich vorsichtig einige Kinder vor und nahmen sich jedes eine Handvoll. Als den anderen aufging, daß bei dieser Geschwindigkeit von der seltsamen neuen Kost bald nichts mehr übrig bliebe, fielen plötzlich alle über die Radieschen her. Bald hatte sich ein richtiggehender Tumult entwickelt – Dorfbewohner schrien und schubsten und stopften sich das merkwürdige rote Gemüse in den Mund. Doch nach dem ersten Bissen spuckten die meisten die bitteren Knollen wieder aus. »Und dafür haben wir uns abgeplagt?« sagten ihre enttäuschten Blicke überdeutlich.

Wir mußten noch sehr viel länger experimentieren, um herauszufinden, welche Sorten ertragreich waren und welche die Dorfbewohner überhaupt essen wollten. Zwiebeln, Bataten, Roter Bete, Möhren, Peperoni und Pfefferminze standen sie skeptisch gegenüber, bis Mohammed Ali und ich ihnen besondere Gerichte kochten, um zu zeigen, wie die Gemüse zubereitet werden konnten. Kürbis, Zucchini, Aubergine, Paprika und Kopfsalat fanden dagegen nur wenig Anklang. Und niemand, wirklich niemand mochte Kohl.

Viele Obst- und Gemüsesorten litten unter dem Wüstenklima. Erdnüsse, Kartoffeln und Wassermelonen erreichten kaum ihre Reife, was jammerschade war, weil sie den Dorfbewohnern gut schmeckten. Die Tomaten wurden herrlich rot, hatten aber kaum Geschmack. Der Knoblauch schlug erst gar keine Wurzeln, was ein Marabout aus Timbuktu bei einem Besuch als Willen Gottes interpretierte, denn gläubige Moslems müssen sich nach dem Verzehr von Knoblauch für vierzig Tage von der Moschee fernhalten.

Wir säten und pflanzten von Oktober bis Anfang April, weil das die einzigen Monate waren, in denen die Pflanzen nicht in der Sonne verdorrten. Im darauffolgenden Herbst teilte ich allen am Projekt beteiligten Familien einzelne Gartenstücke zu. Ich überließ jeder Familie die Wahl, was sie anbauen wollte, und amüsierte mich über ihre Entscheidungen. Die ehemaligen Nomaden Abidine und Sidi Mohammed hatten für Obst oder Gemüse nicht viel übrig und wählten ihre Sorten mehr nach Schönheit als nach Geschmack aus; sie bevorzugten Auberginen und anderes Grünzeug mit hübschem Blattwerk. Sie zogen das Gemüse in ordentlichen Reihen und pflegten es gewissenhaft, ernteten oder aßen ihre schönen Früchte aber nie.

Als die Araouaner nun ihre eigenen Gärten versorgten, entdeckten sie den Materialismus. Fritz spornte sie noch an, indem er Geldpreise für die gepflegtesten Beete aussetzte. Die meisten Dorfbewohner hatten nun zum ersten Mal etwas, das wirklich ihnen ganz allein gehörte. Doch sie brauchten eine Weile, um den Unterschied zwischen Haben und Nehmen zu verstehen. Die Vorstellung, daß im Grund jedem alles gehörte – vor allem Dinge, die aus dem Boden wuchsen –, war so tief in ihnen verwurzelt, daß Kinder wie Erwachsene sich alles, was ihnen ins Auge stach, einfach nahmen. Viele von ihnen pflückten in ihrer Ungeduld grüne Tomaten, so daß ich fast die Hoffnung aufgab, jemals reife ernten zu können. Sogar der alte Baba Cambouse hielt sich nicht zurück. Als er mit unreifen Tomaten aus einem fremden Garten gestellt wurde, reagierte er gekränkt.

»Du wurdest uns von Gott gesandt«, sagte er zu mir, »aber Gott selbst läßt diese Dinge wachsen. Gewiß hat er sie für jeden erschaffen.«

Humballa, einer der freigekauften Sklaven, hatte den Job des Dorfhirten übernommen. Als ich anfing, die Arbeiter für gute Leistungen mit Sonderrationen in Form von Ziegen zu entlohnen, erwachte Humballas Unternehmergeist. Zum ersten Mal war der Viehbestand groß genug für einen ganztägig beschäftigten Hirten, und so bot Humballa an, die gesamte Dorfherde zu bewachen, wenn die Dorfbewohner dafür abwechselnd seinen Garten versorgten. Doch schon bald mußte er feststellen, daß seine Nachbarn sein Beet plünderten, wenn er in der Wüste war, und deshalb hängte er seinen Job wieder an den Nagel.

Ein kleiner Junge namens Hussein dagegen genoß das neue Leben in vollen Zügen. Aufgrund einer Wachstumsstörung war Hussein ungewöhnlich klein, besaß aber die tiefe Stimme eines alten Mannes. Nachdem er einmal Makkaroni gegessen hatte, verkündete er, für den Rest seines Lebens nichts anderes mehr essen zu wollen. Um sich einen ständigen Vorrat zu sichern, pflanzte er eine Handvoll ungekochter Nudeln in den Boden und begoß sie täglich, was ihm den Spitznamen »Makkaronibaum« einbrachte.

Eines Tages beobachtete ich, wie Hussein heimlich hinter dem Wasserspeicher in einem Eimer Möhren wusch. Als ich ihn fragte, warum er sich verstecke, grinste er breit.

»Wenn ich sie wasche, und andere Leute sind in der Nähe«, sagte er, »dann will jeder etwas von meinen Möhren haben, und für *mich* bleiben keine mehr übrig!« Offensichtlich war nicht alles eitel Sonnenschein. Ohne es zu wollen, hatte ich die häßliche Sünde der Habgier nach Araouane gebracht. Doch wollte ich den Menschen von Araouane zeigen, daß harte Arbeit, Beharrlichkeit und Phantasie reichere Früchte trugen, als sie je zu träumen gewagt hatten, dann schien die Habgier ein notwendiges Übel zu sein. Wenn unermüdliche Arbeit keinen großen Gewinn erbrachte, warum sollte man sich dann überhaupt Mühe geben?

Ich versuchte mein Bestes, allen Dorfbewohnern die gleichen Chancen zu geben, so daß der Reichtum, den sie sich erwarben, allein ihrem persönlichen Bemühen zuzurechnen war. Für alle lebensnotwendigen Bedürfnisse war gesorgt: Jeder, der regelmäßig am Projekt mitarbeitete, und jeder, der sich aus Altersoder Gesundheitsgründen nicht beteiligen konnte, erhielt Nahrung, Kleidung und Medikamente. Um die Saat des Kapitalismus auszubringen, sorgte ich für ein breitgefächertes Angebot an Projektarbeiten, so daß wirklich jeder – unabhängig von Alter, Intelligenz oder körperlichen Fähigkeiten – produktiv sein konnte. Es gab passende Aufgaben für junge Männer, kleine Kinder, Frauen und alte Leute. Ich stellte auch eine Liste mit Aufgaben zusammen, die die Dorfbewohner zwischendurch gegen Bares verrichten konnten. Für die Beschaffung von vierzig Eselladungen Banco aus den anderthalb Kilometer entfernten Tonhalden verdiente man 300 Francs; das Anfertigen von einhundert Ziegeln erbrachte die gleiche Bezahlung. Für eine Kamelladung *halfa* – das Wüstengras, das wir als Viehfutter sowie zum Bauen und zum Flechten von Seilen und Matten verwendeten –, gab es 500 Francs.

Ich klärte die Bewohner Araouanes auch darüber auf, was Unternehmertum ist. Später, sagte ich, wenn ein neues Gebäude zu errichten wäre, würden von allen Kostenvoranschläge eingeholt und der Auftrag demjenigen erteilt, der das beste Angebot gemacht hatte. Dieser Unternehmer sei dann verantwortlich für die Verköstigung und Bezahlung aller, die ihm halfen, so daß der beste Arbeiter und der beste Planer am meisten verdienten. Doch dies, versicherte ich ihnen, läge alles noch in weiter Ferne.

Nachdem ich ihnen bei einer unserer wöchentlichen Dorfversammlungen diese neuen Möglichkeiten dargelegt hatte, fuhr ich nach Timbuktu, um Vorräte zu besorgen. Als ich nach einigen Tagen zurückkehrte, traute ich kaum meinen Augen. Überall lagen riesige Berge *halfa* herum. Sobald die tägliche Arbeit im Garten beendet war, hatten sich alle Männer, Frauen und Kinder auf die Kamele der Nomaden gestürzt, die sich gerade zufällig im Dorf aufhielten, und waren zusammen in die Wüste hinausgezogen, um *halfa* zu ernten. Und da Vollmond war, hatten viele ganze Nächte über gearbeitet. Mohammed Ali hatte versucht, sich der Flut entgegenzustemmen, aber keiner wollte sich die Gelegenheit entgehen lassen, so viel Geld wie möglich zu verdienen. Jeder bildete sich ein, die Ladung einer ganzen Kamelherde zusammenbringen zu können. Ich berief neuerlich eine Dorfversammlung ein, und zwar während der Arbeitszeit, denn nach der Arbeit wollten alle Bewohner des Dorfes schon wieder in die Wüste rennen, um noch mehr *halfa* zu holen. Die »entfesselten Kräfte« des freien Marktes mußten gebremst werden. Wir einigten uns darauf, *halfa* nur nach Bedarf zu beschaffen, wenn Mohammed Ali ausdrücklich danach verlangte. Und um die sieben Esel der Stadt vor dem Erschöpfungstod zu bewahren, beschlossen wir, Ziegel nur aus dem Banco herzustellen, der innerhalb der Stadtgrenzen gesammelt werden konnte. Doch selbst diese Lösung brachte neue Probleme mit sich, denn bald hatten wir aus dem gesamten im Dorfbereich aufzutreibenden Banco Ziegel hergestellt, so daß wir keinen mehr als Mörtel übrig hatten.

Diese Geschichte war mir eine Lektion über die Grundlagen der Volkswirtschaft. Ich stellte fest, daß ein funktionsfähiger freier Markt über genügend veränderbare Größen verfügen muß. Da an dem Projekt Araouane kaum vierzig Leute mitwirkten, sahen wir uns gezwungen, einige Richtlinien einzuführen. Dennoch war ich sehr glücklich darüber, wie hart alle Dorfbewohner zu arbeiten bereit waren, sobald man ihnen nur einen kleinen Anreiz bot.

Natürlich konnte ich nicht jede Person sofort nach dem Verrichten einer bestimmten Aufgabe entlohnen. Ich verteilte den Lohn,

Lebensmittelrationen, jeden Freitag. Pro Person gab es etwa zehn Kilo Getreide, Zucker, Baobabpulver, Speiseöl, Sardinen in Büchsen oder was ich sonst bei meinen monatlichen Fahrten nach Timbuktu auftreiben konnte. Sonderzuteilungen in Form von Ziegen, Hühnern und ähnlichem konnte ich nur dann ausgeben, wenn solche Luxusgüter gerade vorrätig waren. Schließlich führten wir eine Art Buchhaltung ein, und da Mohammed Ali und ich zu beschäftigt waren, übertrugen wir einem Jungen namens Hamma die Verantwortung dafür. Obwohl er eine stattliche Größe und athletische Figur hatte, war er so schüchtern, daß er fast nie lächelte und nur selten sprach. Er war der beste Schüler an unserer kleinen Schule, und er führte die Bücher hervorragend. Noch zwei Jahre zuvor hatte er kein Wort Französisch verstanden, aber nun sprach und schrieb er es gut genug, um komplizierte Abrechnungen vorzunehmen und vermerken zu können, wem für welche Arbeit wieviel zustand.

Seit den Tagen meiner Ankunft hatte ich von den Dorfbewohnern regelmäßig Eier, Hühner und Kamelmilch geschenkt bekommen. Letzteres war das traditionelle Zahlungsmittel der Nomaden, die den Dorfbewohnern als Gegenleistung für die Brunnenbenutzung ihre Kamele zum Melken überließen. Als die Gartenarbeit zu einer festen Einrichtung geworden war, sagte ich den Dorfbewohnern, ich wolle von ihnen keine Geschenke mehr erhalten. Ich erklärte ihnen, wenn ich in Zukunft eines dieser Luxusgüter benötigte, würde ich dafür bezahlen. Ich listete die Preise aller Güter auf, die ich vielleicht brauchen würde, und setzte sie beträchtlich höher an als die Preise in Timbuktu. Ich dachte mir, wenn die Dorfbewohner eines Tages in der Stadt einkaufen müßten, hätten sie zusätzlich die Kosten für einen Einkäufer und den Karawanentransport zu begleichen. Ich wollte sie mit meiner Bezahlung an höhere Preise gewöhnen, damit sie nicht entsetzt waren, wenn sie einmal selber bezahlen mußten.

Nun, die Leute lernten schnell. Ich mußte nur das Wort »Eier« fallen lassen, und schon kamen alle Frauen des Dorfes angerannt, um zu handeln. Sie schnappten den Hennen sogar befruchtete Eier weg, so daß ich häufig fertig ausgebildete Kükenembryos darin fand.

Als ich zum ersten Mal verlauten ließ, ich hätte gern ein gerupftes Huhn, hatte das ein wahres Blutbad zur Folge. In kürzester Zeit verwandelte sich mein Haus in die Geflügeltheke eines Supermarktes. Eine Wolke von Federn trieb mit dem Wind aus dem Ortszentrum bis zu den entlegensten Hütten. Von da an mußte ich gezielt eine Person ansprechen, wenn ich Lust auf Hühnchen, Eier oder andere Luxusgüter hatte.

»Denk daran«, wurde ich oft gescholten, »wenn du das nächste Mal ein Huhn brauchst, bin i c h an der Reihe.«

Jedes Jahr bevor ich von New York nach Araouane zurückkehrte, sammelte ich meine Vorräte im Haus meines Bruders Peter im schweizerischen Appenzell. Ausnahmslos alle Artikel und Werkzeuge für das Projekt kamen aus der Schweiz, und ein Vetter von mir, der Arzt ist, beschaffte Kisten mit medizinischen Artikeln. Und jedes Jahr sammelte meine Verwandtschaft von den Nachbarn Altkleider, die in Araouane verteilt wurden.

Eine Nachbarin meines Bruders stellt köstlichen Ziegenkäse her und brachte mich damit auf die Idee, in Araouane eine Käserei einzurichten. Da die Saharaziegen im allgemeinen aber zu mager sind, um genug Milch zu geben, wollte ich Kamelmilch nehmen. Ich ließ mich also in die Geheimnisse der Käseherstellung einweihen und informierte mich, wo die erforderlichen Gerätschaften zu besorgen waren. Obwohl mein Bruder, der für einen großen Nahrungsmittel- und Gewürzhersteller als Ernährungswissenschaftler arbeitet, mir Berichte über ein halbes Dutzend gescheiterter Kamelkäseexperimente aus China, Ägypten und anderswo her präsentierte, blieb ich entschlossen. Als ich 1990 nach Araouane zurückkehrte, brachte ich eine vollständige Ausrüstung zur Käseherstellung mit und startete den ersten Versuch. Ich hatte Erfolg – wenn auch nur mäßigen. Wir erzielten pro Liter nur ein Fünftel der Käsemenge, den die Milch einer kräftigen Ziege geliefert hätte. Doch da die Dorfbewohner den wäßrigen Rückstand viel lieber mochten als pure Kamelmilch, mußten wir weder den Käse noch das Nebenprodukt wegwerfen. Wir versuchten es bei allen möglichen Temperaturen, mit verschiedenen Hefemengen, unterschiedlichen Kühlzeiten, mit frisch gemolkener Milch und mit Dickmilch. Doch im Verhältnis dazu, wieviel Milch wir verwendeten, erhielten wir nie genug Käse. Dennoch entwickelte ich bald Visionen von einer großen Käserei, deren Produkte saharaweit vertrieben werden könnten. Die Dorfbewohner würden die Molke trinken und den Käse auf dem Markt in Timbuktu verkaufen. Doch als wir erstmals Käse für den Transport lagern wollten, erlebten wir eine böse Überraschung. In kürzester Zeit verlor er seine brieartige Konsistenz und nahm eine holzartige Beschaffenheit an. Nach zwei Wochen war er kaum noch mit einer Raspel zu zerkleinern, und wenige Tage später ließen sich die Käsestücke als Hämmer verwenden. Doch wir gaben unsere Experimente nicht auf, und dafür brauchten wir ständig frische Kamelmilch.

In den zweiundvierzig Jahren vor meiner Ankunft war in diesem Gebiet der Wüste kein einziger Regentropfen gefallen. Es gab also im gesamten Umkreis von Araouane kein Weideland, und abgesehen von den Nomaden besaß niemand Vieh. Und weil die Frachtkarawanen nur männliche Tiere verwendeten, mußten sie lange Zeit tatsächlich ganz ohne Kamelmilch auskommen. Doch 1990 regnete es plötzlich. Nun gab es wieder Weideland, und mit dem Weideland kehrten die Herden zurück. Um Araouane waren auf einmal mehr Weideflächen als am Niger zu finden, und die Nomaden kamen mit all ihren Tieren zu uns. Nun gab es Kamelmilch im Überfluß. Wahrscheinlich wunderten sich die Nomaden darüber, mit welchem Feuereifer die Dorfbewohner Tag und Nacht die Kamele molken und für dieses Privileg mit Gütern und Dienstleistungen kräftig zahlten. Wir bauten eine richtiggehende Käserei auf, und Araouata wurde zum Obersenn ernannt. Er erwarb sich in kurzer Zeit eine solche Fertigkeit, daß Fritz ihm das Jodeln beibringen wollte! Wir verkauften den Käse als »Camelbert« an die Mitarbeiter der europäischen Hilfsorganisationen in Timbuktu.

Die Sache hatte einen positiven Nebeneffekt: Die Nomaden wurden seit dieser Zeit so herzlich willkommen geheißen, daß sie viel häufiger als zuvor durch den Ort kamen, was uns Kameldung im Überfluß bescherte. Da nun immer genügend Brennstoff vorhanden war, mußten die Frauen des Dorfes nicht mehr fast den ganzen Tag auf der Suche nach ein paar Kothäufchen die Wüste durchstreifen. Sie hatten mehr Zeit, zu Hause zu wirtschaften und in ihren Gärten zu arbeiten.

Als das Hotel eröffnet wurde, boten sich den Leuten sogar noch mehr Möglichkeiten, Geld zu verdienen. Die Kinder, die den Hotelgästen behilflich waren, wurden dafür entlohnt. Nach Wunsch konnten alle Familien abwechselnd gegen Bezahlung für die Touristen kochen. Wie erwähnt, hatte Fritz den Besitzern der schönsten Gärten Barpreise versprochen, und ich setzte für die hübschesten Neubauten am Rande des Gartens Belohnungen aus. Dies entsprang nicht purem Edelmut – in den Häusern konnten, falls das Hotel ausgebucht war, Gäste untergebracht werden, und auf jeden Fall dienten die Hausmauern den empfindlichen Pflanzen als Windschutz.

Da im Dorf neuerdings viel Geld im Umlauf war, mußte ich die Einwohner bei ihrer Finanzverwaltung beraten. Es gab zahlreiche Diskussionen über etwaige Richtlinien, aber in einem Punkt blieb ich eisern: In Araouane würde keiner einem anderen Kredit gewähren oder von jemandem Kredit erhalten. Ich wies Mohammed Ali an, in seinem Laden niemanden anschreiben zu lassen. In Amerika hatte ich zu oft erlebt, wie sich Freunde von mir – Leute, die es eigentlich hätten besser wissen müssen – mit ihren Kreditkarten in große Schwierigkeiten gebracht hatten.

Die Bezahlung für Überstunden war relativ gering, denn diese waren verpönt. Ich schärfte den Dorfbewohnern ein, ich sei sehr enttäuscht, wenn sie ihren Nebenverdienst für nutzlosen Luxus ausgäben, und erklärte ihnen den Unterschied zwischen Kapitalanlagen und reinen Kosumgütern am Beispiel eines Kamels und eines Radios. Ein Radio, so betonte ich, würde dem Besitzer zwar sofortigen Genuß verschaffen, ihm aber wiederholt den Kauf neuer Batterien aufzwingen und wäre kein wirklicher Wertgegenstand. Ein Kamel dagegen konnte seinem Eigentümer ebenfalls sofortigen Genuß verschaffen – man konnte es schlachten und seine Familie wochenlang damit ernähren –, doch weidete man es statt dessen, so gab es unbegrenzt Milch und hatte vielleicht sogar irgendwann Nachkommen. Ein Radio zehrte also am Geldbeutel, wogegen ein Kamel den Reichtum vervielfachte.

Als die Dorfbewohner sahen, daß die Arbeiter aus Timbuktu mir vor meinen regelmäßigen Einkaufsfahrten in die Stadt gelegentlich Geld für Brühwürfel, Tabak oder Gummisandalen mitgaben, wollten sie solche Luxusgüter ebenfalls haben. Ihre Wunschlisten waren endlos. Ich wollte mir nicht jedesmal, wenn ich nach Timbuktu fuhr, einen Großeinkauf für den ganzen Ort aufhalsen, und so brachte ich nach und nach Vorräte der beliebtesten Artikel mit, um sie für den Bedarfsfall in Araouane zu lagern. Bald hatte sich daraus ein regelrechter Gemischtwarenladen entwickelt, dessen Verwaltung ich Mohammed Ali übertrug.

Außer den zum Leben notwendigen Dingen konnte man in Mohammed Alis Laden nicht viel kaufen, und das war auch gut so. Als das Abenteuer Geldwirtschaft noch neu war, verkauften mir die Leute Eier und wandelten ihr Geld postwendend in Brühwürfel um. Ich hielt den Dorfbewohnern zwar lange Vorträge über richtiges Investieren, wollte ihnen aber zumindest in kleinem Rahmen die Gelegenheit geben, die Früchte ihrer harten Arbeit zu genießen. Daher erweiterten wir nach und nach unsere Bestände um Stoffe, Tee, Zucker, Rasierklingen und Vaseline. Mit dem Fett rieben die Dorfbewohner ihre aufgesprungenen Füße ein; hatten sie keine Vaseline zur Hand, so nahmen sie statt dessen Motoröl. Seife wurde der Renner, wodurch sich Araouane zu einer der saubersten Gemeinden Nordafrikas entwickelte. Kleider wurden gewaschen, Kinder geschrubbt, und schon bald mußte ich nicht mehr die Luft anhalten, wenn ich einen Raum voller Menschen betrat.

Auch bei den Nomaden der umliegenden Wüstenstriche landete Mohammed Ali mit seinem Laden einen Volltreffer. Jetzt konnten diese scheuen Menschen alles, was sie brauchten, bei einem freundlichen Kaufmann mitten in ihrem Territorium zu fairen Preisen erwerben und mußten nicht mehr die lange Reise nach Timbuktu auf sich nehmen. Natürlich besaßen sie überhaupt kein Geld, und so wickelten sie ihre Einkäufe über Tauschgeschäfte ab. Sie tauschten Kamelmilch gegen Makkaroni, Couscous, Mehl, Reis, Erdnüsse und Datteln – alles Dinge, die die Dorfbewohner als Standardrationen für ihre Gartenarbeit erhielten. Mohammed Ali gab alle diese Artikel auch gegen Salzstücke heraus und gab häufig Salz als Wechselgeld zurück. Schon bald paßte seine Salzbrockensammlung in keine Sparbüchse mehr hinein, und wir mußten ihm ein Lagerhaus bauen, in dem seine Schätze aufbewahrt wurden, bis wir sie nach Timbuktu schicken konnten, um neue Güter dafür zu kaufen.

In kurzer Zeit wurde unser Dorf zum Hauptgesprächsgegenstand an den Lagerfeuern der gesamten Region. Ein Mann namens Habbabu führte nun regelmäßig Nomaden zu Besichtigungstouren ins Dorf und zeigte ihnen die Wunder, die wir vollbracht hatten. Dies führte zu einigen herzerfrischenden Begegnungen: Die Nomaden sind natürlich nicht an Mauern gewöhnt, und so verirrten sich zuweilen einige von ihnen in Araouane. Sie liefen dann zu dritt oder zu viert wie verängstigte Schafe auf der Suche nach einem Ausweg ins Freie hin und her, während die Dorfkinder sie lachend beobachteten. Eines Tages kam ich in mein Haus und fand drei Nomaden zusammengekauert in einer Ecke – wie ich hörte, befanden sie sich schon seit Stunden dort. Als die Fliegengittertür hinter ihnen zugefallen war, glaubten sie in einer Falle zu sitzen und wußten nicht, wie sie wieder herauskommen sollten.

Mohammed Ali hatte für den Kauf der ersten Ladenvorräte kein Geld gehabt, weshalb ich in Timbuktu und Bamako für ihn eine Grundausstattung besorgt hatte. Später wurde unser Markt von Schmugglern entdeckt, die in Algerien staatlich subventionierte Grundnahrungsmittel erwarben und sie in Mali gewinnbringend weiterverkauften. Gegen einen Preisnachlaß überließen sie uns ihre Waren, um sich die Mühe einer weiteren Siebentagesreise nach Timbuktu zu ersparen. Zur Rückzahlung seines Vorschusses zahlte Mohammed Ali die Hälfte seines Profits an den Araouane-Fonds, eine Art Sparkonto, das ich eingerichtet hatte, um die finanzielle Versorgung des Dorfes nach meiner Abreise zu sichern. Irgendwann wäre der Fonds groß genug, um die wenigen lebensnotwendigen Dinge zu bezahlen, die die Dorfbewohner nicht herstellen oder eintauschen konnten, und Mohammed Alis Laden wäre schuldenfrei.

Bei einer unserer letzten wöchentlichen Dorfversammlungen erzählte ich den Einwohnern von meiner Hoffnung, Mohammed Ali werde ein reicher Mann. Ich wünschte ihn mir als wundervolles Beispiel für jemanden, der völlig mittellos in den Ort gekommen war und es mit etwas Starthilfe und viel harter Arbeit zu einem Vermögen gebracht hatte, und zwar ohne zu lügen, zu betrügen oder zu stehlen. Ich legte den Dorfbewohnern ans Herz, seinem Vorbild zu folgen – wenn er erfolgreich war, könnten sie alle es sein.

Kurz bevor mein drittes Jahr in Araouane anbrach, baten die Männer, die von Fritz und mir freigekauft worden waren, uns um eine Sonderunterredung. Ihre Mienen waren recht düster, und mir wurde mulmig zumute. Was konnte vorgefallen sein?

Mohammed Hassan ergriff als erster das Wort.

»Wir haben Schulden«, sagte er, »und die Leute, die uns Kredit gegeben haben, wollen, daß wir für sie arbeiten.«

»Wer hat Schulden gemacht?« fragte ich.

»Faradji und ich.«

»Wie konnte das passieren?« wollte ich wissen. »Ihr bekommt sämtliche Nahrung, Kleidung und Medikamente, die ihr braucht. Eure Kinder erhalten kostenlos Unterricht. Ihr wohnt in euren eigenen Häusern.«

»Ich habe meiner Frau ein hübsches Kleid gekauft«, sagte Mohammed Hassan.

Beide Männer rauchten den ganzen Tag Pfeife, und ich hatte mich schon oft gefragt, woher sie den Tabak bekamen, weil der in den Rationen nicht enthalten war.

»Wem schuldet ihr das Geld?« fragte ich.

»Unsere alten Patrone kamen auf dem Weg nach Taoudeni bei uns vorbei.«

Einige Minuten lang sahen wir uns alle schweigend an.

»Was wollt ihr jetzt tun?« fragte ich.

»Wir müssen nach Taoudeni gehen und Salz hauen, um unsere Schulden zurückzahlen zu können.«

»Wollt ihr a l l e nach Taoudeni zurück?«

Zain meldete sich zu Wort. »Aebi, du weißt, daß wir dir sehr dankbar sind. Hier ist alles besser geworden, aber manchmal hätten wir auch gern Dinge, die wir ohne Salz nicht bekommen können. Wenn wir in Taoudeni sehr hart für den Patron arbeiten, können einige von uns den Verdienst von zwei Tagen in der Woche für sich behalten. Mit diesem Salz können wir Tabak, Zucker, Tee und sogar ein paar hübsche Decken von den Tuareg kaufen. Und wenn wir mehr Geld brauchen, bekommen wir es auf Kredit vom Patron.

1 Eine Salzkarawane aus Taoudeni trifft in Araouane ein.

2 Eine Karawane bei den Brunnen; im Hintergrund liegt Araouane.

3 Erste Annäherungsversuche: Aebi bei den Nomadenfrauen in Dahs Lager.

4 Frauen aus Araouane in festlicher Kleidung ▶ bei Dah Ould Sultans Hochzeit.

5 Salzabbau in Taoudeni.

6 Frauen und Kinder stellen aus Banco Ziegel her.

7 Banco wird unter dem Sand hervorgegraben.

8 Kleine Helfer.

9 Das Projekt in seiner Anfangsphase; Strohmatten aus Timbuktu schützen die Baumsetzlinge.

10 Der Garten aus derselben Perspektive zwei Jahre später.

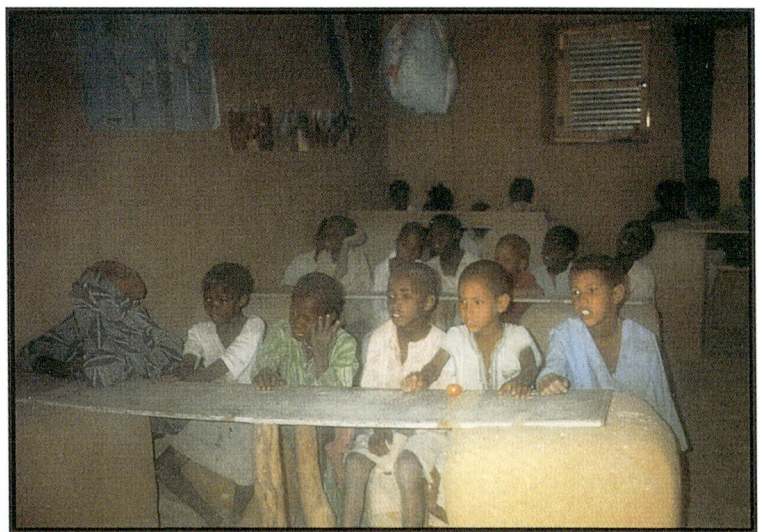

11 Schulunterricht.

12 Mohammed Ali erklärt den Kindern Namen und Zubereitung der Gemüsesorten.

13 Der Innenhof des Hotels mit amerikanischen Gästen.

14 Schule und Hotel vom Garten aus gesehen – die wunderschöne
Fassade ist das Werk von Fritz.

15 Araouata und Bou-djema mit Gartenerzeugnissen.

16 Amma in ihrem Hochzeitsgewand.

17 Babaya mit seiner Frau Kia und einigen ihrer Kinder.

18 Der weise alte Baba Cambouse.

19 Aebis Lastwagen steckt im Sand fest. Links und rechts Mokhtar Moulay und Ali.

20 Emilie beim Abschaben einer Gazellenhaut – unmittelbar vor
unserer unfreiwilligen Abreise aus Araouane im März 1991.

21 Ernst Aebi auf der Lebensmittelladung einer Schmugglerkarawane.

Emilie Manfuso Aebi: 1, 2, 16, 21;
Ernst Aebi: 3, 4, 5, 6, 7, 8, 9, 10, 11, 12, 13, 14, 15, 17, 18, 20;
Peter Aebi: 19

Wir wissen, daß du nicht gern Kredit gibst, und das ist ja auch richtig, aber manchmal … weißt du, dann wäre es schön, etwas Besonderes zu bekommen.«
Noch zwei Jahre zuvor hatten diese Leute um ihr nacktes Überleben gekämpft, und nun das! Doch je mehr ich darüber nachdachte, desto glücklicher war ich über diese Entwicklung. Diesen vormaligen Sklaven war aufgegangen, daß sie sich mit mehr Arbeit – und ohne Kredit, das war das Entscheidende – von allem, was sie sich wünschten, mehr leisten konnten. Genau dies war die Initiative und der Ansporn, mit dem das Projekt ohne Anstoß von außen würde überleben können. Waren sie erst einmal auf dem richtigen Weg, so bräuchten sie niemanden mehr, der ihnen sagte, was sie wann wie zu tun und zu lassen hätten. Nach einer langen und freundschaftlichen Unterredung kamen wir zu folgender Lösung: Weil sich Mohammed Hassan und Faradji bereits verschuldet hatten und sich daher gezwungen sahen, in die Minen zurückzukehren, wollten sie sich der nächsten Karawane anschließen. Die Hälfte der Summe, die wir für ihren Freikauf bezahlt hatten, blieben sie Araouane noch schuldig; sie würden versuchen, die Summe sobald wie möglich zurückzuzahlen, denn je länger sie fortblieben, desto größer würde die Versuchung, weiter auf Kredit zu kaufen. Zum Begleichen ihrer jetzigen Schulden müßten sie nicht viel Salz hauen.
Auf die andere Hälfte der Summe verzichteten wir – sie konnten sie als Entlohnung für anderthalb Jahre Projektarbeit ansehen. Ihr Recht auf einen Garten und ein Haus auf dem Projektgelände hatten sie verwirkt – denn die Nichteinhaltung ihrer Verpflichtung konnte nicht ungeahndet bleiben –, aber ihre Kinder und Frauen würden weiterhin eine kostenlose Schulausbildung und medizinische Versorgung erhalten. Ich sah keine Notwendigkeit, die Familien für die Dummheit ihrer Ernährer zu bestrafen.
Etwa vier Monate nach seiner Abreise nach Taoudeni schickte uns Faradji mit einer Karawane 25 000 Francs. Damit war fast die Hälfte seiner Schulden Araouane gegenüber getilgt. Er mußte außerordentlich schwer gearbeitet haben, und wie er aus dem Salz Bargeld gemacht hatte, ist mir immer noch ein Rätsel. Doch damit

zeigte er, wieviel er aus dem Projekt gelernt hatte: Derselbe Mann, der sich Monat für Monat höher verschuldet hatte, arbeitete nun, um sich selber aus dem Dreck herauszuziehen.

Von Anfang an hatte ich den Kindern eingebleut, sie sollten sich von Besuchern nicht mit Geschenken verwöhnen lassen. Sie wußten, daß Betteln verpönt war – »Betteln« war, lange bevor es überhaupt jemanden zum Anbetteln gab, zu einem unanständigen Wort geworden. Alle Kinder wiederholten stolz ein Motto, das ich ihnen beigebracht hatte: »Wir lügen und betrügen nicht. Wir betteln und wir stehlen nicht. Wir tun die beste Arbeit, zu der wir in der Lage sind.« Als ich noch der Dorflehrer war, gehörten diese Sätze zu den ersten, die die Kinder lernten. Sie waren sehr stolz auf ihr Motto und achteten darauf, daß sich jeder danach richtete.

Als später Touristen in unser Dorf kamen, staunten sie über die Ehrlichkeit der Dorfbewohner. Von einem Schweizer Paar, das in unserem Hotel zu Gast war, erhielt ich einen riesigen Beutel voller Schokolade, Taschenmesser, Bleistifte und T-Shirts. Sie sagten mir, sie hätten damit gerechnet, auf ihrer Reise von bettelnden Kindern belagert zu werden, und hätten die Schätze mitgebracht, um sie nach und nach zu verteilen. Doch während ihres gesamten Aufenthaltes im Dorf hätte niemand auch nur den geringsten Versuch unternommen, sie anzubetteln, und so wollten sie den Kindern nun den ganzen Segen auf einmal zuteil werden lassen.

Die meisten Touristen, die in unser Dorf kamen, waren in anderen Ansiedlungen schon so vielen Dieben begegnet, daß sie jedem Dorfbewohner zutiefst mißtrauisch gegenübertraten. Die Kinder klärten sie entrüstet darüber auf, es sei nicht nötig, Auto- oder Hotelzimmertüren zu verschließen, ja, sie könnten sogar ihre Brieftaschen mitten im Dorf liegenlassen und würden sie am nächsten Tag unangetastet wiederfinden.

»Das ist Araouane«, verkündeten die Kinder voller Stolz.

Kapitel 6

Wüstenpolitik

Ich hatte weder vorgehabt, Araouanes Wirtschaftsweise zu verändern, noch war es meine Absicht gewesen, sein politisches und soziales Gefüge umzumodeln. Ich wollte den Einwohnern nur zeigen, wie man Bäume pflanzt und Gemüsebeete anlegt. Die Gesetze von Araouanes Kommunalpolitik verstand ich eine Zeitlang nur ansatzweise. Es schien eine recht starke soziale Hierarchie zu geben, doch obwohl mir das Wer und Was klar war, verschloß sich mir das Wie und Warum vollkommen. Aufschlußreich für mich war der unterschiedliche Lebensstandard. Ein paar Leute wohnten in großen, relativ soliden, von hohen Mauern umgebenen Gebäuden, während andere in ungeschützten Erdhütten hausten. Auch die Kleidung der Dorfbewohner sprach eine deutliche Sprache. Einige Mauren trugen gut gearbeitete, wenn auch stark strapazierte Dschellabas, doch ein großer Teil der Einwohner war nur in Lumpen gehüllt. Viele Frauen trugen Gewänder aus billigen chinesischen Stoffen, die in anderen Teilen Afrikas als Tischdecken verwendet werden. Die kleineren schwarzen Kinder hatten überhaupt nichts an.
Obgleich ich versuchte, mich nicht um diese Stammesunterschiede zu kümmern, wurde mir bald klar, daß zwischen Garten- und Dorfverwaltung kein sauberer Trennstrich zu ziehen war. Da durch die Gartenarbeit jede andere Aktivität in Araouane in den Hintergrund gerückt wurde, konnte ich nicht so tun, als beaufsichtigte ich »nur« mein eigenes kleines Projekt. Jede Entscheidung, die ich traf, übte einen direkten Einfluß auf alle Dorfbewohner aus. Ich wußte, daß ich sie irgendwie in den Verwaltungsprozeß einbeziehen mußte. Gleichgültig, welches System ich auch einführte – es mußte für die Einwohner nicht nur kulturell akzeptabel sein, sondern sie letzten Endes auch befähigen, sich ohne externe Führung selbständig zu verwalten. Wahrscheinlich würde mir mein

Hochschulabschluß in Politikwissenschaft an der Universität Zürich nicht sehr von Nutzen sein, aber ich wollte es versuchen.

Von alters her hatten die Araouaner eine unabhängige kleine Gemeinschaft mit eigenen gesellschaftlichen Regeln und einer eigenen Sprache gebildet. Sie unterhielten keine Beziehungen zu den nächstgelegenen Städten, und inzwischen wurde Araouane von der malischen Landesregierung auch völlig ignoriert. Kurzum, Araouane war das ideale Versuchsobjekt für ein politisches Experiment. Meine Pläne waren vielleicht ein wenig zu ehrgeizig, aber ich sah mich bereits den uralten Menschheitstraum von der Erschaffung eines Utopia verwirklichen.

In Araouane gab es keine tiefverwurzelten Traditionen in bezug auf individuelle Rechte und Pflichten, und die Bewohner Araouanes waren daran gewöhnt, sich in erster Linie als Mitglieder einer Gemeinschaft zu betrachten. So versuchte ich, dem Dorf die Struktur einer selbstverwalteten Gemeinde zu geben, in der alle auf das gemeinschaftliche Ziel einer reichen Ernte hinarbeiteten. Allerdings paßte keine der Gartenarbeiten problemlos in das den Dorfbewohnern vertraute Muster gemeinsamer Aktivitäten. Die ganze Projektarbeit war so neu für sie, daß sie die Sache nicht ernst zu nehmen schienen. Verteilte ich beispielsweise Eimer zum Gießen, so behielten die Leute sie für sich selbst. Es mangelte ihnen nicht an Gemeinschaftssinn – sie sahen nur einfach nicht ein, warum sie Eimer dazu benutzen sollten, wertvolles Wasser auf den nackten Boden zu kippen. Noch idiotischer erschien ihnen mein hartnäckiges Bestreben, Pflanzenbeete aus Kameldung anzulegen. Dieses wertvolle Gut war das einzige Brennmaterial der Dorfbewohner, und so war meine Anordnung, den Mist in den Boden zu streuen, zu wässern und dem Verfall preiszugeben, für sie ein sicheres Zeichen dafür, daß ich geistig umnachtet sein mußte. Mithin war es nicht weiter überraschend, daß meine Bitten um freiwillige Mithilfe im allgemeinen auf taube Ohren stießen.

Einmal fuhr ich mit einer Schar Frauen und Kinder im Lastwagen zu einem Ort in der Wüste, wo kurze Zeit zuvor eine sehr große Karawane gelagert hatte. Hier ließ sich an einem Tag mehr Dung sammeln als in der Umgebung von Araouane während einer wochenlangen Suche. Wir häuften den Mist auf die Ladefläche und fuhren im Triumphzug zum Dorf zurück. Die Frauen und Kinder thronten stolz auf dem Mistberg. Als ich dann anordnete, alles auf die Saatbeete zu kippen, schwiegen sie eisig. Umsonst versicherte ich, dies alles geschehe nur zum Besten des Dorfes. Erst als ich allen Sammlern und Sammlerinnen erlaubte, sich einen Hirsesack mit Mist für den Hausgebrauch zu füllen, erklärten sie sich bereit, mir beim Düngen des Gartens zu helfen. Worum sich an diesem Abend ihre Tischgespräche drehten, konnte ich nur ahnen. Allmählich zeigte sich, daß die Bezeichnung selbstverwaltete Gemeinde auf Araouane noch nicht zutraf. Die Menschen bestimmten nicht wirklich über ihr Leben, sondern überließen es mir, darüber zu bestimmen. Von einer wahren Demokratie waren wir weit entfernt – statt dessen herrschte ich als hoffentlich wohlwollender Diktator über sie.

Da ich von meiner Uneigennützigkeit überzeugt war, hatte ich keine Skrupel, für eine gewisse Zeit der Autokrat von Araouane zu sein. Mein Ziel freilich war es, Araouane von jeder äußeren Hilfe unabhängig zu machen. Die Dorfbewohner mußten lernen, sich selbst zu versorgen und ihre Gemeinde selbst zu verwalten. Die meisten von ihnen hatten nie zuvor Entscheidungen über ihr Leben treffen müssen. Die Arbeiter waren den Anordnungen der Patrone gefolgt, und die Patrone lebten im allgemeinen in Timbuktu. Von daher waren die Araouaner daran gewöhnt zu gehorchen. So versuchte ich, den Dorfbewohnern soviel Verantwortung wie möglich zu übertragen, um sie an ein selbstbestimmtes Leben zu gewöhnen.

Um ihr Bewußtsein dafür zu wecken, teilte ich den Gemeinschaftsgarten unter denjenigen auf, die sich aktiv am Projekt beteiligten. Ich hielt ihnen vor Augen, daß mit dem Privileg, ein Stück des Gartens zu besitzen, eine gewisse Verantwortung für die Gemeinschaft einherginge. Die Pflichten der Gartenbesitzer waren klar definiert: erbrachte das Land nach einem Jahr keinen Ertrag, so wurde es dem Besitzer weggenommen und unter den verantwortungsbewußteren Gärtnern aufgeteilt. Diejenigen, die ihre Gärten zum Grünen und Blühen brachten, waren nach Ablauf eines Jahres schuldenfreie Landbesitzer. Dann durften sie ihr Land sogar verkaufen. Natürlich hoffte ich aber, daß die meisten ihren Acker weiterhin bestellen würden. Jede Familie mit wenigstens einem am Projekt beteiligten Mitglied sowie jede alleinstehende Frau erhielt ein Gartenstück. Auch nach der Aufteilung des Gemeinschaftsgartens gab ich weiterhin Werkzeuge, Saatgut und Rationen aus. Schon bald gaben sich alle Gärtner die größte Mühe, aus ihrem Stück Land das schönste zu machen. Sie errichteten nicht nur Schutzwände, um Sandstürme von den jungen Schößlingen abzuhalten, sondern bauten auf eigene Initiative auch hübsche Mauern. Häufig sah man nun ganze Familien, die noch nach Feierabend eifrig mit der Pflege ihrer Beete beschäftigt waren.

Die abendliche Unterhaltung drehte sich nun nicht mehr nur um Klatsch und Tratsch, sondern zunehmend um die Landwirtschaft. Die Dorfbewohner erörterten, ob sie zusätzliche Bataten, Tomaten oder Möhren anbauen sollten, und tauschten Ratschläge über neuentdeckte Bewässerungs- und Saattechniken aus. Araouane wurde zu einem Musterbeispiel für die Theorien von Adam Smith: Ganz von selbst entwickelte sich eine kapitalistische Arbeitsteilung, wobei sich jedes Mitglied der Gemeinschaft auf die Aufgaben konzentrierte, die ihm besonders lagen, und seine Arbeitskraft oder Kenntnisse mit den Mitgliedern austauschte, die andere Talente besaßen. So errichtete eines der größeren Kinder eine Bancomauer um den Garten eines anderen Kindes, das für das Tragen der Ziegel noch zu klein war und im Gegenzug eine Woche lang die Pflanzen seines Freundes begoß. Männer übernahmen Arbeiten, die für Frauen körperlich zu anstrengend waren, und die Frauen holten dafür Wasser oder jäteten Unkraut.

Eines Tages überraschte ich Boudj beim Zeichnen irgendwelcher Pläne auf meinem Küchentisch.

»Was ist das?« fragte ich neugierig.

»Ein Teehaus für die Nomaden.«

»Und wo willst du das bauen?«

»Im alten Hühnerstall.«

»Hast du vor, die Nomaden für den Tee zahlen zu lassen?« fragte ich. Nach den in der Wüste gültigen Gesetzen der Gastfreundschaft darf jeder Gast soviel Tee trinken, wie er mag.

»Nein, aber ich bekomme Geld von meinen Nachbarn, wenn ich

die Nomaden dazu bringe, sich möglichst lange hier aufzuhalten. Während sie Tee trinken, können wir ihre Kamele ausleihen, um *halfa* zu holen. Und vielleicht darf ich dann auch die Kamele melken.«

Wir führten viele Diskussionen darüber, welche Möglichkeiten es für einzelne Dorfbewohner gab, unternehmerisch aktiv zu werden, und wie das Dorf zur Selbständigkeit fände. Am häufigsten unterhielt ich mich mit den Kindern darüber, weil sie sich an den meisten Abenden in meinem Haus aufhielten. Da ich an diesen Gesprächen gern alle Araouaner teilhaben lassen wollte, faßte ich den Entschluß, einen öffentlichen Platz zu bauen, wo regelmäßige Versammlungen abgehalten werden konnten.

Mohammed Ali hatte die hilfreiche Idee, die Dorfbewohner in Rollenspielen verschiedene Handlungsmöglichkeiten ausprobieren zu lassen. Fritz entwarf ein Bauwerk, das seiner Vorstellung von einem maurischen Amphitheater – falls je eins existiert hat – am nächsten kam. Es wurde am Rande des Gartens errichtet und erhielt den klangvollen Namen Le Théâtre. Von nun an hielten wir in der letzten Stunde der offiziellen Arbeitswoche, am Donnerstagabend, eine Dorfversammlung ab. Im Unterschied zum islamischen Brauch ruhte bei uns freitags *und* samstags die Arbeit. An diesen Abenden sprachen Mohammed Ali und ich darüber, was im Verlauf der Woche gut gelaufen und was noch verbesserungsfähig war. Jeder konnte sich zu jedem Thema äußern. Zuerst war es schwierig, die Dorfbewohner zum Reden zu ermuntern, aber mit der Zeit entwickelten sich hitzige Diskussionen mit Baba Cambouse als Vorreiter, dicht gefolgt von Babaya Ould Sultan, dem Bruder und Stellvertreter des amtierenden Dorfoberhaupts, dem ein Verlassen Timbuktus nicht zuzumuten war. Baba Cambouse, der wegen seines Alters ein hohes Ansehen genoß, half uns sehr, die Dringlichkeit unserer Pläne deutlich zu machen. Ohne seine beredte Unterstützung wäre es mir möglicherweise nie gelungen, die Dorfbewohner von ihrer Verantwortung für ein eigenes Stück Land zu überzeugen. Und es schadete nichts, wenn Babaya diese Argumente noch bekräftigte. Natürlich waren wir damit noch weit entfernt von der freien Marktwirtschaft. Wir mußten immer noch für alle planen und Kommunalhilfe in großem Umfang leisten, doch nur wenige Monate später waren die meisten Dorfbewohner in diese Planungsarbeit einbezogen. Zu Beginn hatte ich befürchtet, die bestehende soziale Hierarchie mache die Gleichstellung aller unmöglich. Würden sich adlige Mauren den Anordnungen schwarzer Arbeiter fügen? Wären sie überhaupt bereit, mit ihnen Seite an Seite zu arbeiten? Glücklicherweise erwiesen sich meine Befürchtungen als unbegründet. Die Arbeit unterschied sich so grundlegend von allen bisherigen Tätigkeiten der Dorfbewohner, daß Mohammed Ali und ich eine Aufgabenverteilung nach den Verdiensten des einzelnen und nicht nach sozialem Status vornehmen konnten. Ein Araber hätte es möglicherweise unwürdig empfunden, neben seinen ehemaligen Knechten Salz zu hauen, aber gegen das Anpflanzen von Gemüse gab es keine entsprechenden uralten Vorbehalte. Die bunte Fülle neuer Tätigkeiten erlaubte es den Schwarzen darüber hinaus, zum ersten Mal seit vielen Jahren Führungsrollen zu übernehmen.

Normalerweise hätte Babaya das Kommando über jede bedeutende neue Dorfunternehmung übernommen. Er war ein großer, bärtiger Bursche, der ein bißchen aussah wie Sean Connery. In Araouane hatte er eine Frau, zwei Konkubinen und fünf Kinder, die alle unter einem Dach lebten, und in Timbuktu hatte er, wie ich erfuhr, zwei weitere Familien, die er von Zeit zu Zeit besuchte. Er war äußerst gerissen, aber so sympathisch, daß ich ihn einfach gernhaben mußte, obwohl ich jedes Mal, wenn wir uns die Hände geschüttelt hatten, in Versuchung war, meine Finger nachzuzählen.

Babaya aber hatte nicht die geringste Ahnung davon, wie man Häuser baute, wohingegen sich Zain, einer der von Fritz und mir freigekauften Sklaven, zu einem tüchtigen Maurer entwickelt hatte. Babaya beugte sich großzügig Zains Autorität, weil er wußte, daß er nicht das erforderliche Fachwissen besaß, und Zains angeborene Würde ließ mögliche Spannungen gar nicht erst aufkommen. Zain stellte seine neuentdeckte Autorität nie zur Schau und beschränkte sie auf die Arbeit.

Allerdings vollzogen sich nicht alle sozialen Umwälzungen in Araouane schmerzlos. Einige Araber hatten noch nie schwere Arbeit verrichten müssen und waren für die körperlich anstrengenden Aufgaben zu schwach. Sie zeigten ihren guten Willen, indem sie die volle Arbeitszeit einhielten, waren aber häufig nur für traditionelle Frauenaufgaben zu gebrauchen. Dazu gehörte der Wassertransport von den Brunnen zum Garten oder zu den Baustellen. Schon als kleine Mädchen lernen die Frauen von Araouane, riesige Wassereimer auf dem Kopf zu balancieren. Das entlastet zwar die Arme, ist aber alles andere als einfach. Oft standen die Araber zur großen Gaudi der Frauen und der Schwarzen wie begossene Pudel da.

Als die Araber begannen, Seite an Seite mit ihren früheren Sklaven im Garten und an den Dorfprojekten zu arbeiten, wurde es für sie immer schwieriger, die Schwarzen zu ihren traditionellen Diensten anzuhalten. Lange Zeit war stillschweigend vorausgesetzt worden, daß Schwarze ohne jede Bezahlung jegliche Hausarbeit verrichteten, die ihnen von irgendwelchen engen oder entfernten Familienmitgliedern ihrer Patrone aufgetragen wurden. Die Patrone meinten, es reiche völlig, wenn sie für den Lebensunterhalt der Schwarzen sorgten. Als diese dann für ihre Arbeit reichlich bemessene Lebensmittelrationen erhielten, waren sie nicht mehr auf die Araber angewiesen.

Im Frühling meines dritten Jahres in Araouane kamen der britische Fotograf John Evans und die Autorin Fleur Levene auf ihrem Weg zu den Salzminen durchs Dorf. Sie brauchten eine Kamelkarawane, und wir beschlossen, dafür keine Nomaden anzuheuern, sondern die Karawanenreise vom Dorf aus zu organisieren. Drei der arabischen Aristokraten besaßen genügend Kamele, doch nur Babayas Herde befand sich in erreichbarer Entfernung. Er handelte den Preis für sechs Kamele und einen Führer nach Taoudeni und zurück aus, was die fürstliche Summe von etwa 2000 Dollar ergab. Er hatte nichts weiter zu tun, als seine Kamele von ihren zwei Tage entfernten Weidegründen zu holen.

Er befahl Habba, einem weiteren von Fritz und mir freigekauften Sklaven, die Tiere zu holen, was dieser ein oder zwei Jahre zuvor auch eiligst getan hätte. Doch nun sagte er:»Es tut mir leid, Babaya, aber ich kann nicht gehen. Ich bin gerade dabei, Ziegel herzustellen, und wenn ich deine Kamele hole, verliere ich den Lohn von mehreren Tagen.«

Babaya glaubte nicht recht zu hören, aber er war so aufgeregt wegen des bevorstehenden Geschäfts, daß er nicht wütend wurde. Er ging zu Habbabu, einem Schwarzen, dem Hauptversorger der nomadischen Kameltreiber. Auch Habbabu wies Babaya ab. Einige Nomaden hätten ihn gebeten, eine Menge Seile für sie herzustellen, und ihm bereits Salz dafür gezahlt.

Da es Babaya gar nicht in den Sinn kam, seine früheren Leibeigenen für vormals kostenlose Dienste zu entlohnen, blieb ihm nichts anderes übrig, als selbst in die Wüste zu gehen. Als er mit seinen Kamelen zurückkehrte, brauchte er eine Menge Unterstützung beim Satteln der Tiere und bei den Reisevorbereitungen. Mehrfach unterbrach Habbabu seine Seilproduktion, um ihm dabei zur Hand zu gehen. Als die Fremden Babaya bezahlten, war Habbabu hoffnungsfroh zur Stelle, um seinen Anteil in Empfang zu nehmen. Aber Babaya hielt seinen Packen Geldscheine fest umklammert. Ich redete ihm zu, die Dorfbewohner einschließlich seiner früheren Sklaven zu entlohnen. Sollte er ihnen gegenüber zu knauserig sein, so argumentierte ich, würden sie dafür sorgen, daß das nächste Geschäft an einen großzügigeren Patron ging. Araouata stimmte mir zu und versprach, wenn wieder einmal Kamele gebraucht würden, jeden zu bezahlen, der ihm bei der Vorbereitung half. Babaya begriff. Er zählte einige blaue Banknoten ab und reichte sie Habbabu, der das Geld mit einem Grinsen in Empfang nahm.

Die früheren Herren von Araouane waren sich der gesellschaftlichen und sozialen Umwälzungen in ihrem Dorf sehr wohl bewußt, und viele von ihnen bedauerten sie zutiefst. Araouata, der weiterhin von seinem Onkel Salah Baba zur Mitarbeit angehalten wurde, fügte sich widerstrebend allen Reformen. Andere Sprößlinge der Kaufmannsfamilien wie insbesondere Babaya und Hanta versuchten dagegen, die Veränderungen mit allen erdenklichen Waffen zu bekämpfen. Freilich wagten sie keinen Frontalangriff, da ich nicht nur die Dorfbewohner und Salah Baba, sondern auch den Bezirksgouverneur, Lamine Diabira, auf meiner Seite wußte. Er war ein Bambara aus dem Süden, mit dem ich mich in Timbuktu angefreundet hatte. Er war an einer Militärakademie in den Vereinigten Staaten ausgebildet worden und seither glühender Verehrer alles Amerikanischen. In den ewigen Annalen des Ruhms kam John F. Kennedy für ihn gleich hinter Gott. Immer, wenn ich nach Timbuktu kam, stand mir sein Haus offen, und oft war er verärgert, wenn ich statt dessen bei anderen Herrschaften speiste.

Diabira teilte meine tiefe Abneigung gegen den Bürokratismus und gab ganz offen zu, die Regierungsgehälter seien so niedrig, daß die Beamten zu Bestechung, Wucher und Unterschlagung geradezu gezwungen seien. Dies traf wohl auch auf ihn selbst zu, denn während meines vierten Jahres in Araouane wurde er für einen Umsturzversuch und zügellose Korruption ins Gefängnis geworfen. Doch bei der Entwicklung des Gartenprojekts war mir Lamine Diabira stets ein einflußreicher Freund.

Die in Araouane ansässigen Araber steckten mit jener Bande von maurischen Kaufleuten unter einer Decke, die aus Araouane stammten, jetzt in Timbuktu lebten, und sich schon seit Jahren am Elend des Dorfs bereicherten. Das Dorfoberhaupt und andere Adlige ärgerten sich über den Verlust des Einkommens, das ihnen das Abschöpfen der für die Stadt bestimmten Hilfsgüter beschert hatte. Unablässig schmiedeten sie Pläne, um das Projekt zu sabotieren.

Nach und nach kam ich dahinter, wie diese Bande das Dorf ihrer Vorväter hatte ausbluten lassen. Jahrelang hatten sie an alle möglichen internationalen Hilfsorganisationen appelliert, das traurige Schicksal ihres Dorfes durch Spenden abzuwenden; dabei hatten sie die Zahl der hungernden Bewohner mit 3500 angegeben, was nahezu dem Zwanzigfachen der tatsächlichen Zahl entsprach. Häufig erhielten sie dann Nahrungsmittel, Kleidung und sogar Bargeld, wovon die Dorfbewohner niemals etwas sahen. Gegen Ende meines zweiten Jahres in Araouane stieß ich zufällig auf ein Bittschreiben, das diese Kaufleute an den United Islamic Fund gerichtet hatten. Darin erbaten sie umgerechnet 150 000 Dollar zur Vergütung persönlicher Anstrengungen, die sie angeblich zugunsten des Dorfes unternommen hatten. Und dann folgte eine bis ins Detail gehende Beschreibung des Projekts, das *ich* ins Leben gerufen *und* finanziert hatte.

Mit dem wachsenden Bekanntheitsgrad des Projekts in weitem Umkreis wurde ihr Spielchen immer schwerer. Viele dieser Betrüger hatten ganz und gar von den Einkünften aus solchen Machenschaften gelebt. Ich verpfiff sie, wann und wo immer ich konnte.

Babaya und seine Gefolgsleute hatten keine offiziellen Positionen inne, aber da sie seit Generationen die traditionellen Anführer des Dorfes gewesen waren, wurden sie von den malischen Beamten gewissermaßen als offizielle Obrigkeit respektiert. Dies wußten sie sehr gut für sich auszunutzen, und demzufolge kam ich trotz meiner Freundschaft mit dem Gouverneur zuweilen mit der Landesregierung in Konflikt.

Im Februar 1990 erschien in Araouane ein alter Landrover mit sechs schwerbewaffneten Gendarmen – Mitglieder der nationalen Polizeitruppe von Mali, nicht der regionalen Einsatzkommandos. Die Kinder stürmten zu mir, um mich zu holen, und gemeinsam mit ihnen trat ich den Besuchern entgegen. Einer der Offiziere, ein schwarzer Gendarmeriechef, war für ganz Nordmali verantwortlich. Der andere war Tuareg und gehörte der Garnison von Timbuktu an. Sie erwiderten kaum meinen Gruß und teilten mir mit, sie wollten mit mir erst reden, nachdem sie mit den Dorfbewohnern gesprochen hätten. Zwei Wachtposten blieben beim Fahrzeug, während die beiden anderen Gendarmen die Offiziere durch den Ort begleiteten.

Den ganzen Abend hindurch hielten mich die Kinder über das Treiben der Offiziere auf dem laufenden. Diese befragten alle älteren Dorfbewohner, und glücklicherweise beschränkte sich der schwarze Gendarm dabei nicht auf die maurischen Aristokraten, was jeder Araber wohl getan hätte. Ein Araouaner nach dem anderen wurde von den Polizisten in Babayas Haus zitiert, das als Vernehmungsort diente. Die Kinder berichteten, Baba Cambouse sei dort mehr als zwei Stunden festgehalten worden. Einige Dorfälteste kamen nach ihrem Verhör zu mir und erzählten, man habe sie über jedes Detail des Projektes ausgefragt – wer welche Arbeiten tat, wieviel ihnen gezahlt wurde, wer die Verantwortung habe, was sie von Aebi hielten, und so weiter und so weiter. Die alten Männer waren zutiefst besorgt. Überdies war der Übersetzer ein Fremder aus Timbuktu, dem die Dorfbewohner mißtrauten. Ich erklärte ihnen, solange sie die Wahrheit sagten, bräuchten sie sich keine Sorgen zu machen. Wir täten nichts Böses, und deshalb würde uns nichts geschehen. Ich versuchte, sie zu beruhigen, war aber in Wirklichkeit selbst mißtrauisch.

Am Morgen riefen die Gendarmen einige Männer, mit denen sie bereits gesprochen hatten, zu weiteren Verhören zu sich. Ich war froh, daß ich jeden zur reinen Wahrheit angehalten hatte. Versuchte irgend jemand, bestimmte Informationen zurückzuhalten, um mich oder das Projekt zu schützen, so würde die Polizei dies sicher bemerken und daraus schließen, wir hätten etwas zu verbergen.

Am Nachmittag lud ich die Gendarmen zu einem Tee ein. Sie wiesen die Einladung zurück und verlangten statt dessen, den Garten sehen zu dürfen.

Ich wollte meine Verärgerung nicht verbergen.

»Hier bei uns«, sagte ich, »behandeln wir einander mit Respekt und Höflichkeit. Ich würde es begrüßen, wenn Sie ebenso handelten. Um gleich damit anzufangen, möchte ich Sie bitten, mir Ihre Namen zu nennen.«

Das lockerte die Atmosphäre ein wenig auf. Sie stellten sich vor, und ich zeigte ihnen das gesamte Projektgelände. War irgendwo eine Tür verschlossen, wie die zum Lagerraum für die Schulvorräte oder die zu Mohammed Alis kleinem Laden, so verlangte der Offizier, sie umgehend zu öffnen. Mohammed Ali befand sich gerade in Timbuktu, wo er an einem Krankenhaus einen Erste-Hilfe-Kurs belegte, und so waren die Schlüssel dem kleinen Boudj anvertraut worden. Seine Hände zitterten so schrecklich, daß ich jedesmal für ihn aufschließen mußte. Wahrscheinlich machten wir einen verteufelt schuldbewußten Eindruck auf die Gendarmen, aber sie durchkämmten jeden Schrank und jeden Schuppen, ohne etwas Verdächtiges zu finden.

Nach Inspizierung des ganzen Projekts fragten sie mich, wo wir uns unterhalten könnten. Inzwischen hatte ich keine Lust mehr, sie in mein Haus einzuladen, und so führte ich sie in den Speisesaal des Hotels. Die vier Polizisten setzten sich – die beiden anderen bewachten noch immer den Landrover – und breiteten einen Haufen Papier auf dem Tisch aus.

»Herr Aebi«, sagte der Kommandant, »aus der Hauptstadt liegen uns zahlreiche Berichte über Sie vor. Es hat den Anschein, als mißachteten Sie sämtliche Gesetze der Republik Mali. So besagt dieser Bericht vom Verkehrsministerium, daß Sie ein Taxiunternehmen betreiben, ohne irgendeine Lizenz zu besitzen. Er besagt ferner, Sie besäßen einen Lastwagen und transportierten Güter und Personen gegen Bezahlung von Timbuktu nach Araouane oder zurück.«

»In diesem Brief vom Fremdenverkehrsministerium«, fügte sein Assistent hinzu, »steht, daß Sie in Araouane ohne Erlaubnis ein Hotel eröffnet haben. Hier ist ein Bericht vom Ministerium für Nachrichtenwesen, nach dem Sie ein nicht zugelassenes Funkgerät betreiben. Vom Innenministerium hören wir, daß Sie ohne Arbeitsvisum in Mali arbeiten und die Richtlinien der zuständigen örtlichen Behörden völlig mißachten. Von der Zollbehörde wurde uns berichtet, daß Sie alle möglichen landwirtschaftlichen Artikel und Geräte eingeführt haben, ohne die erforderlichen Zollgebühren zu entrichten.«

Sie schoben den Papierstapel zu mir herüber. »Was sagen Sie zu all diesen Anschuldigungen?« fragte der Kommandant. »Entsprechen sie der Wahrheit?«

Ich warf einen Blick auf die Papiere. Sie schienen echt zu sein, waren alle auf amtlichem Briefpapier gedruckt und trugen eine Menge Stempel dieser oder jener Ministerien und überdies Vermerke, daß Duplikate an das eine oder andere Amt gegangen seien, von den typisch schnörkelreichen Unterschriften der malischen Beamten ganz zu schweigen.

Ich schob die Papiere wieder zurück.

»Ich denke, daß das meiste davon durchaus der Wahrheit entspricht.«

»Und was gedenken Sie diesbezüglich nun zu tun?«

»Ich gedenke, diesbezüglich überhaupt nichts zu tun«, erwiderte ich. »Würde ich mich um all das Zeug kümmern, so könnte ich das Projekt sofort vergessen. Auf eine Auseinandersetzung mit der Bürokratie bin ich einfach nicht eingerichtet. Ich besitze weder Büro noch Sekretärin, und mit der Außenwelt kann man sich von Araouane aus nur über ein privates Funkgerät in Verbindung setzen. Ich habe weder Zeit noch Lust, mich durch diesen Papierwust zu graben, und die Dorfbewohner sind ebensowenig dazu in der Lage. Zumindest so lange nicht, bis wir ihnen Lesen und Schreiben beigebracht haben – wozu *Ihre* Regierung sich bisher ja nie aufraffen konnte.«

Meine Unverfrorenheit machte sie sprachlos, aber ich fuhr fort: »Ich erkenne durchaus an, daß Mali ein unabhängiger Staat ist, und ich respektiere Ihre Gesetze und Richtlinien vollkommen, doch ich sehe mich unter den gegenwärtigen Umständen außerstande, mich ihnen zu fügen. Sie haben das Projektgelände besichtigt, Sie haben gesehen, was wir tun, Sie haben alle Dorfbewohner verhört und gesehen, daß sie den Plan unterstützen. Ohne meine Bemühungen würde diese Stadt wahrscheinlich nicht mehr existieren, und ihre Bewohner würden nur die Flüchtlingshorden in Timbuktu vergrößern. Sie fragen mich, wie ich auf die Anschuldigungen reagieren werde? Nun, ich beabsichtige, weiterhin genau das zu tun, was ich bisher getan habe, und wenn Ihnen das nicht gefällt, so sagen Sie es nur, denn dann werde ich meine Sachen packen und sofort verschwinden.«

Auf meine Worte folgte ein verblüfftes Schweigen. Die Offiziere hatten offensichtlich mit irgendwelchen überstürzten Entschuldigungen oder der Bitte um einen Kompromiß gerechnet, nicht aber mit einem Ultimatum. Schließlich waren sie großmächtige Gendarmen, Angehörige einer Truppe, die nur dem Präsidenten unterstanden.

»Und darüber hinaus«, fügte ich hinzu, »sollten Sie besser bei genau *denjenigen* Personen Nachforschungen anstellen, die mich an Sie verpfiffen haben. Mir ist klar, daß die Regierung all dies nicht von sich aus hätte herausfinden können – hier ist seit Jahren kein Abgeordneter der Regierung mehr gewesen, und für die zentralen Behörden existiert dieser Ort überhaupt nicht mehr. Das kürzlich verstorbene Dorfoberhaupt Mohammed Sultan pflegte von den halbverhungerten Leuten hier Salzsteuern einzutreiben, obwohl ich bezweifle, daß nur ein Bruchteil dieser Steuereinnahmen jemals in Bamako gelandet ist. Dieses Diebespack aus Timbuktu hat Sie auf mich angesetzt, und genau dieselbe Räuberbande hat Araouane benutzt, um sowohl die Regierung als auch internationale Spendeneinrichtungen jahrzehntelang zu betrügen. Damit aber diese Kreaturen in Zukunft nicht mehr für Sie herum-

161

spionieren müssen, will ich Ihnen gleich erzählen, welcher Gesetzesüberschreitungen ich mich noch schuldig gemacht habe: Mein Auto wie auch der Lastwagen sind nicht zugelassen. Ich leite eine Schule ohne erforderliche Zulassung oder Genehmigung. Ich habe Häuser gebaut und Brunnen angelegt, ohne auch nur um Erlaubnis zu fragen. Die Liste ließe sich endlos fortsetzen. Ich habe nichts zu verbergen und halte den Bezirksgouverneur über alle meine Aktivitäten auf dem laufenden, aber ich kann einfach nicht zulassen, daß meine Vorhaben durch die Fußangeln der Bürokratie zu Fall gebracht werden.«

»Was sollen wir mit unserem Bericht machen?« fragte der Kommandant.

»Ich habe keine Ahnung«, sagte ich. »Aber ich schlage vor, daß Sie ganz einfach beschreiben, was Sie hier gesehen haben, den Ministerien meine Position darlegen und mir dann mitteilen, zu welchem Entschluß die Ministerien gekommen sind. Ich werde entweder bleiben oder gehen, aber ich werde nicht mein Verhalten ändern.«

Während ich sprach, entspannte sich die Atmosphäre sichtlich, und kurze Zeit später schlürften wir bereits Tee zusammen, schwatzten über meine Pläne für das Dorf, über Kommunalpolitik und meinen andauernden Kampf mit den arabischen Kaufleuten in Timbuktu. Offenkundig bestand zwischen den Kaufleuten und den schwarzen Gendarmen auch keine tiefe Zuneigung mehr. Als die Offiziere aufbrachen, versicherte mir der Kommandant, sie würden alles in ihrer Macht stehende tun, um mich vor Übergriffen der Zentralregierung zu schützen.

»Wir möchten unter keinen Umständen, daß Sie gehen«, versicherte er mir ernsthaft.

Seine Leute wollten gerne einige der Postkarten von Araouane haben, die ich für Touristen hatte drucken lassen. Das ist wahrscheinlich auch illegal, sagte ich mir mit einem Lächeln. Ich ließ die Gendarmen den vollen Preis bezahlen.

Später fragten die Dorfbewohner Boudj, der der Unterredung beigewohnt hatte, was vorgefallen sei.

»Sie wollten Papiere von ihm haben«, sagte er, »und Aebi hat Ihnen gesagt, sie hätten schon genug.«

Danach wurde ich nur noch ein einziges Mal von Regierungsbeamten geärgert, als das Fremdenverkehrsministerium mich dazu zwingen wollte, das Hotel registrieren zu lassen. Vielleicht hatten sie die Postkarten gesehen und waren neidisch geworden. Ich gab die Anordnung mit der Bitte um Erledigung an den Gouverneur weiter und wurde nie mehr von irgendwelchen Bürokraten belästigt.

Daß sie mir nicht das Handwerk legen konnten, war den Mafiosi von Timbuktu ein Dorn im Auge, aber sie konnten nur wenig daran ändern. Die meisten schmollten in Timbuktu vor sich hin, aber Babaya mußte in Araouane bleiben und die Interessen seines Bruders, des Dorfoberhaupts, vertreten. Er gab vor, der glühendste Anhänger des Projekts zu sein, doch wann immer es Probleme mit auswärtigen Behörden gab oder sich unter den Arbeitern ein Streit zusammenbraute, stellte sich heraus, daß er dahintersteckte. Er versuchte, den Eindruck zu vermitteln, mein allerbester Freund zu sein, und lud mich ein, in seinem Haus zu speisen, sooft ich wolle. Doch Babaya hatte seine vormals uneingeschränkte Machtposition eingebüßt und wurde damit einfach nicht fertig. So konnte er es nicht lassen, das Projekt ständig mit kleinen Boshaftigkeiten zu stören.

Manchmal kam Babaya, um uns beim Wasserholen zu helfen. Obwohl er nicht wie die anderen den ganzen Tag über arbeitete, war ich froh, wenn er sich wenigstens für eine Stunde ins Zeug legte. Allerdings verbrachte er die meiste Zeit damit, sich mit den anderen Arbeitern zu unterhalten, und jedesmal, wenn Babaya zu seinen Frauen und seinem Tee heimkehrte, fragte ich mich, welches Problem sich nun wohl wieder auftun würde.

Als unsere solarbetriebene Wasserpumpe einmal nicht funktionierte, weil der Himmel bedeckt war, lieh uns Babaya ein Seil zum Wasserschöpfen. Am Ende des Tages war es verschwunden.

»Siehst du, sie stehlen«, meinte Babaya hämisch.

Einige Tage später berichtete mir ein Junge, er habe das Seil in Babayas eigenem Haus gesehen.

Einmal wollte er mir dreißig Kamele, angeblich seine gesamte Herde, für umgerechnet 14 000 Dollar verkaufen, aber ich ging ihm nicht auf den Leim. Ich wußte, daß er weitaus mehr als dreißig Tiere besaß und daß diejenigen, die er mir verkaufen wollte, wahrscheinlich vor Altersschwäche zusammenbrechen würden, sobald er das Geld eingesackt hatte. Ein anderes Mal hielt sich Babaya zufällig gleichzeitig mit mir in Timbuktu auf und bat mich, in meinem Lastwagen einige Vorräte für seine Familie in Araouane mitzunehmen.

»Klar, Babaya«, sagte ich, »kein Problem.«

Er kannte meine Gebühren – eine Ziege oder fünf Hühner pro Passagier oder zwei Zentner Gepäck – und hatte mir acht Säcke vor die Tür gestellt.

»Die sind jeweils ein Zentner schwer«, sagte er. »Nimm dir vier Ziegen aus meiner Herde in Araouane.«

»Babaya«, protestierte ich, »diese Säcke wiegen mit Sicherheit mehr als einen Zentner.«

»Nein, nein, ich habe sie selbst gewogen. Vertrau mir.«

In Araouane angekommen, wog ich die Ladung und stellte fest, daß er mir ein Drittel zuwenig bezahlt hatte. Ob er nun der Bruder des Dorfoberhaupts war oder nicht – Babaya sollte nicht ohne weiteres davonkommen. Als ich das nächste Mal nach Timbuktu fuhr, erzählte ich den Leuten, ich wolle mit Babaya nichts mehr zu tun haben. Ich würde seine Autorität in streng traditionellen Angelegenheiten natürlich nicht in Frage stellen, aber auf mein Projektgelände würde er keinen Fuß mehr setzen.

Das kam dem alten Halunken bald zu Ohren, und er erschien in meinem Hotel in Timbuktu, um die Sache zu bereinigen. Ich aber weigerte mich, ihn zu sehen. An den darauffolgenden Tagen folgte er mir auf Schritt und Tritt durch die Stadt, bis ich schließlich mitten auf dem großen Marktplatz eine Schimpfkanonade auf ihn niedergehen ließ.

»Lügner!« brüllte ich. »Betrüger! Dieb!«

Babaya bat mich wiederholt, ihm zu vergeben, aber ich blieb hart. Dann kam er eines Tages mit einem unbekannten Mann zu mir, als ich auf besagtem Marktplatz gerade dabei war, meinen Lastwagen zu beladen.

»Ich hoffe, du hörst mir zu«, sagte der Mann, »auch wenn ich für Babaya spreche.«

»Okay«, sagte ich. »Was hast du mir zu sagen?«

»Babaya möchte dir mitteilen, daß es ihm sehr leid tut. Er gibt zu, dich betrogen zu haben, und weiß nun, daß es unrecht war. Er

164

möchte mit dir in Frieden leben und akzeptiert jede Strafe, die du für angemessen hältst.«

Um uns herum hatte sich eine kleine Menschenmenge gebildet. Immer wenn ich nach Timbuktu kam, versammelten sich die Menschen und bestaunten den eigens für meine Zwecke hergerichteten Lastwagen.

»Ich nehme die Entschuldigung an«, sagte ich, »aber nicht um Babayas willen. Sein Verhalten macht es nahezu unmöglich, irgend etwas zu erreichen. Ich nehme die Entschuldigung wegen seines Sohnes Baba Boatna an.« Dieser Junge war einer der vielversprechendsten jungen Leute des Dorfes, und ich wollte nicht, daß er für die Tricks seines Vaters büßen mußte. »Babaya wird für die zu schwere Ladung den doppelten Betrag zahlen müssen.« Babaya erklärte sich einverstanden, wir gaben uns die Hände, und er kehrte mit mir nach Araouane zurück.

Ich traute Babaya nach wie vor kaum über den Weg – und unsere Wege kreuzten sich recht häufig –, aber von nun an arbeitete er täglich am Projekt mit, schöpfte Wasser aus dem Brunnen und schleppte Eimer, geradeso wie früher seine Sklaven. Baba Boatna machte sich ohnehin fröhlich an jede Aufgabe, die man ihm übertrug, obwohl einige Schwarze ihm bevorzugt die schwersten Arbeiten zuschusterten.

Hinzu kam, daß Bou-djema und Baba Boatna unzertrennliche Freunde wurden. Ich zeigte den beiden, wie man den Landrover fuhr und wie man die Fahrzeuge routinemäßig wartete. Schon bald fuhren sie fast täglich zu den Bancohalden und lieferten sich mit unseren zehn Eseln einen Wettstreit, wer mehr Lehm für die Bauvorhaben ins Dorf schaffen konnte.

Nach und nach gab Babaya seinen Widerstand auf. Trotz seiner nun schwächeren Position verbrachte er zunehmend mehr Zeit in Araouane als in Timbuktu. Freitags schickte er allerdings weiterhin einen Stellvertreter, der seine Rationen abholte. Schon der Gedanke, von Boudj, Zain oder einem anderen Schwarzen eine milde Gabe entgegenzunehmen, war zuviel für ihn. Aber allmählich keimte in ihm ein echtes Gemeinschaftsgefühl, und er versuchte, innerhalb des Gartenprojekts eine neue verantwortliche Position für sich zu finden. Als ich in Aussicht stellte, die Arbeit freitags und samstags ruhen zu lassen, aber darauf hinwies, für die Bäume dürfe es keinen freien Tag geben, organisierte er eine bunt gemischte Gruppe, die sich bereit erklärte, an den Wochenenden zusätzliche Arbeit zu verrichten.

Zu dem Trupp gehörten die Araber Araouata, Ouaice und Abidine sowie die Songhai Hammed Hella, Jambarka und der alte Baba Cambouse – wenn er nicht zu sehr damit beschäftigt war, den Kindern Koranunterricht zu erteilen.

Babaya ergriff auch die Initiative zur Lösung eines anderen Problems: Bei zu stark bewölktem Himmel setzte unsere Solarpumpe aus, und selbst an sonnigen Tagen wurden unsere Brunnen durch den ständig wachsenden Zustrom von Nomaden bis an die Grenzen ihrer Leistungsfähigkeit beansprucht. Wir konnten die Leute nicht abweisen, denn damit hätten wir nicht nur das ungeschriebene Gesetz der Wüste gebrochen –- wir waren auch auf den Kameldung als Brennstoff angewiesen.

Babaya schlug vor, in der Nähe des Gartens einen neuen Brunnen auszuheben. Ich freute mich über sein Angebot, fragte mich aber, was er damit bezweckte. Nichtsdestoweniger kaufte ich ein paar alte Kamele, die mit Hilfe eines simplen Flaschenzugsystems den Sand aus dem Loch befördern sollten. Kurz nach Beginn der Grabungsarbeiten stießen wir auf die Umfriedung eines alten Brunnens, der vor langer Zeit verschüttet worden war. Statt einen völlig neuen Brunnen auszuheben, beschlossen wir, diesen freizuschaufeln.

Solange das Loch noch recht flach war, waren die Leute leicht zur Mithilfe zu bewegen. Die Kinder stritten darum, wer mitmachen dürfe, und die Arbeit schien richtig Spaß zu machen. Tag für Tag beaufsichtigte Babaya das Werk und führte die Kamele, die mit unserem behelfsmäßigen Flaschenzug Eimer auf Eimer Sand an die Erdoberfläche beförderten, auf ihrer ständig größer werdenden Kreisbahn herum. Er erlaubte sogar seinem Sohn, in das Loch zu steigen, als es bereits ziemlich tief war. Als die Kamele von der unablässigen Sandschlepperei zu Tode erschöpft waren, schlachteten und verspeisten wir sie und nahmen die Arbeit mit einem neuen Paar wieder auf.

Als das Loch tiefer wurde, nahm die Zahl der Freiwilligen, die hinunterstiegen, merklich ab. Nach dreizehn Tagen wollte niemand mehr ins Brunnenloch. Babaya saß feixend auf dem Sandberg, den wir bereits produziert hatten.

»Keiner von ihnen will mehr arbeiten«, sagte er. »Sie haben allesamt Angst.« Er grinste mich selbstzufrieden an.

Ich rief alle Projektmitarbeiter zusammen. »Wer will hinuntersteigen?« fragte ich.

Keine Antwort.

»Wo liegt das Problem?« wollte ich wissen.

Boudjs großer Bruder Ahmed meldete sich zu Wort. »Ich war als letzter unten«, sagte er, »und jetzt fürchte ich mich zu sehr. Es ist völlig dunkel in dem Loch und sehr, sehr heiß. Der Sand fühlt sich bereits feucht an, aber ich konnte nicht das Geringste sehen.«

»Ich weiß, daß ihr an diese Arbeit nicht gewöhnt seid«, sagte ich, »aber eure Vorfahren waren es. Araouane existiert nur, weil eure Urahnen ihre ganze Zeit damit verbracht haben, Brunnen auszuheben und instandzuhalten. Ich schlage euch folgendes vor: Ahmed wird noch einmal für zwei Stunden hinuntersteigen, weil er bis jetzt der Mutigste war, und danach wechseln Girage und ich uns ab, bis wir auf Wasser stoßen.«

Ich hatte mich bewußt für Girage entschieden, weil dieser kräftige Junge bisher immer mit den bequemsten Projektaufgaben davongekommen war. Er hatte den Posten des Hotelmanagers übernommen, und wenn wir Gäste hatten, verdienten er und ein paar andere Kinder, die etwas Französisch sprachen, täglich 200 Francs pro Gast. Das entsprach zwar weniger als einem Dollar, war für Araouanes Verhältnisse aber ein nettes Sümmchen.

Girage weigerte sich. »Ich kann nicht hinunter«, sagte er, »mir wird schon schlecht, wenn ich nur daran denke.«

Er ließ sich nicht erweichen, nicht einmal, als ich drohte, ihm seinen Hoteljob wegzunehmen. Schließlich erklärte sich Ahmed bereit, als erster hinunterzugehen, und ich versprach, seine Arbeit zu beenden, sobald er zu seiner *crème*-Frühstückspause heraufkäme.

Ahmed arbeitete einige Stunden lang, und um halb elf war er immer noch unten. Wir begannen, uns Sorgen zu machen. Ich rief hinunter, um sicherzugehen, daß er sich nicht verletzt hatte, aber er wollte unten bleiben. Als er schließlich wieder auftauchte, grinste er breit – er hatte den Brunnen fertig ausgegraben.

Zum Mittagessen kochten wir einen großen Topf Reis mit Gemüse aus dem Garten und Wasser aus dem neuen Brunnen. Dazu schlachteten und brieten wir das zweite Paar Kamele. Wir hatten eine Menge zu feiern: Zum ersten Mal seit vielen, vielen Jahren besaß die Stadt wieder eine neue Wasserquelle. Und wir aßen Gemüse, das wir selbst angebaut hatten – hier in Araouane.

In meinem dritten Jahr besuchte uns noch einmal Jean-Yves Pajot, der Vertreter des französischen Industriellen, der dem Dorf die solarbetriebene Wasserpumpe gespendet hatte. Jean-Yves Pajot war ein begeisterter Jogger, und obwohl er schon über sechzig war, lief er mindestens dreimal in der Woche zehn Kilometer. Bei seinem ersten Besuch hatte er Mohammed Ali zu einem Wettrennen herausgefordert und war tief beeindruckt gewesen, als der Schullehrer ihn nur seine Fersen hatte sehen lassen. Mohammed Ali war zwar Malis ehemaliger Meister im 800-m-Lauf, hatte aber schon eine ganze Weile nicht mehr trainiert und trug keine Schuhe.
Nun wollte Jean-Yves eine Revanche. Er hatte modische Rennschuhe aus Frankreich mitgebracht und war schon lange heiß auf das Rennen. Ich schlug vor, die Rennstrecke um das Gartengelände herum verlaufen zu lassen, aber der schlaue Jean-Yves lehnte ab, weil er meinte, im tiefen Sand sei der Wüstenchampion im Vorteil. So fuhren wir zu einer nicht weit vom Dorf entfernten Stelle mit festem Boden und steckten in 500 Metern Entfernung vom Auto einen Pflock in den Boden. Nach zwanzig Teilstrecken zwischen Pflock und Auto hätten die Läufer zehn Kilometer zurückgelegt, und da Mohammed Ali kein Langstreckenläufer war, wäre der Wettstreit fair.
Alle Dorfbewohner standen natürlich voll hinter Mohammed Ali. Nach seinem letzten Triumph sahen sie in ihm bereits den sicheren Sieger.
»Selbst ich könnte Jean-Yves schlagen«, prahlte Babaya.
»Okay«, sagte ich, »warum läufst du nicht mit?«
»Ich muß arbeiten«, meinte er, »denn sonst sagst du, ich gebe den anderen ein schlechtes Beispiel.«
»Sport ist auch harte Arbeit«, sagte ich. »Er ist gesund und kann das Bewußtsein für körperliche Fitneß wecken.«
»Gut«, sagte Babaya. »Ich laufe mit.«
Als ich am nächsten Morgen mit Mohammed Ali und Jean-Yves zu

unserer neuen Rennstrecke fahren wollte, war Babaya nirgendwo
zu finden. Seine Frau Kia wußte nicht, wohin er gegangen sein
könnte. Wir fuhren ohne ihn los, aber dann mußte ich noch einmal umkehren, weil ich meinen Fotoapparat vergessen hatte. Im
Dorf angekommen, stellte ich fest, daß Babaya auf geheimnisvolle Weise wieder aufgetaucht war.
»Wolltest du nicht beim Rennen mitmachen?« fragte ich.
»Ich wollte schon«, war die Antwort, »aber letzte Nacht sind mir
einige Esel ausgerissen, ich mußte sie suchen gehen.«
»Da hast du aber Glück«, sagte ich. »Wir haben noch nicht angefangen – du kannst also am Rennen teilnehmen.«
Jean-Yves stand bereits modisch gestylt im allerneuesten Renn-
dreß an der Startlinie. Mohammed Ali trug ein Paar alte Skihosen
und ein abgetragenes Sweatshirt von mir, auf dessen Rücken ver-
blichen »USA« zu lesen war. Jean-Yves hatte ihm auch ein Paar
Rennschuhe mitgebracht, aber Mohammed Ali wollte lieber barfuß laufen. Babaya trug wie immer seine wehende grüne Dschel-
laba, einen schwarzen Turban und schwarze Pluderhosen. An den
Füßen hatte er Zehensandalen aus Plastik.
»Muß man die ganze Strecke ohne Unterbrechung durchlaufen?«
fragte er mich.
»Nein, Babaya, du kannst zwischendurch auch gehen.«
»Ich bin noch nie zuvor gelaufen.«
»Aber du bist mit Karawanen den ganzen Weg bis Timbuktu mar-
schiert. Jean-Yves hat so etwas noch nie gemacht. Und außerdem
ist er viel älter als du.«
»Das stimmt«, sagte Babaya mit neuerwachtem Selbstvertrauen.
»Und er ist kein Araber!«
Dann rannten sie los. Nach der ersten Runde hatte Mohammed Ali
bereits einen großen Vorsprung, dann kam Jean-Yves und ein gutes Stück hinter ihm Babaya. Seine Plastiksandalen hatte Babaya
schon von sich geschleudert, und in der nächsten Runde flog der
Turban in den Sand. Trotzdem wurde der Abstand zwischen ihm
und den beiden anderen immer größer.
Als Babaya den Pflock zum dritten Mal umrundete, brüllte ich
ihm zu: »Babaya, zieh die Dschellaba aus, dann kannst du besser
laufen.«

Ich wußte, daß es ihm peinlich wäre, wenn die Dorfbewohner ihn halbnackt sähen, aber außer uns war niemand in der Nähe, weil alle bei der Arbeit waren. Eine Runde später hatte er sich seines Gewands entledigt, und sein ansehnlicher Bauch schwappte über den Hosenbund. Er keuchte und schnaufte, aber sein Gesicht behielt einen entschlossenen Ausdruck.

In weiter Entfernung tauchte ein Nomade mit einigen Kamelen auf. Ich hoffte für Babaya, der Mann würde nicht näherkommen. Natürlich hielt der Nomade geradewegs auf uns zu. Sobald ein Maure sieht, daß in der Wüste irgend etwas los ist, zwingt ihn seine Neugier, der Sache auf den Grund zu gehen. Zuerst rannte Mohammed Ali vorbei, dann Jean-Yves. Der Nomade schüttelte den Kopf und sah mich an, als wolle er sagen: ›Was um alles in der Welt tun diese Leute da?‹

Und dann sah er Babaya fauchend und keuchend näherstampfen, bekleidet mit nichts als den knappen Beinkleidern, die eigentlich unter die Dschellaba gehörten. Dem Nomaden verschlug es schlichtweg die Sprache, doch als Babaya ihn fast erreicht hatte, begann er nichtsdestoweniger mit der üblichen Begrüßungslitanei:

»*Salaam aleikum* – Friede sei mit dir.«

»*Aleikum salaam*«, schnaufte Babaya, ohne sein Tempo zu drosseln.

»Möge Gott dich beschützen!«

»Möge Gott mit dir sein!«

»Kein Übel möge dich treffen!« rief der Nomade. Aus Babayas Richtung kamen einige undefinierbare Geräusche, aber er war schon außer Hörweite.

»Ich hoffe, deine Gesundheit liegt in den Händen Gottes!« rief der Nomade der enteilenden Gestalt hinterher. »Gott sei gepriesen! Gott ist groß!« fügte er hinzu, ohne eine Antwort zu erhalten. Er warf mir noch einen verwirrten Blick zu, schüttelte den Kopf und kehrte in die Wüste zurück. Dabei murmelte er vor sich hin: »Gott ist groß! Gott ist allmächtig! Gott sei gepriesen!«

Mohammed Ali gewann das Rennen, und Jean-Yves wurde Zweiter. Bis Babaya das Ziel erreichte, mußten wir eine Weile warten, aber er schaffte es tatsächlich noch.

Kapitel 7

Emilie

Meine Beziehung zu den Frauen von Araouane war nie einfach. Zuerst gab es überhaupt keine Kommunikation zwischen uns – es schien, als sei die Mauer zwischen den Geschlechtern zu hoch, um von einem *toubab* überwunden werden zu können. Doch gerade diese Schwierigkeit führte zu der größten Veränderung in meinem Leben. Sie schenkte mir Emilie.

Als ich mit Dahs Karawane zum ersten Mal nach Araouane kam, wußte ich nicht, wie sich ein Fremder den Frauen gegenüber zu verhalten hatte. Mir war bekannt, daß in vielen traditionsgebundenen islamischen Gesellschaften die Frauen jedweden Kontakt mit Männern außerhalb ihrer Familie vermieden, und so wollte ich lieber zu vorsichtig als zu unvorsichtig sein. Doch schienen die Frauen der Wüste ihrerseits diese Vorsicht zuweilen außer acht zu lassen. Während unserer Reise von Timbuktu nach Araouane machte ich Fotos von den Nomaden, die zu uns gestoßen waren. Die Männer waren so wild darauf, fotografiert zu werden, daß ich vorsichtig fragte, ob ich von den Frauen ebenfalls Fotos machen dürfe. Vom Gelächter der Kameltreiber ermutigt, nahm mich ein kleiner Junge bei der Hand und führte mich zum Zelt der Frauen. Das wohlmeinende Geschrei und Gekreische zu meiner Begrüßung war ohrenbetäubend. Alle Frauen außer Dahs Ehefrau Ouija versuchten hektisch, ihre Gesichter zu bedecken. Allmählich verebbte das Kreischen zu einem Kichern. Die Frau von Sidi dem Verrückten nahm für einen Moment den Schleier vom Gesicht, um etwas zu sagen, und im nächsten Augenblick brüllte das ganze Zelt vor Lachen. Dann schoben einige Frauen eine verhüllte Gestalt zu mir herüber und zogen im Spaß ihren Schleier etwas zur Seite. Im Nu hatte sich das Mädchen wieder bedeckt, aber ich hatte einen kurzen Blick auf ihr bildhübsches Gesicht erhaschen können. Ich konnte nicht verstehen, was gesprochen wurde, doch es hatte den

Anschein, als sei die junge Frau ledig und die anderen Frauen machten sich einen Spaß auf unsere Kosten.

Ouija rückte ein wenig zur Seite und lud mich ein, neben ihr Platz zu nehmen; dann goß sie mir Tee ein. Ich gab dem kleinen Jungen, der mich hereingebracht hatte, den Fotoapparat und bedeutete ihm mit Gesten, von den Nomadenfrauen und mir ein Foto zu machen. Die Frauen stimmten einen Gesang an und schlugen, weil sie ihre Tamtam-Trommeln nicht bei sich hatten, auf Kübeln oder Teekesseln den Takt dazu. So bin ich auf dem Foto inmitten einer Schar von Frauen abgebildet, von denen es geheißen hatte, sie würden bei meinem bloßen Anblick bereits die Flucht ergreifen (siehe Abbildung 3).

Einen Tag nach unserer Ankunft in Araouane begann ein hübsches junges Mädchen um meine Hütte zu streifen. Jedesmal wenn sich Dah entfernt hatte und niemand sonst in der Nähe war, tauchte sie auf mysteriöse Weise auf. Sie setzte sich einfach an die Tür und schaute mit einem seltsamen Gesichtsausdruck zu Boden. Da wir uns in keiner Sprache verständigen konnten, war es mir nicht möglich, sie zu fragen, weshalb sie gekommen war. Ich hätte gern gewußt, ob sie das »Gastgeschenk« des Ortes für Ehrengäste war, aber ich wagte nicht, das herauszufinden.

Als ich später nach Araouane zurückkehrte, um den Garten anzulegen, war es erneut schwer für mich, die bestehenden Regeln zu durchschauen. Nach vielen Wochen in der Wüste machte ich mir über Frauen natürlich so meine Gedanken, aber beim Denken beließ ich es dann auch. Es war auch nicht allzu schwer, die Blicke nicht umherschweifen zu lassen – zum einen wollte ich niemanden durch Anstarren beleidigen, und zum anderen waren die Frauen, die für den Garten Wasser holten, so dick vermummt, daß ich mir von ihrem wirklichen Aussehen kein Bild machen konnte. Nachdem ich ungefähr einen Monat im Dorf verbracht hatte, begann eine der Frauen, sobald sie in meine Nähe kam, ihren Schleier zu lüften. Mehrere Arbeiter machten mich bei verschiedenen Gelegenheiten darauf aufmerksam, daß sie Nana hieß. Bis zu diesem Zeitpunkt waren mir die Namen sämtlicher Frauen aus Araouane verborgen geblieben. Und außerdem, so wurde mir verstohlen mitgeteilt, sei Nana noch ledig.

Als die Dorfbewohner und ich vertrauter miteinander umgingen, fingen die Frauen an, mir Nana zuzuschubsen, sobald ich vorbeiging. Danach standen sie kichernd beieinander und sagten Dinge, die ich nicht verstand. Schließlich ging Nana dazu über, sich mit zweideutigen Posen in den Sand zu legen, während die anderen Frauen auf uns zeigten.

So manche Nacht lag ich schlaflos auf meinem Hirsesackbett und dachte über Nana nach, fand aber keinen Weg, eine Beziehung zu ihr aufzubauen. Ich sprach kaum ein Wort ihrer Sprache und sie noch weniger von meiner. Außerdem bot uns das dörfliche Alltagsleben keine Gelegenheit, einmal miteinander allein zu sein. Jedesmal, wenn ich sie sah, befand sie sich in Gesellschaft mehrerer anderer Frauen oder Familienmitglieder. Doch auch, wenn die organisatorischen Probleme irgendwie zu meistern gewesen wären, war da ein noch größeres Hindernis – ich konnte mir nicht vorstellen, eine völlig Fremde zu heiraten, die darüber hinaus einer gänzlich anderen Kultur angehörte; und mit einer unverbindlichen Liebschaft hätte ich ihr Ansehen möglicherweise zerstört.

Ich hatte mich schon damit abgefunden, während meines Aufenthalts in der Wüste im Zölibat zu leben, und betrachtete sexuellen Druck in erster Linie als Unannehmlichkeit. Bevor Nana in mein Leben trat, hatte ich mich bereits daran gewöhnt, die Sache kurzentschlossen sozusagen selbst in die Hand zu nehmen. Doch von dem Moment an, da diese schöne junge Frau mich in meinen Träumen heimzusuchen begann, war mein Seelenfrieden dahin. ›Geh doch ran‹, sagte ich zu mir. ›Nein‹, hielt ich dagegen, ›am nächsten Tag spricht das ganze Dorf darüber.‹ Zuweilen fürchtete ich sogar, falls Nana wie durch ein Wunder plötzlich neben mir auf dem Hirsesack erschiene, wäre ich nervös wie ein Teenager und wüßte nicht mehr, was zu tun sei.

Zu guter Letzt wurde ich von meiner Leidenschaft für Nana geheilt. Ich arbeitete gerade in der Nähe der Schulbaustelle, als ich ein dumpfes Krachen hörte. Ich wandte mich um und sah, wie sich eine Staubwolke aus der Türöffnung wälzte. Weil wir die Mauern aus Banco nicht lange genug hatten trocknen lassen, bevor wir die Decke daraufsetzten, war das Dach des Schulhauses eingestürzt und hatte drei Jungen, die drinnen gearbeitet hatten, unter sich begraben.

Im Dorf brach die Hölle los. Die Dorfbewohner und fast alle Arbeiter aus Timbuktu verloren völlig den Verstand. Sie schlugen mit Beilen, Äxten und Spaten auf die Trümmer ein und hackten so wüst drauflos, daß sie die jammernden Jungen darunter mit Sicherheit in ihre Einzelteile zerlegt hätten, wenn sie an sie herangekommen wären. Ich versuchte, ein wenig Ruhe in die Rettungsbemühungen zu bringen, aber es war eine regelrechte Hysterie ausgebrochen. Schließlich mußte ich einen der Männer aus Timbuktu mit einem gezielten Fausthieb niederstrecken und die anderen gewaltsam aus dem Weg zerren, um eine gewisse Ordnung zu schaffen und die Jungen in Sicherheit zu bringen.

Sie hatten Quetschungen davongetragen, bluteten und waren natürlich arg mitgenommen, aber nicht ernstlich verletzt. Mohammed Ali, Bou-djema und der alte Baba Cambouse waren die einzigen aus dem Dorf, die besonnen genug waren, mir zur Hand zu gehen. Zuerst kümmerte ich mich um die verwundeten Jungen – vor allem mit Schmerz- und Beruhigungsmitteln –, und dann wandte ich mich den Zuschauern zu. Alle heulten, zitterten und stöhnten, als sei in ihrer Mitte eine Blendgranate explodiert. Ich verteilte sämtliche Beruhigungs- und Schlaftabletten, die ich aus der Schweiz mitgebracht hatte.

Doch die Schlimmste des ganzen Haufens war Nana. Ihr Bruder gehörte zu den verwundeten Jungen, und als sie ihn sah, verwandelte sie sich in ein zitterndes Häufchen Elend. Sie riß sich ihr Gewand vom Leib, wand sich mit Schaum vor dem Mund zuckend am Boden und kratzte sich in ihrer Hysterie die schönen Brüste blutig. Sie kreischte und trat so wild um sich, daß ich nicht in der Lage war, ihr eine Schlaftablette zu verabreichen; ich mußte die Tablette in Wasser auflösen und sie ihr eintrichtern, indem ich ihr die Nase zuhielt. Von diesem Tage an träumte ich nie wieder von Nana.

Als den Dorfbewohnern aufging, daß Nana und ich kein Paar werden würden, tauchte plötzlich Garbas Frau allmorgendlich bei mir auf. Manchmal saß sie sogar neben meinem Bett, wenn ich erwachte. Sie war zwar sehr hübsch, aber das war des Guten zuviel. Ein Verhältnis mit einer verheirateten Frau hätte meiner freundlichen Aufnahme in Araouane sicherlich ein Ende gesetzt.

Als sie mir schließlich bis in die Dünen folgte, um mir beim Morgenpinkeln zuzusehen, mußte ich ihr endgültig das Haus verbieten.

All diese vergebenen Chancen hatten bei den Dorfbewohnern offensichtlich den Eindruck hinterlassen, ich sei an Frauen nicht interessiert. Eines Tages nahm mich ein bedeutender Mann aus Timbuktu mit ernstem Gesicht zur Seite.

»Aebi«, sagte er, »würdest du vielleicht gerne mit dem Jungen Boudjema schlafen?«

Die sexuellen Sitten und Gebräuche von Araouane blieben mir im wesentlichen verschlossen. Erst nach und nach lernte ich, was akzeptiert wurde und was nicht, aber das war bei weitem nicht alles, was ich hätte wissen müssen. Für mich als Außenstehenden und als Mann gab es vieles, was ich niemals wirklich verstehen würde. Ich hatte mich beispielsweise oft gefragt, ob bei den Frauen von Araouane nach vorwiegend moslemischem Brauch eine Beschneidung vorgenommen wurde.

Einmal brachte mir Boudj eine kleine rostige Klinge zum Schärfen. Ein derartiges Messer hatte ich in dieser Gegend noch nie gesehen, und ich fragte ihn, wozu man es brauchte. Er erklärte mir, seine Großmutter solle »kleine Schnitte« in seine Halbschwester machen. Ich fragte ihn, ob ich die Prozedur wohl fotografieren dürfe. Er meinte, das sei wahrscheinlich in Ordnung, und versprach, mich zu holen, wenn es soweit war.

Etwas später kam er zurück und erklärte, die Zeremonie sei verschoben worden, weil starke Winde zu viel Staub aufgewirbelt hätten. Einige Tage später mußte ich nach Timbuktu fahren, und als ich zurückkehrte, wurde mir mitgeteilt, die Zeremonie habe während meiner Abwesenheit stattgefunden. Ich fragte Boudj, was genau passiert sei. Er erzählte mir, seine Großmutter mache bei allen jungen Mädchen kleine Schnitte um die Taille – wobei er auf eine Stelle etwas oberhalb seiner Hüftgelenke zeigte –, um ihnen die traditionellen Narben einzuritzen. Doch an den Hüften der oft nur spärlich bekleideten kleinen Mädchen entdeckte ich solche Narben nie. Als ich Mohammed Ali nach einer Beschneidung der Mädchen fragte, schien er sich sehr unbehaglich zu fühlen, wie stets, wenn die Rede auf sexuelle Themen kam, und betonte mit allem Nachdruck, daß im Dorf solche Praktiken – zumindest nach seinem Wissen – nicht angewendet würden. »Das ist hauptsächlich ein Brauch der Bambara«, sagte er.

Später versuchte ich, so beiläufig wie möglich mehr über das Thema in Erfahrung zu bringen, doch niemand schien zu wissen, wovon ich sprach. Zuweilen aber hegte ich den starken Verdacht, daß es für Männer ganz einfach tabu war.

Trotz jenes Angebots des Mannes aus Timbuktu bemerkte ich im Dorf nie ein Anzeichen für homosexuelles Verhalten. Die Männer hielten sich oft an den Händen, herzten und umarmten sich, aber wie in vielen Gegenden Afrikas war dies nur die übliche Art und Weise, freundschaftliche Gefühle auszudrücken. Genausowenig waren Anzeichen für außereheliche heterosexuelle Beziehungen zu beobachten. Ein Ehebruch schien nahezu unmöglich, da eine Frau aus dem Dorf normalerweise jede einzelne Minute mit ihrer Familie oder anderen Frauen verbrachte. Dagegen war es für einen wohlhabenden Mann – fast immer einen weißen Mauren – ganz und gar nicht ungewöhnlich, mehrere Frauen zu haben, von denen einige schwarz und einige weiß waren. In solchen Fällen nannten sich alle Kinder untereinander »Bruder« und »Schwester« – unabhängig von Rasse und sozialem Status ihrer Mütter.

Ehen wurden im allgemeinen nicht aus Liebe, sondern aus praktischen Gründen nach familiären Vereinbarungen geschlossen. Die erste Hochzeit erlebte ich in meinem ersten Jahr in Araouane, als ein Mädchen namens Agida heiratete. Boudj überbrachte mir die Einladung. Als ich im Haus der Braut erschien, wurden gerade Decken für die Gäste ausgebreitet, und Frauen trommelten auf Tamtams. Jede Familie brachte etwas zu essen mit, und es herrschte eine festliche Stimmung. Als ich Boudj nach dem Bräutigam fragte, zeigte er auf einen mir unbekannten jungen Burschen.

»Kennt er Agida schon lange?« fragte ich.

»Nein«, antwortete Boudj. »Er ist erst gestern im Ort angekommen. Er hat mit dem Vater des Mädchens Geschäfte gemacht und deshalb gefragt, ob er sie heiraten dürfe. Er hat dem Vater viel Salz gegeben.«

Die Marabouts rezitierten Koranverse im Haus des Vaters, und jeder nahm zum Festmahl Platz. Danach richteten die Frauen in einem nahegelegenen leerstehenden Haus ein prunkvolles Bett her, so daß Braut und Bräutigam ungestört ihre Hochzeitsnacht verbringen konnten. Schließlich kehrte der Ehemann zu den Minen in Taoudeni zurück, und ein Jahr später ließ er Agidas Vater die Nachricht übermitteln, er wolle das Mädchen nicht länger als Ehefrau haben. Mohammed Ali erzählte mir, der Vater habe noch mehrere Wochen verstreichen lassen, bevor er sich bequemte, Agida von ihrer Scheidung zu unterrichten.

Eine andere Hochzeit, der ich beiwohnte, war ausschweifender, aber unvollständiger, da keine Braut zugegen war. Dah, ein Sohn des dahingeschiedenen Dorfoberhaupts Mohammed Sultan, sollte mit einer Tochter meines damaligen Führers Mokhtar Moulay vermählt werden. Der Bräutigam schlachtete zum Festmahl ein Kamel und mehrere Ziegen. Die Hochzeitsgesellschaft schmauste drei Tage lang, trank Tee und schwatzte tief in die Nächte hinein. Am dritten Tag endeten die Feierlichkeiten mit einem wilden Kamelrennen. Niemanden schien es zu stören, daß die Braut mit acht Jahren noch ein kleines Mädchen war und erst Jahre später mit ihrem Ehemann zusammentreffen würde. Sie war noch zu jung, um an ihrer eigenen Hochzeitsfeier teilnehmen zu können.

Die komplizierten Sitten und Tabus, die das Sexualleben betrafen, blieben mir ein Rätsel. Selbst Mohammed Ali verstand viele der hiesigen Gebräuche nicht. So waren die Ehemänner peinlichst darauf bedacht, mich mit ihren Frauen allein zu lassen, wenn ich diese medizinisch versorgte. Als der wohlhabende Maure Araouata seine schöne Frau Silka zu mir brachte, weil sie über Ohrenschmerzen klagte, verließ nicht nur er das Zimmer, sondern bestand darauf, daß Boudj ebenso hinausging. Später erfuhr ich, daß es mir gegenüber beleidigend gewesen wäre zu bleiben, denn das hätte bedeutet, daß er mir nicht voll und ganz vertraute. Die Männer setzten dagegen alles daran, den Ehefrauen ihrer Brüder aus dem Wege zu gehen. So hatte Araouatas

Bruder Ouaice keinen Blick, geschweige denn ein Wort für Silka übrig, und ebenso würdigte Araouata Ouaices Frau keines Blickes.

Wollte Araouata dem Haus seines Bruders nebenan einen Besuch abstatten, ging er zur Moschee und wartete, bis jemand vorbeikam. Diesen bat er dann, zu Ouaices Haus zu laufen und Araouatas Besuch anzukündigen, so daß Ouaices Frau Zeit hatte, vor seiner Ankunft zu verschwinden. Oft ging sie dann zu Silka Tee trinken, und Araouata mußte die umgekehrte Prozedur wiederholen, wenn er wieder nach Hause wollte.

Angesichts dieser verwickelten Etikette ist es nicht verwunderlich, daß ich ständig befürchtete, irgendeine Regel, die die Beziehungen zwischen den Geschlechtern regelte, zu brechen.

Ich verspürte keinerlei missionarischen Eifer, den Sittenkodex zu ändern, aber ich wollte den Frauen die Gelegenheit geben, andere Arbeiten als die Wasserschlepperei zu übernehmen. Als Mann hatte ich freilich wenig Gelegenheit, frei mit ihnen zu sprechen. Daher waren meine ersten weiblichen Helfer ein junges Mädchen und eine alte Frau.

Das Mädchen war Agidas Schwester Amma, die zu meinen Lieblingskindern zählte. Anders als bei den anderen Frauen schien es für sie keine Tabus bezüglich ihrer Arbeit, ihrer Gesprächspartner oder ihrer Kleidung zu geben. Sie war ein echter Wüstenwildfang. Mit Freuden schleppte sie Banco für Ziegel und scheute vor keiner Arbeit zurück, die normalerweise den Jungen oder Männern vorbehalten war. Beispielsweise waren Frauen nie an dem Zerlegen von Kamelen oder Ziegen beteiligt, doch sobald irgendwo geschlachtet wurde, war Amma mit Feuereifer bei der Sache und zog und zerrte an den blutigen Fleischstücken, um den Männern mit ihren stumpfen Messern das Zerteilen der Tiere zu erleichtern. Offenkundig fanden die Erwachsenen im Dorf ihr Verhalten skandalös, aber das kümmerte Amma überhaupt nicht. Später fand ich heraus, daß ihr Vater Habbabu sie zu harter Arbeit angehalten hatte, gleichgültig, welche Aufgaben ich ihr auftragen würde, so daß ihm, falls sich der Garten als ertragreich herausstellte, gleich von Anfang an ein Gartenanteil sicher wäre. Doch diese Hintergründe interessierten Amma nicht, sie genoß es einfach, arbeiten zu dürfen.

Einmal war ich nahe daran zu glauben, Amma sei uns verlorengegangen. Mokhtar Moulay, der Führer, der mich auf meinen Exkursionen nach Timbuktu begleitete, weckte mich aus tiefem Schlaf. »Wir brauchen den Landrover«, sagte er. »Amma ist in die Wüste hinausgegangen, um Kameldung zu suchen, und nicht wieder zurückgekehrt.« Mehrere Stunden lang fuhren wir in weiten Kreisen um das Dorf herum. Wir wollten schon die Hoffnung aufgeben, als Moulay ein Signalfeuer auf der höchsten Düne des Ortes entdeckte. »Das ist das Zeichen für uns, wieder heimzukommen«, sagte er. Die Dorfbewohner hatten Amma gefunden. Sie war bereits vor Stunden zurückgekehrt und von ihrer Arbeit so erschöpft gewesen, daß sie hinter einem hohen Seilstapel eingeschlafen war. Es war typisch für Araouanes Bräuche, daß ich eher als Amma von ihrer Hochzeit erfuhr. Eines Nachmittags erzählte mir Boudj, sie solle an diesem Abend mit seinem älteren Halbbruder verheiratet werden, doch ich solle ihr nichts verraten, weil es »eine Überraschung« sei.

Meine zweite Mitarbeiterin hieß Tata; sie war lang, dürr und so alt, daß sie sich nicht mehr an die konventionellen Anstandsregeln gebunden fühlte. Jedesmal, wenn ich von einem Ausflug nach Timbuktu zurückkehrte, umarmte sie mich so stürmisch, als habe sie nicht erwartet, mich jemals wiederzusehen. Sie war immer in Lumpen gekleidet und trug nie einen Schleier. Auf ihrem Gesicht lag ein immerwährendes freundliches Grinsen, was ihr das Aussehen einer lieben, wenn auch etwas übergeschnappten alten Tante verlieh.

Im Umkreis der Stadt hatte ich schon häufig Scherben von Tongeschirr aus dem Wüstensand ragen sehen. Einige Dorfbewohner benutzten zur Wasseraufbewahrung immer noch unglasierte Tonkrüge, aber die meisten verwendeten häßliche eherne Schüsseln aus China.

»Warum benutzt ihr diese Metallbehälter?« fragte ich Bou-djema.

»Die getöpferten Gefäße sind viel hübscher, halten das Wasser besser kühl, und man muß sie nicht in der Stadt besorgen.«

»Im Dorf weiß keiner mehr, wie sie gemacht werden.«

»Du machst wohl Witze«, sagte ich. »Wurden sie früher nicht immer hier hergestellt?«

»Ja, vor langer Zeit«, sagte er. »Heute kennt sich aber nur noch die alte Tata damit aus, und sie hat zum letzten Mal getöpfert, als sie noch ein kleines Mädchen war.«

»Komm mit«, sagte ich. »Wir wollen mit Tata reden.«

Wir gingen zum Haus der alten Frau, aber als ich mein Anliegen vorbrachte, verfinsterte sich ihre grinsende Miene. »Ich weiß nicht mehr, wie es geht«, sagte sie. »Hier hat schon sehr lange niemand mehr ein Tongefäß gemacht.«

»Das ist sehr schade, Tata. Du als die klügste der älteren Frauen warst verpflichtet, dein Können an die jungen Mädchen weiterzugeben. Ohne deine Hilfe wird diese Tradition aussterben. Was ist, wenn die Dorfbewohner keine Metallschüsseln mehr bekommen? Woraus sollen dann die kleinen Kinder essen? Wenn dieses Wissen stirbt, wird Gott sehr zornig auf dich sein.«

»Aebi, so darfst du nicht mit mir reden«, sagte sie. »Du weißt, daß ich eine unschuldige alte Frau bin.«

»So alt gar nicht, Tata. Bei Gomeinis Hochzeit hast du mich in Grund und Boden getanzt.«

»Das ist nicht fair. Natürlich war ich da voller Energie – ich war aufgeregt, weil Gomeini der Sohn meiner Schwester ist.«

»Sei nicht störrisch«, sagte ich. »Morgen gehen wir los und holen den Ton. Weißt du noch, wo er zu finden ist?«

»Es ist zu weit draußen in der Wüste, weit im Norden. Eine alte Frau wie ich würde nie dorthin finden.«

Ich trug Bou-djema auf, einige alte Männer nach den Tonvorkommen zu fragen.

»Morgen früh kommen wir und holen dich ab«, teilte ich Tata unerbittlich mit. »Und ich will keine Entschuldigungen hören. Einige der alten Männer begleiten uns, und wir werden den Ton mit Sicherheit finden.«

Am nächsten Morgen brachen wir nach Norden auf – in meinem Landrover drängten sich die Greise Bella und Hamma, Tata und meine beiden Gehilfen Bou-djema und Baba Boatna. Von den alten Leuten hatte noch nie einer in einem Auto gesessen, und je länger wir fuhren, desto aufregender war es für sie.

Nach etwa einer halben Stunde bat Tata mich, anzuhalten. Sie war sicher, daß der Ton irgendwo in der Nähe zu finden war, und die anderen stimmten ihr zu. Die drei spindeldürren Gestalten schwärmten in die Wüste aus, ihre zerlumpten Gewänder flatterten im Wind. Ich fuhr mit Bou-djema und Baba Boatna auf die höchste Düne, um alle im Auge zu behalten. Bei der Suche konnten wir drei nicht helfen, weil wir keine Ahnung hatten, wie die Stellen mit Tonablagerungen aussahen.

Alle drei kamen mit leeren Händen zurück. Ich fragte mich, warum sie hatten anhalten wollen – wegen des Tons oder weil ihnen vom Autofahren schlecht geworden war?

»Keine Sorge«, meinte Boudj auf dem Rückweg. »Chou Monsoor weiß, wo der Ton ist.«

Chou Monsoor war ein alter Mann, der Vater Nanas und des jungen Mokhtar, und lebte in einer Einzimmerhütte am Nordrand des Ortes. Er mischte sich so gut wie nie unter die anderen Dorfbewohner und verschwand zuweilen für mehrere Tage. Mohammed Ali glaubte, daß Chou den Nomaden mit irgendwelchen Gefälligkeiten zur Hand ging. Ich hatte nur ein einziges Mal mit Chou Monsoor zu tun, als er mich wegen einer schlimmen Entzündung aufsuchte, die von einem Skorpionstich in den Bauch herrührte.

»Warum hast du mir diese alten Leute hier und nicht ihn mitgebracht?« fragte ich Boudj.

»Chou hatte gesagt, er würde nicht in ein Auto steigen.«

»Wir können den Ton mit ihm zu Fuß suchen gehen und ihn später mit dem Auto holen. Wo liegt das Problem?«

»Tata muß den Ton sehen, bevor wir ihn herbringen«, sagte Boudj. »Es gibt guten und schlechten Ton, und sie kann nicht so weit laufen.«

Das ganze Dorf schien sich gegen die Beschaffung des Tons verschworen zu haben. Als Boudj aber Bella unser Dilemma darlegte, erhellte sich das Gesicht des alten Mannes und er grinste verschlagen. Bella versprach, Chou zum Einsteigen in das Auto zu bewegen.

Er hatte Erfolg. Ich habe keine Ahnung, wie er Chou dazu brachte, aber dieser kletterte mit versteinertem Gesicht in den Landrover. Und nur acht Kilometer nördlich vom Dorf fand er den Ton.

Tata untersuchte ihn und erklärte, dies sei der richtige. Ich holte einen Spaten, eine Spitzhacke und ein paar Eimer und wollte anfangen zu graben.

»Nein! Nein!« kreischte Tata.

Inzwischen war ich reichlich genervt. Wir hatten den ganzen Tag mit der Suche nach dem Ton verbracht, und jetzt, da wir ihn endlich gefunden hatten, durfte ich ihn nicht mitnehmen. Ich überhörte ihre Einwände und begann zu graben. Da warf sich Tata mit überraschender Kraft auf mich.

»Gott wird sehr zornig auf dich sein«, schrie sie, »wenn du dir Ton nimmst, ohne ihm ein Dankopfer zu schenken. Morgen werde ich ihm eins darbringen, und dann können wir so viel Ton mitnehmen, wie wir wollen.«

Ich wollte es weder mit Tata noch mit Allah auf eine Auseinandersetzung ankommen lassen, und so kehrten wir erneut ohne Ton zum Dorf zurück.

Am nächsten Tag fuhren Tata und ich mit einer ganzen Horde Kinder im Schlepptau wieder in die Wüste. Bevor die Kinder und ich anfingen, den Ton auszugraben und in die Eimer zu schaufeln, legte Tata kleine Hirsebreikugeln aus. Sie überblickte sie prüfend und schüttelte den Kopf.

»Ich dachte, das sei genug«, sagte sie, »aber wenn ich all diesen schönen Ton sehe, weiß ich, daß Allah mehr will als nur die Hirse. Um ganz sicherzugehen, sollten wir hier auch noch ein Huhn ausbluten lassen.«

»Tata, wir haben kein Huhn hier.« Ich war nahe daran, die Fassung zu verlieren.

»Wir müssen eins aus dem Dorf holen.«

»O nein, das hier reicht völlig. Jetzt holen wir uns den Ton.«

»Ich hätte Angst davor, ein Gefäß aus Ton zu machen, wenn Gott vielleicht denkt, ich hätte ihn gestohlen«, sagte sie. »Das könnte ich einfach nicht tun.«

Ich ließ Tata und die Kinder in der Wüste, fuhr zum Dorf zurück und schnappte mir das erste Huhn, das ich erblickte. Es gehörte Ammas Vater. Ich rief ihm zu, ich würde es am Abend bezahlen, fuhr zurück zur Tongrube und warf Tata das Huhn vor die Füße.

Nach wenigen Minuten war der Ritus vollzogen. Tata nahm eine kleine Klinge aus ihrer Halskette, schnitt dem Huhn die Kehle durch, ließ es herumflattern, bis es tot war, und sah mich strahlend an. »Alles in Ordnung, Aebi«, sagte sie glücklich. »Jetzt können wir uns so viel Ton nehmen, wie wir wollen.« Wie sich herausstellte, besaß Tata keinerlei künstlerisches Geschick. Ihre Töpfe waren mißgebildete Klumpen, und deshalb hatte sich wahrscheinlich niemand von ihr ein Gefäß töpfern lassen wollen. Dennoch bestand ich darauf, daß ihr die meisten Frauen des Dorfes bei der Vorbereitung des Tons zusahen und verfolgten, wie Tata die Töpfe formte, trocknete und brannte. Vielleicht hatte Gott ja ein Einsehen, und zumindest eine der Frauen entwickelte ein ausgeprägteres ästhetisches Empfinden.

In den ersten beiden Jahren beschränkten sich meine Begegnungen mit den Frauen des Dorfes im großen und ganzen auf diese Vorkommnisse. Da Mohammed Ali bei dem Versuch, mit den Frauen ins Gespräch zu kommen, genausowenig Erfolg hatte wie ich, bestand das Problem offensichtlich darin, daß ich ein Mann war, und nicht darin, daß ich aus dem Abendland kam. Angeblich waren einige Frauen sogar daran interessiert, Französisch zu lernen, fanden es aber undenkbar, sich von einem Mann unterrichten zu lassen. Dennoch besserten sich mit dem Projekt langsam aber stetig die Lebensverhältnisse der Frauen. Zuvor hatten die Araouanerinnen die meiste Zeit allein oder bei ihren Kindern verbracht und ihr Heim nur verlassen, um Wasser zu holen oder Kameldung für ihre Kochstellen zu suchen. Bei der Projektarbeit entwickelten sie aber dann eine Art Gemeinschaftssinn. Zuerst hatten sie beim Wasserschöpfen kaum ein Wort miteinander gewechselt. Mit der Zeit aber wurden sie immer geselliger, und bald lachten und schwatzten sie den lieben langen Arbeitstag hindurch. Wenn das Gelächter, Geschrei und Geschwätz Schulmädchenfrequenz erreichte, sehnte ich mich manchmal nach den alten Zeiten zurück, aber die Frauen erfüllten ihre täglichen Pflichten nun offenkundig viel freudiger als früher.
Doch das reichte mir eigentlich noch nicht, und es frustrierte mich, daß längst nicht alle Arbeitsmöglichkeiten, die das Projekt bot,

ausgeschöpft wurden. Nur waren Mohammed Ali und ich allein nicht in der Lage, die soziale Integration der Frauen entscheidend voranzutreiben. Wir brauchten ein Vorbild aus Fleisch und Blut. Als ich nach meinem ersten Jahr in der Sahara nach Amerika zurückkehrte, ließ ich meine Freunde und Bekannten wissen, ich würde gerne eine Gefährtin mit nach Afrika nehmen. Sie müßte des Französischen mächtig sein, etwas Ahnung vom Gartenbau und handwerkliche Fähigkeiten besitzen, sowie Schulunterricht geben und einen Landrover fahren können. Von entscheidender Bedeutung war natürlich, gut mit ihr auszukommen, denn wir würden so eng zusammen und so weit entfernt von anderen Menschen leben, daß wir uns im Ernstfall nicht aus dem Weg gehen könnten; außerdem wären andauernde Scharmützel kein gutes Beispiel für die Dorfbewohner. Vor allem aber müßte meine Gefährtin abenteuerlustig sein und extreme körperliche Belastungen klaglos überstehen können. Insgeheim hoffte ich auch noch darauf, daß sie schön sein würde.

Wie sich herausstellte, waren ziemlich viele Frauen an diesem verrückten Unterfangen interessiert. Ich hatte gedacht, ich müsse irgendeine Bekannte anflehen oder beschwatzen, mit mir zu kommen, aber dann fand ich mich in der beneidenswerten Lage, Bewerbungsgespräche mit verschiedenen Frauen führen zu können. Leider war dann aber doch keine passende Bewerberin so kurzfristig bereit, Arbeit, Wohnung oder Familie für fast ein Jahr im Stich zu lassen, und so trat ich mein zweites Jahr in Araouane nur in Begleitung von Fritz an.

Doch während meiner jährlichen Zeit in New York entwickelte sich eine schöne Beziehung zu einer Fotografin. Ich lernte sie in einem Fotolabor kennen, in dem ich meine Filme entwickeln ließ. Nachdem ich sie dort erstmals gesehen hatte, stellte ich fest, daß ich fast täglich irgendwelche Utensilien zum Fotografieren benötigte. Emilie war auf Long Island aufgewachsen, hatte sich mit zwanzig Jahren zu einer Ausbildung nach Kalifornien aufgemacht und dort als Fotografin gearbeitet. Einige Jahre später war sie zum »Big Apple« zurückgekehrt, »weil dort alles passiert«. Als ich nach meinem zweiten Jahr in Araouane wieder nach New York kam, teilte mir Emilie mit, daß sie im Herbst mit mir kommen werde. Sie verstand sofort, was ich mit ihrer Hilfe für die Dorffrauen erreichen wollte, und belegte Intensivkurse in Französisch und Gartenbau, um sich auf die Reise vorzubereiten. Meine eigenen Motive waren nicht rein selbstloser Natur. Ich fühlte mich in der Wüste inzwischen doch recht einsam und sehnte mich nach einer Gefährtin, die mehr als nur eine Mitarbeiterin war. Ich konnte mir sehr gut vorstellen, sechs oder sieben Monate lang tagtäglich in Emilies Gesellschaft zu sein, und sie hatte auch nichts dagegen.

Wir wurden auf unserer Reise von einem Kamerateam begleitet, das über das Projekt einen Dokumentarfilm drehen wollte. Emilie war ein wenig enttäuscht darüber, daß wir uns statt auf einer romantischen Wüstenreise zu zweit in einem Zwei-Wagen-Konvoi mit indiskreten Filmemachern befanden, die ständig ihre Linsen auf uns richteten. Doch die fehlende Intimität erwies sich als ein Segen. Durch den Aufstand der Tuareg waren wir gezwungen, einen 1400 Kilometer langen Umweg durch die Einöde zu fahren, und ich hätte nicht gewagt, mich ohne ein Ersatzfahrzeug auf diese Reise zu begeben. Es gab ausreichend Gelegenheiten, in Panik zu geraten, aber Emilie verlor niemals die Ruhe – nicht einmal auf dem schlimmsten Teil der Strecke, einem schier endlosen Wüstenstreifen ohne Wasserstellen, Nomaden oder erkennbare Wege, nur mit Dünen und Felsen, die auf keiner Landkarte verzeichnet waren. Einmal brauchten wir zweieinhalb Tage, um knapp dreizehn Kilometer zurückzulegen. Häufig hatten wir keine andere Wahl, als uns durch wahre Sandberge hindurchzuschaufeln, wobei uns die Angst um die knapper werdenden Wasser- und Treibstoffvorräte immer im Nacken saß. Wir hatten eine Reifenpanne und mußten sogar einen Anhänger zurücklassen. Doch trotz alledem behielt Emilie ihre gute Laune. Lange Zeit später erzählte mir Bill, der Kameramann des Filmteams, von den Reaktionen seiner Freunde, die sich die Filmaufnahmen angesehen hatten.

»Um Himmels willen«, sagten sie. »Wer ist diese Frau da, die mitten in der Sahara mit Perlen herumläuft?«

»Ihr solltet einmal sehen, wie sie einen Landcruiser ausbuddelt«, hatte Bill geantwortet.

Emilie freundete sich sehr rasch mit der Wüste, mit Araouane und all der harten Arbeit an. Es gab nichts, was sie nicht versuchte oder nicht ertragen konnte, und bald schon liebte sie die Wüstenbewohner genausosehr wie ich.

Nicht lange nach Emilies Ankunft im Dorf tat Bou-djema mir seine Meinung kund: »Du hast aus Amerika die beste Frau mitgebracht, die du finden konntest.« Bei der ersten Dorfversammlung stellte ich Emilie als meine Ehefrau vor. Das war nicht einmal ein Betrug, denn nach hiesigem Brauch werden Mann und Frau, die unter einem Dach zusammenleben, als verheiratet angesehen. Wenn eine Frau will und kann, richtet die Familie ein Fest für sie aus. Sich scheiden zu lassen, ist genauso einfach – zumindest für den Mann. Er teilt seiner Frau lediglich mit, daß er sie nicht mehr haben will, und damit ist die Sache erledigt. Für die Frau ist es schwieriger, aber es müßte ihr ohnehin in der Ehe schon ganz, ganz schlecht gehen, bevor sie es wagen würde, ihr Eheleben gegen das jämmerliche Dasein einer geschiedenen Frau in der islamischen Gesellschaft einzutauschen.

Ein paar Tage später überraschten uns einige Frauen und Kinder bei einer Umarmung und fanden, das sei das Lustigste, was sie je gesehen hatten. Die Paare des Dorfes stellten körperliche Zuneigung nie öffentlich zur Schau. Von nun an wurden wir von den Frauen ständig aufgefordert, uns zu ihrer Unterhaltung zu umarmen oder zu küssen, und wenn wir der Aufforderung Folge leisteten, kicherten sie und knufften und pufften einander vor Begeisterung. Es wurde ihnen nie langweilig, uns beim Austausch von Zärtlichkeiten zuzusehen. Uns störte das nicht, aber wir meinten doch, die Sache etwas im Zaum halten zu müssen.

Die Frauen feuerten uns weiter an und wären wahrscheinlich begeistert gewesen, wenn wir direkt vor ihrer Nase den Beischlaf vollzogen hätten. Zunächst einmal begrüßten sie Emilie und mich mit unzüchtigen Gesten, und dann trieben sie ihre Späße mit dem Gemüse im Garten, das plötzlich eine ganz neue Bedeutung erhielt: Immer wenn eine der Frauen eine große Zucchini, eine weiße Rübe, eine Möhre oder eine ungewöhnlich lange Aubergine erntete, brach die ganze weibliche Belegschaft in wildes Gelächter aus.

»Emilie!« schrien sie dann und zeigten auf das Gemüse. »Emilie – Aebi!«

Die Frauen und Emilie waren im Handumdrehen ein Herz und eine Seele. Zwar beschränkte sich ihre Kommunikation zu Beginn auf Gesten, Gekicher und Umarmungen, aber das schien überhaupt nichts auszumachen. Sie half ihnen beim Anlegen ihrer eigenen kleinen Gärten und organisierte Arbeitsgruppen nur für Frauen, die Saatbeete aus verrottendem Kameldung herstellten und Schutzmauern aus Banco bauten. Ich war sehr glücklich, als ich sah, wie die Frauen mit Ziegeln und Schaufeln hantierten und sich bemühten, noch schönere Beete als ihre Ehemänner anzulegen. Als die Männer bemerkten, wie geschickt ihre Frauen bei der Gartenarbeit waren, versuchten sie, ihre eigenen Aufgaben den Frauen aufzuhalsen. Schon bald sah es so aus, als müßten die Frauen nun die ganze Projektarbeit verrichten. Dem gebot Emilie umgehend Einhalt. Sie drängte die Frauen, sich gegen ihre Männer zur Wehr zu setzen, und tadelte die Männer. Eines Tages entdeckte sie, daß sich das Gartenstück von Yumma, die zu einer guten Freundin Emilies geworden war, direkt vor Babayas Haus befand. Nach unseren Regeln besaß jede Familie das Gartenstück, das direkt vor ihrem Zuhause lag. Doch nun sah es so aus, als pflege Yumma ein Gartenstück, das zu guter Letzt Babaya und seinem Sohn Baba Boatna gehören würde. Da Babaya die Betreuung des Gartens samt und sonders seinem Sohn übertragen hatte, riefen wir Baba Boatna und Yumma zusammen, um die Sache aufzuklären.

»Ich möchte nicht, daß sich Yumma mit ihrem Garten soviel Mühe gibt«, sagte Emilie, »wenn sich hinterher herausstellt, daß alles dir gehören wird, Baba.«

Baba Boatna, ein arabischer Aristokrat, der ungefähr so alt war wie Boudj, gehörte zu den fleißigeren und aufgeschloseneren Kindern des Dorfes. Er sah darauf, daß er wie die anderen sein Recht bekam, aber ich hatte noch nie gesehen, daß er seine starke Position ausnutzte, um sich irgendwelche Privilegien zu sichern.

»Baba«, fragte ich, »heißt das, daß Yumma für dich einen Garten anlegt?«

»Nein, ganz und gar nicht«, sagte er. »Ich hatte einen Teil meines Gartens noch nicht bepflanzt, und als die Frauen ihre Beete bekamen, habe ich diesen kleinen Teil Yumma gegeben. Ich habe vor, außerhalb der Mauer einen größeren Garten anzulegen, und deshalb dachte ich, daß wir auf dieses kleinere Stück verzichten könnten. Auf diese Weise erhält Yumma ein größeres Beet, und das Land wird gut genutzt.«

Emilie und ich waren überglücklich darüber, daß der Sohn des einflußreichsten Arabers im Dorf mit einer schwarzen Frau die Arbeit teilte. Sie sammelten füreinander Dung und wechselten sich mit dem Gießen der Gärten ab.

Als ich einmal nach Hause kam, sah ich einen Nomaden Hals über Kopf davonstürzen. Er versuchte, zum Brunnen zu rennen, wo er seine Kamele zurückgelassen hatte, doch da seine Beine mit unzähligen Bandagen umwickelt waren, bewegte er sich selbst wie ein Kamel mit zusammengebundenen Vorderbeinen. Er hatte nach Mohammed Ali oder mir gesucht, weil er die tiefen Risse in seinen Füßen medizinisch behandeln lassen wollte. Da wir beide nicht anwesend waren, hatten sich Emilie und Boudj seiner angenommen. Sie trugen eine antiseptische Salbe auf und waren gerade dabei, die Füße des Nomaden zu verbinden, als ihr Patient den Doktor, der ihn da behandelte, etwas genauer in Augenschein nahm. Es war ihm sicher schon unangenehm gewesen, sich einem weißen Fremden anvertrauen zu müssen, doch als er entdeckte, daß der *toubab* in Hemd und Hosen, der sich so eifrig mit seinen Zehen beschäftigte, eine F r a u war, stürzte der arme Kerl kreischend aus der Hütte.

Ein anderes Mal kamen einige Nomaden mit einem alten Kamel, das sie verkaufen wollten, bei uns vorbei. Da ich wieder nicht zu Hause war, wollte Emilie den Nomaden das Kamel abkaufen. Doch diese nahmen ihr Tier und suchten hastig das Weite. Mit einer Frau ein Geschäft abzuschließen, war für sie das Absonderlichste überhaupt. Nur wenige Tage später erschien erneut ein Nomade und bot eine Ziege mit einem Zicklein zum Verkauf an, und diesmal gelang es Emilie, ein knallhartes Geschäft zu machen. Sie bezahlte etwa die Hälfte des Preises, den ich wohl herausgehandelt hätte. Wie es schien, war die Erfahrung, mit einer Frau zu feilschen, für den Nomaden so beängstigend gewesen, daß er sich auf einen Preis eingelassen hatte, der weit unter dem Marktwert lag.

Kia, die Frau des Dorfbosses Babaya, war eine schwergewichtige Araberin von so hohem sozialem Status, daß sie sich nur selten dazu herabließ, das Haus zu verlassen. Sie pflegte keinen freien Umgang mit den anderen Frauen des Ortes, und da Babaya viel Zeit bei seinen beiden anderen Ehefrauen und Familien in Timbuktu verbrachte, blieb Kia normalerweise allein zu Hause. Sie hatte keine Arbeit, keine Freundinnen für ein Schwätzchen, und da sie – wie alle Frauen in Araouane – Analphabetin war, konnte sie sich nicht einmal mit Lesen die Zeit vertreiben. Ich fragte mich oft, womit sie sich wohl beschäftigte. Und offensichtlich fand sie das Leben einer aristokratischen Müßiggängerin auch ziemlich langweilig. Während meines New-York-Aufenthalts im zweiten Jahr begann sie damit, Mohammed Ali abends zum Essen einzuladen. Zwar waren immer Boudj, Girage und ihr Sohn Baba Boatna als Anstandswauwaus zugegen, aber dennoch war es einfach unerhört, daß eine würdige Dame einem einzelnen Mann etwas zu essen auftischte, während ihr Ehemann nicht zu Hause war. Mohammed Ali erzählte mir später, Kia habe eine große Wißbegier in bezug auf das Gartenprojekt, das Dorfleben und sogar die Völker und Nationen jenseits der Wüste gezeigt. Sie hatte Araouane bisher nur einmal verlassen, als sie mit Babaya in meinem Landrover nach Timbuktu gefahren war. Ansonsten hatte sie jede Stunde ihres Lebens in demselben kleinen Haus verbracht. Ihr Geist aber war weit in die Ferne geschweift.

Sie fragte Mohammed Ali beispielsweise, wie die Frauen in anderen Regionen Malis lebten und welchen Status sie in anderen Nationen besäßen. Manchmal konnte er ihre vielen Fragen beantworten, manchmal nicht. Mehrere Wochen lang verbrachten Mohammed Ali und die drei Kinder fast jeden Abend in Kias Haus. Kaum traf Emilie in Araouane ein, da wurde sie schon von Kia zum Tee eingeladen, wobei Boudj als Dolmetscher fungierte. Ungeachtet der Verständigungsschwierigkeiten entwickelte sich eine innige Freundschaft zwischen den beiden Frauen, und wenn man beobachtete, wie sie sich umarmten und gegenseitig auf den Rücken klopften, konnte man glauben, sie seien Freundinnen seit Kindertagen. Als sie sich schon sehr gut kannten, versuchte Emilie, Kia aus dem Haus zu locken.

Schon der Weg zum Garten hinüber fiel der gewichtigen Araberin schwer. In all den Jahren, in denen sie im Haus gesessen hatte, hatte sie keine Gelegenheit gehabt, ihre Beinmuskeln zu trainieren. Emilie lud sie zum Tee ein, und als Kia bei uns ankam, waren ihre Füße so geschwollen, daß sie kaum noch stehen konnte; sie sah aus, als habe sie die Gicht. Ein Dorfmädchen mußte ihr die Füße massieren, während sie dasaß und sich erholte. Ich freute mich mit Emilie, daß Kia gekommen war, aber wir wollten sie nicht anders behandeln als die anderen Frauen. Wir hatten überlegt, sie nach ihrem Besuch mit dem Auto nach Hause zu bringen, aber da wir Babayas Frau nicht wie eine königliche Hoheit herumchauffieren wollten, ging Kia den ganzen Weg zu Fuß nach Hause zurück. Sie verlangte auch nie eine Sonderbehandlung. Irgendwann kam sie auch dann zu uns, wenn andere Frauen aus dem Dorf da waren. Ihr körperlicher Zustand verbot es Kia, im Garten zu arbeiten. Wenn die anderen Frauen aber zu einem Nähkränzchen einluden, war sie sofort mit von der Partie.

Auf meinen Fahrten von Timbuktu nach Araouane hatte ich jedesmal einen Führer mitgenommen, so daß ich mich statt auf den Weg auf die Wüste konzentrieren konnte. Mit Emilie an meiner Seite brauchte ich keinen Führer mehr. Nur mit Landkarte und Kompaß bewaffnet, hatte sie uns bereits auf dem direkten Weg von Reggane nach Araouane durch die öde Tanezrouft-Wüste gelotst. Nach einer Fahrt von 1200 Kilometern durch ein Wüstengebiet ohne alle Orientierungspunkte schien der Weg von Timbuktu nach Araouane nur ein Kinderspiel zu sein. Als die Dorfbewohner und Nomaden erfuhren, daß Emilie mich durch die Wüste gelotst hatte, kannte ihre Ehrfurcht keine Grenzen. Immerhin zählen Wüstenführer in der Sahara allerorten zu den angesehensten Persönlichkeiten.

Eines Tages kam eine Freundin von Emilie als Touristin nach Araouane. Sie hatte die Reise von Timbuktu zu unserem Dorf in Begleitung zweier Scharlatane zurückgelegt, die im Umkreis des Azalai-Hotels in Timbuktu Jagd auf Ausländer machten. Die Reise war zum Horrortrip geworden, weil diese beiden Städter so gut wie nichts über das Leben in der Wüste wußten. Den Kameltreck zurück nach Timbuktu wollte Emilie daher selbst organisieren.

Wir baten Araouata, uns vier Kamele und einen Begleiter für die Frauen zur Verfügung zu stellen. Da wir ohnehin planten, den Tourismus in Araouane durch Wüstensafaris anzukurbeln, konnten Emilie und ihre Freundin diese neue Dienstleistung nun testen.

Der ganze Ort geriet über die bevorstehende Reise in Aufregung, und jeder machte Vorschläge und war mit guten Tips zur Hand. Wir beluden die Kamele mit großen Mengen an Verpflegung, Wasser und Datteln sowie einem Erdnußvorrat für die Nomadenkinder, die mit Sicherheit aus dem Nichts auftauchen würden, sobald die Wüstenbuschtrommeln die Kunde von Emilies Karawane verbreitet hatten. Als Führer und Kamelpfleger wurde Baba Hanta auserwählt; er, Babaya, Araouata und Habbabu waren die einzigen Männer des Dorfes, die jemals nach Timbuktu gereist waren, und die letzteren drei waren zur Zeit zu sehr mit anderen Karawanen beschäftigt. Die Dorffrauen brachen in hysterisches Gelächter aus, als sie hörten, daß Baba Hanta für die beiden *toubabs* verantwortlich sei.

Als die Kamele beladen waren, versammelten sich sämtliche Einwohner, um die Karawane in die Wüste hinauszubegleiten. Alle waren nervös. Araouata konnte kaum sprechen. Bei der ersten Dünenreihe angekommen, sprach er ein langes Reisegebet. Wir anderen kehrten zum Dorf zurück, aber Araouata begleitete die Karawane noch ein Stück.

»Er will sich vergewissern, daß sie die nächste Dünenkette sicher erreichen«, erklärte mir Boudj.

Wir warteten und sahen zu. Eine Weile marschierte Araouata neben den Kamelen her, dann wurde er langsamer und wandte sich von Zeit zu Zeit zu dem bereits weit hinter ihm liegenden Dorf um. Dann blieb er stehen, stimmte einen klagenden Gebetsgesang an und eilte zu uns zurück, als habe er Angst, das Dorf allein nicht mehr wiederzufinden.

Drei Tage später traf Mohammed Ali mit einer Karawane in Araouane ein. Er war von seinem Aufenthalt in Timbuktu zurückgekehrt und hatte Lebensmittel für das Dorf mitgebracht; inzwischen waren wir wieder dazu übergegangen, Vorräte nach Möglichkeit mit Kamelkarawanen zu transportieren, so daß die Dorfbewohner nicht von meinem Lastwagen abhängig wurden.

»Hast du Emilie unterwegs getroffen?« fragte ich beiläufig.

»Wo?«

»Ihre Karawane hätte eurer begegnen müssen. Sie sind auf dem Weg nach Timbuktu.«

»Wer ist denn ihr Führer?«

»Baba Hanta.«

»Was?« schrie er in blankem Entsetzen. »Baba Hanta! Der Mann findet das Dorf nicht einmal wieder, wenn er zum Pinkeln über eine Düne gestiegen ist!« Offensichtlich war dies allgemein bekannt, aber keiner der Leute aus dem Dorf hatte über einen Mitbewohner etwas Schlechtes sagen wollen.

Da Emilie einen Kompaß dabei hatte, machte ich mir nicht allzu große Sorgen. Wie sich herausstellte, war Baba Hanta einige Tage nach Verlassen des Dorfes vom Kamel gefallen, direkt auf dem Kopf gelandet und für den Rest der Reise nicht mehr zurechnungsfähig gewesen. Emilie hatte die Führung übernommen und die Karawane ohne Probleme nach Timbuktu gebracht.

Emilies Anwesenheit machte es den Dorfbewohnern leichter, mich als vollwertiges Gemeindemitglied anzuerkennen. Ihrer Auffassung nach sollte jeder Mann eine Frau haben, und daher hatten die Leute vor Emilies Ankunft immer befürchtet, ich würde davonlaufen und sie im Stich lassen.

Im Frühling des Emilie-Jahres kam Dah Ould Lemine zum ersten Mal seit unserer gemeinsamen Reise wieder nach Araouane. Es war März, und der Garten quoll von frischem Gemüse über. Wir umarmten uns und lachten und umarmten uns wieder. Draußen in der Wüste hatte Dah bereits viel über Emilie gehört und konnte es gar nicht erwarten, sie zu sehen. Er war wie aus dem Ei gepellt, und sein *boubou* sah aus, als käme er geradewegs aus der Reinigung.

Emilies lockere Art, mit dem Wüstenleben fertig zu werden, beeindruckte den Nomaden außerordentlich. Als Boudj uns Salat servierte – obwohl Dah mir einmal gesagt hatte, Tomaten könnten tödlich sein –, pickte Emilie lässig ein Bröckchen Ziegenscheiße aus der Schüssel.

»Das hier gehört nicht in den Salat«, bemerkte sie, warf das Klümpchen beiseite und aß weiter.

Als Emilie einmal zur Aufstockung unserer Vorräte nach Timbuktu gefahren war, kamen einige ihrer Freundinnen zu Besuch. Wahrscheinlich glaubten sie, sie müßten den »Strohwitwer« aufmuntern. Ouaija und Yumma kochten gerade einen großen Topf Reis mit Gemüse, als sich Marijama, nur mit Rock und Bustier bekleidet, zu uns gesellte. Sie hatte die Anziehsachen in einem Haufen Altkleider gefunden, die wir aus der Schweiz mitgebracht hatten. Ouaija und Yumma krümmten sich vor Lachen und schubsten Marijama gegen mich. Ich fragte sie scherzhaft, ob sie Französin geworden sei. Das arme Mädchen war so verlegen, daß sie sich auf den Boden legte und wie ein Strauß versuchte, den Kopf im Sand zu verstecken. Es war alles nur ein Scherz und zeigte, wie wohl sich die Dorffrauen mittlerweile in Emilies und meiner Gesellschaft fühlten, aber ich wollte sie nicht dazu ermuntern, alle Traditionen über Bord zu werfen. Immerhin sollten Leute aus anderen Dörfern nicht über Araouane lachen oder meinen, die ganze Stadt sei verrückt geworden. Ich versuchte Mohammed Ali zu einer Unterredung mit den Frauen zu bewegen, um ihnen zu sagen, daß manche ihrer neuen Verhaltensweisen nicht akzeptabel seien. Aber der Lehrer, selber das Produkt einer restriktiven Gesellschaft, war zu schüchtern, ihnen gegenüber das Thema anzuschneiden.
Die Männer des Dorfes staunten über die Wandlungen, die sich an ihren Ehefrauen und Töchtern vollzogen, schienen aber nichts dagegen zu haben. Emilies Anwesenheit überzeugte sie davon, daß meine Absichten ihren Frauen gegenüber ehrbarer Natur waren. Als Emilie aus Timbuktu zurückkam, beschlossen wir, einen Wettlauf zu veranstalten. Alle Dorfbewohner wurden zum Mitmachen angehalten; die Männer sollten zehn Kilometer weit laufen, die Frauen fünf. Der erste Preis für die Männer war eine Ziegenhälfte mit Haut, Innereien und Kopf und der erste Preis für die Frauen die andere, ausgenommene Hälfte des Tieres. Der zweite Preis war ein großzügig bemessener Tee- und Zuckervorrat. Außerdem sollte jeder, der das Wettrennen beendete, ein Kilogramm Mehl erhalten.
Acht Frauen und etwa zwanzig Männer nahmen an dem Lauf teil. Spaßeshalber fragte Emilie Djadja, die hübscheste Frau des Dor-

fes, ob sie sich für das Rennen Shorts ausleihen wolle. Djadja nickte begeistert und war nur durch den Spott ihrer weniger liberalen Freundinnen von ihrem Vorhaben abzubringen. Schließlich liefen alle acht Frauen in ihren wallenden Gewändern, und jede kam ins Ziel.

In all den fünfzehn Jahren seit meiner Scheidung hatte ich geschworen, gelobt, beeidigt, beteuert, versichert, gebrüllt, gestöhnt, gesungen und gejodelt, daß ich unter keinen Umständen – komme, was da wolle – jemals wieder heiraten würde. Doch Emilie hatte das Leben in der Wüste verzaubert. Hatte ich vorher mühsam um Verständigung mit den Dorfbewohnern gerungen oder dem Wind wortreiche Reden gehalten, so konnte ich nun lange Unterhaltungen mit einer verwandten Seele führen. Welche Kleinigkeiten auch immer mich im Laufe des Tages überschwenglich beglückt oder bodenlos frustriert hatten – nun hatte ich jemanden, mit dem ich sie teilen konnte.

Irgendwann im Februar 1991 entwickelte ich ernste Rachenbeschwerden. Ich hatte ständig das Gefühl, mir stecke irgend etwas tief im Hals, das mich zum Würgen brachte. Allein das Atmen fiel mir furchtbar schwer. Es fühlte sich an, als wolle sich da irgend etwas nach draußen arbeiten, und mein Gesicht lief rot an, und ich schwitzte vor Anstrengung, es zu verhindern. Ich bekam Brustschmerzen und verlor den Appetit. Nie hatte ich daran gedacht, in Araouane krank werden zu können – doch nun lag ich hier, wälzte mich hin und her, keuchte und schnappte nach Luft. Eines Nachts schließlich, es war schon spät, hielt ich es nicht mehr aus. Ich weckte Emilie.

»Willst du mich heiraten?« keuchte ich.

Die Verkrampfung löste sich. Ich konnte wieder frei atmen.

Im Mai nach meinem dritten Jahr in Araouane gingen wir zum Rathaus von Manhattan und kehrten im Oktober als rechtmäßig vermähltes Ehepaar nach Afrika zurück.

Kapitel 8

L'homme du desert

Im April 1990 flog ich für sieben Monate nach Amerika zurück. Als es Herbst wurde, fuhr ich wie in jedem Jahr zu meinem Bruder in die Schweiz, um mich auf meine Rückkehr nach Araouane vorzubereiten. Ich richtete mir wieder einen Lastwagen her und nahm erneut Kontakt mit Ärzten und der pharmazeutischen Industrie auf, um meinen Vorrat an Medikamenten aufzufrischen. Und wieder sammelten meine Verwandten in der Schweiz Kisten voller Altkleider, damit meine Freunde in Afrika an kalten Wintermorgen etwas zum Anziehen hätten.

Als ich im Oktober nach Araouane zurückkehrte, empfing mich Boudj mit großen Neuigkeiten: Zum ersten Mal seit zweiundvierzig Jahren hatte es geregnet. »Es gab so viel Wasser«, sagte er, »daß es mir bis zu den Knien reichte!« Mohammed Ali hatte einen Topf nach draußen gestellt, um die Niederschlagsmenge zu messen, und errechnet, daß es 4,1 Millimeter waren – nicht unbedingt Knie- und nicht einmal Knöchelhöhe, aber weit mehr, als der Wüste seit Generationen beschert worden war. »Das haben wir deiner Anwesenheit hier zu verdanken, Aebi«, sagten einige Dorfbewohner ernsthaft zu mir. »Du kommst, und plötzlich regnet es! Das ist ein deutliches Zeichen, daß Gott ein Wohlgefallen an unserer harten Arbeit hat und daran, wie du uns leitest.«

Natürlich war das Unsinn, doch es machte mir die Wirkung meines Unternehmens auf Araouane wieder einmal voll bewußt: Eine Stadt, die am Rande des Hungertods gestanden hatte, begann zu blühen und zu gedeihen. Weniger offensichtlich, aber mindestens genauso tiefgreifend war die Wirkung, die Araouane auf *mich* ausgeübt hatte.

In meiner Jugend hatte ich wie jeder andere von Abenteuern und Forschungsreisen geträumt und sie als junger Erwachsener auch verwirklicht. Doch als Familienvater hatte ich meine Träume dann zumeist auf die lange Bank geschoben und mich dem Alltagsstreß der Kindererziehung gewidmet. Nach einer häßlichen Scheidung war mir das alleinige Sorgerecht für unsere vier kleinen Kinder zugesprochen worden. Das bedeutete Jahrzehnte voller Lehrer-Eltern-Versammlungen, Zahnarzttermine, Windpocken und Schulleiter, die mir helfen wollten, meine »erzieherischen Fähigkeiten« zu verbessern, damit die Kinder nicht ständig wegen schlechter Führung auffielen. Und nebenher mußte ich natürlich noch unseren Lebensunterhalt verdienen. In dieser Zeit träumte ich von der Ferne und von großen Entdeckungen. Ich suchte im Atlas nach »weißen Flecken«, unerforschten, entlegenen Regionen, wie sie auch Livingstone, Humboldt, Baker, Burton, Speke, Caillié und Barth gelockt haben mochten, und grämte mich darüber, daß es vielleicht schon gar keine Orte mehr gab, die sich außerhalb der Reichweite von Telefon, Telex oder Satellitenschüsseln befanden. Ich beneidete Magellan, Marco Polo, Amundsen, Scott, Vespucci und Leif Ericsson, las Bücher über die großen Entdecker der Vergangenheit und beklagte mich darüber, daß ich zu spät gekommen war.

Dann tröstete ich mich damit, im New Yorker Hafen nach Wracks zu tauchen. Hier konnte ich den Nervenkitzel und die Gefahr des Entdeckens auskosten und trotzdem rechtzeitig zu Hause sein, um den Kindern das Abendessen zuzubereiten.

Einmal fand ich mit meinen Tauchgefährten in der trüben Brühe vor Manhattan einen Schlepper, der in den Tagen der Prohibition Alkohol geschmuggelt hatte, und andere Male zerrten wir aus rostigen Schiffsrümpfen nur Hummer. Besonders stolz war ich, als ich, begleitet von den Ohs und Ahs meiner Freunde, mit dem Kanonenrohr eines alten Segelschiffes auftauchte. Erst nachdem ich es nach Hause geschafft und von seiner Muschelkruste befreit hatte, entdeckte ich, daß es sich um das Rohrstück einer städtischen Abwasserleitung handelte.

Sobald die Kinder groß genug waren, das Elternhaus zu verlassen, begann ich mit dem Tauchen, Klettern, Segeln und Rennfahren. Meine Freunde und meine Familie waren sich nicht ganz schlüssig darüber, ob ich die Midlife-crisis durchlebte oder einfach den Verstand verloren hatte.

Mit einigen Kumpanen aus Chamonix kletterte ich auf den Montblanc, mit meinem Sohn Tony und mit Fritz unternahm ich auf der Baffin-Insel in der Arktis einen Survivaltreck, und mit dreien meiner Kinder segelte ich in einem Elf-Meter-Boot von England nach Spanien. Nina blieb zu Hause, um in den Genuß der Lebensversicherung zu kommen, falls wir es nicht schaffen würden. Segelerfahrung hatten wir nämlich keine. Später überquerte ich mit einem Vierzehn-Meter-Kutter zur falschen Jahreszeit allein den Atlantik.

Als ich nach dieser Tour wieder zu Hause in New York war, teilte mir mein Freund Carlos Casabal mit, er wolle an der berühmten 15 000 Kilometer langen Rallye von Paris nach Dakar teilnehmen. Ich bat ihn, mitkommen zu dürfen, und er war einverstanden. Im letzten Moment sprang er ab, aber ich wollte trotzdem an den Start gehen, was ich noch bitter bereuen sollte. Ich hatte noch nie an einem Rennen teilgenommen, aber nicht das machte mir zu schaffen, sondern daß ich ein Teil dieses lächerlichen Spektakels, dieses verschwenderischen, sich selbst verherrlichenden Zirkus wurde. Ich schämte mich, zu jenen reichen europäischen Tausendsassas zu gehören, die Zehntausende von Dollars berappten, um durch Dörfer rasen zu dürfen, in denen Leute verhungerten, und bei jedem Boxenstopp von ausgemergelten Skeletten mit aufgeblähten Bäuchen und eitrigen Augen angefeuert zu werden.

Wir dröhnten durch die kahle Sahara und ließen ganze Haufen von Ölkanistern und Wolken stinkender Abgase zurück. Am neunzehnten Tag dieses einundzwanzig Tage währenden irrsinnigen Rennens verpaßte mein Kopilot, der gerade am Steuer saß, eine Kurve, und wir krachten in eine Schlucht. Da der Rennleiter einige Tage zuvor mit seinem Hubschrauber in eine Sanddüne gerast und dabei umgekommen war, gab es erhebliche Organisationsmängel in der Rennleitung. Drei Tage lang suchte man nach uns. Ich hatte einen bösen Riß im Bein davongetragen, den ein ortsansässiger Schuster mit ein paar Stichen zu schließen versucht hatte, und als endlich medizinische Hilfe eintraf, war die Wunde brandig geworden. Der französische Rennarzt wollte mein Bein amputieren, was ich nur damit verhindern konnte, ein Papier zu unterschreiben, in dem ich ihn für den Fall meines Todes von sämtlicher Verantwortung enthob.

Während ich mich zu Hause erholte, dachte ich über meine Abenteuer der vergangenen Jahre nach. Rückblickend erschien mir alles schmerzhaft egoistisch. Ich hatte riesige Summen für Ausrüstung, Transport und Organisation ausgegeben, und alles nur zur Befriedigung meiner Abenteuerlust, nichts von dem Geld war irgendwem sonst auf der Welt zugute gekommen.

Mit Araouane wurde alles anders. Ein riesiges unerforschtes Gebiet hatte sich mir erschlossen, in dem es kein neues Land, sondern vielmehr neue Gefühle zu entdecken gab. Hätte ich geahnt, wie weit sich dieses unbekannte Terrain in mein Leben erstrecken würde – ich hätte mein Projekt vielleicht nie gestartet. Ich hatte es schon schwer genug gehabt, mit meinem eigenen Fleisch und Blut zurechtzukommen, und hatte nicht die Absicht, eine zweite Familie mitten in der Wüste zu adoptieren. Doch mit jedem Tag empfand ich die Menschen von Araouane mehr und mehr als meine Verwandten.

Das Dorf hatte mein Herz erobert. Bei meinem ersten Besuch mit Dah war ich nur sieben Tage geblieben, bei meinem zweiten sieben Monate, und in den darauffolgenden zwei Jahren blieb ich noch länger dort. Ich hatte mich darauf eingerichtet, einen großen Teil meines Lebens in Araouane zu verbringen, und wäre wahrscheinlich auch jetzt dort, wenn da nicht Dinge geschehen wären, auf die ich zu gegebener Zeit noch eingehen werde.

Zu Beginn war es eine meiner härtesten Aufgaben gewesen, die Araouaner davon zu überzeugen, daß ich kein Missionar bin. Denn immerhin – wer außer einem Missionar würde schon Lebensmittel austeilen, sich häuslich niederlassen und versuchen, fremde Kinder zu unterweisen? Die Erfahrung hatte sie gelehrt, nach einem jenseitigen Motiv für Hilfsbereitschaft zu suchen.

Im Laufe der Zeit hörte ich in Araouane so manche Geschichte über die vielen katholischen und protestantischen Missionare, die in die Sahara gekommen waren und – wie meine moslemischen Freunde mir leise lachend berichteten – fast immer wieder von dannen zogen, ohne auch nur einen einzigen bekehrt zu haben.

»Einige tun so, als seien sie Christen geworden«, erzählte mir ein Freund. »Sie erzählen den Missionaren, sie seien bekehrt, und dann erhalten sie kostenloses Essen und eine Ausbildung. Aber für sie ist das alles nur ein Job. Ist die ›Arbeit‹ getan, gehen sie zum Beten in die Moschee.«

Die Aristokraten, die von Araouane nach Timbuktu gezogen waren, belauerten mich besonders argwöhnisch. Sie hatten immer ein wachsames Auge auf mich und warteten darauf, daß ich eines Tages meine »Maske« als harmloser Gärtner fallen ließe. Babaya und Araouata überwachten mein Tun im Dorf und hielten ihre Kumpane in der Stadt ständig auf dem laufenden. Sie gaben mir sogar ihre Berichte über mich mit, weil sie sicher waren, daß ich ihre arabische Geheimschrift nicht entziffern konnte. Erst viel später fand ich heraus, daß ich der Bote von Überwachungsprotokollen über mein eigenes Treiben gewesen war.

Als ich vor der Anstellung von Mohammed Ali die Kinder von Araouane selbst unterrichtet hatte, gab ich ihnen manchmal Erdkundeunterricht. Auf einem aufblasbaren Globus zeigte ich ihnen Afrika, Amerika und Europa sowie Mali mit seinen Nachbarstaaten Algerien, Niger und Mauretanien. Ich deutete auch auf China und erzählte den Kindern, von dort käme der grüne Tee, den sie trinken würden. Eines Tages versuchte ich ihnen zu erklären, warum sie sich beim Beten nach Osten wandten. Ich zeigte ihnen, wo Mekka liegt, und sagte, wenn sie sehr, sehr weit in die richtige Richtung gingen, kämen sie schließlich dort an. Gingen sie sogar noch weiter, so erklärte ich ihnen mit Hilfe des Globus, müßten sie sich nach Westen drehen, um zu beten. Ich zeigte ihnen, daß sie, wenn sie immer weiter gingen, irgendwann nach Amerika kämen und schließlich wieder an ihrem Ausgangspunkt anlangen würden.

Diese kleine Traumreise schien mir ausgesprochen harmlos zu sein, aber als die VIPs in Timbuktu davon Wind bekamen, waren sie alles andere als begeistert.

»Ist das wahr?« fragte mich einer von ihnen bei meinem nächsten Aufenthalt in der Stadt. »Lehren Sie die Kinder von Araouane, daß sie zu Gott beten können, wenn sie sich nach Westen wenden?«

»Haben Sie ihnen gesagt«, fragte ein anderer, »daß die Welt rund ist?«

»Wissen Sie nicht«, wies mich ein dritter zurecht, »was der Prophet uns gelehrt hat – daß am Ende der Welt die Engel Sterne, Land,

Wasser und alles andere zu einer großen Kugel zusammenrollen und diese beiseite legen? Wie könnten sie das tun, wenn die Erde rund wäre? Sagen Sie unseren Kindern, der Prophet habe unrecht gehabt?«

»Glauben Sie an Gott?« fragte der erste Kaufmann.

»Beten Sie?« fragte der zweite.

Die meisten dieser wohlhabenden Herren waren selbsternannte Marabouts. Das hob ihr Ansehen.

Bald luden mich die Aristokraten bei meinen Aufenthalten in Timbuktu regelmäßig zum Abendessen ein, aber erst eine ganze Weile später merkte ich, daß meine Gastgeber nur eine Gelegenheit suchten, mich über geistliche Themen auszuhorchen. Meine Kinder haben mir zuweilen den Vorwurf gemacht, ich sei den Gefühlen meiner Mitmenschen gegenüber blind. Vielleicht ist das wahr, aber auch ein Glück, denn hätte ich geahnt, welches Mißtrauen mir in dieser Zeit entgegengebracht wurde, wäre ich verrückt geworden. Doch so kostete ich von all den festlichen Gerichten und leerte unzählige Gläser Tee, während ich die Flut von Fragen beantwortete, die mir die alten Patriarchen stellten.

Auf eine Frage antwortete ich jedoch nie mit uneingeschränkter Offenheit. Wollten sie von mir wissen, ob ich an Gott glaube, so erwiderte ich stets, ich glaubte nicht auf irgendeine vorgegebene Art und Weise an ihn; vielmehr sei ich der Überzeugung, wenn Gott mir etwas sagen wolle, so könne er dies auch ohne die Vermittlung eines Propheten, einer Kirche oder einer Moschee auf direktem Wege tun. Ich denke, damit konnten die alten Patriarchen besser umgehen, als wenn ich behauptet hätte, ein christlicher Fundamentalist zu sein. Und mit Sicherheit war das besser, als ihnen die Wahrheit zu sagen – daß ich nämlich überzeugter Atheist bin.

In meinem zweiten Jahr in Araouane wurde meine sorgfältige Tarnung jedoch zerstört. Mein Freund Julio, der den weiten Weg von New York nicht gescheut hatte, um der erste zahlende Gast in Araouanes Hotel zu sein, hatte auf seinem Heimweg mit mir in Timbuktu Station gemacht. Umgeben von anderen reichen Mauren, speisten wir bei einem Kaufmann namens Hadjim zu Abend. Wir saßen auf dicken Teppichen und bedienten uns von einer Platte voller Köstlichkeiten, die ein Diener für uns bereithielt. Julio entdeckte eine Tafel, die mit arabischen Schriftzügen bedeckt war, und fragte unseren Gastgeber, was das sei. »Mein Marabout erteilt mir Koranlektionen«, sagte Hadjim. »Sind Sie religiös?«

»Nein, nein«, gab Julio zur Antwort. »Ich bin in Südamerika in einer streng katholischen Familie aufgewachsen, habe aber mit all dem schon vor langer Zeit gebrochen. Ich kann mir keinen Gott vorstellen, der so viel Elend erschafft, wie es auf dieser Welt gibt. Entweder würde er uns bewußt unglücklich machen, oder er hat nicht die Macht, Böses von uns abzuwenden, und so kann ich nicht glauben, daß es ihn überhaupt gibt.«

Ich war etwas schockiert darüber, daß Julio in einem Raum voll tiefreligiöser Moslems so taktlose Reden führte. Doch da er die Stadt am nächsten Tag verlassen wollte, dachte ich, sei es wohl egal, was er ihnen sagte.

»Nun, Ihr Freund Ernst glaubt an Gott«, sagte Hadjim.

Julio brach in Lachen aus. »Hat er Ihnen das erzählt? So dumm kann er doch wohl nicht gewesen sein. Er muß seine Meinung hier geändert haben, denn mit Sicherheit hat er von dem ganzen Zinnober kein Wort geglaubt, als er noch in Amerika war.«

Im nächsten Moment richteten sich zehn dunkle Augenpaare auf mich. Ich hätte Julio erwürgen können.

»Ist das wahr?« fragte Hadjim. »Sagt dieser Mann die Wahrheit?«

»Ich fürchte, ja«, gab ich zu. »Ich habe es bisher verschwiegen, weil ich Sie nicht beleidigen wollte und weil ich Ihre religiöse Überzeugung respektiere. Ich für meinen Teil glaube nicht an einen persönlichen Gott. Doch seien Sie unbesorgt – ich würde nie versuchen, anderen Menschen meinen Atheismus aufzuzwingen.«

Hätte diese Unterhaltung ein Jahr früher stattgefunden, so hätte ich umgehend meine Koffer packen können. Doch glücklicherweise kannten mich die Männer aus Araouane und Timbuktu inzwischen gut. Ich hatte ihr Vertrauen gewonnen, und so waren sie bereit, über meine Gottlosigkeit hinwegzusehen. Sie sprachen einige Minuten miteinander, und dann wandte sich Hadjim mit einem schiefen Lächeln an mich.

»Da wir wissen, daß Sie unseren Glauben tatsächlich respektieren«, sagte er, »wollen wir auch Ihren respektieren.«

»Aber«, fügte ein anderer Mann hinzu, »wir werden vielleicht versuchen, Ihre Meinung zu ändern.«

Bei den nächsten Gläsern Tee erzählten mir die Mauren alles über ihre früheren Befürchtungen, ich sei in Wirklichkeit ein Missionar. In Sorge gestürzt hatten sie vor allem Berichte, nach denen ich den Schulkindern Kirchenlieder beibringen würde. Da ich etwas Derartiges nie getan hatte, fragte ich, welches Kirchenlied das denn sein solle.

»Wir wissen nicht, wie es heißt«, sagte ein Maure. »Aber wir hörten, die Melodie ginge so.«

Er summte ein paar Takte, und ich erkannte es sofort. Das sogenannte Kirchenlied war tatsächlich ein Liedchen, das ich den Kindern im Französischunterricht beigebracht hatte, und ich konnte mich sogar noch an den Text erinnern: »*Alouett-e, gentille Alouett-e. Alouett-e, je te plumerai …*«

Araouane machte zwar keinen Missionar aus mir, wohl aber einen Arzt. Bald ergaben sich Situationen, in denen ich ärztliche Ratschläge und Medikamente verteilen mußte und schließlich – ohne jede medizinische Vorbildung – sogar kleine Operationen vornahm.

Während meiner ersten Reise mit der Salzkarawane erschien eines Tages ein Nomade mit einem kleinen Jungen auf der Schulter. Warum er uns aufgesucht hatte, war offensichtlich: Ein Knie des Jungen war zu einer dicken roten Beule angeschwollen, und nach landläufiger Meinung war jeder *toubab* auch ein Arzt. Wäre der Junge mein Kind gewesen, so hätte ich versucht, die Geschwulst zu punktieren und den Eiter abfließen zu lassen, doch da ich keine Möglichkeit sah, den Nomaden über die Verhütung einer Infektion in Kenntnis zu setzen, wagte ich nicht, das Knie zu öffnen. Statt dessen bat ich um kochendes Salzwasser und legte mit einem meiner T-Shirts eine heiße Salzkompresse an. Ich gab dem Vater von meinen knapp bemessenen Antibiotika und halbierte jede Tablette, um die Behandlung zu verlängern.

Wie ein Lauffeuer verbreitete sich die Kunde in der ganzen Gegend, und bald strömten allabendlich die Kranken in unser Lager. Am häufigsten klagten die Leute über Dornen, die sie sich in die Füße getreten hatten, und so waren mein Taschenmesser, meine

Pinzette und eine kleine Flasche mit Alkohol im Dauereinsatz. Dah fiel die traditionelle Pflicht des Teeausschenkens für sämtliche Besucher zu, und manchmal war er stundenlang ohne Unterbrechung damit beschäftigt.

In all den Jahren, die ich in Araouane verbrachte, mußte ich fast pausenlos Patienten verarzten. Zu jeder Tages- und Nachtzeit – ob ich gerade mein Essen kochte, Schulunterricht gab, ja, sogar wenn ich schon zu Bett gegangen war – kamen Leute mit Beschwerden an. Sie waren fasziniert von »Chinin« – wie die Wüstenbewohner die abendländische Heilkunde nannten – und dachten sich häufig völlig neue Krankheiten aus, nur um irgendwelche Pillen zu bekommen. Sobald ich einem Nomaden ein Medikament verabreichte, wurden seine Kameraden neidisch und beschlossen, die gleiche Behandlung nötig zu haben. Sie husteten, schnieften, grummelten und jammerten so lange, bis ich sie mit einer knallbunten Vitaminpille abspeiste.

Auch die Dorfbewohner waren große Hypochonder. Boudjs Mutter zum Beispiel schien jedesmal, wenn ich sie sah, einen neuen Grund zur Klage zu haben. Im Gegensatz zu ihrem nimmermüden Sohn war sie faul, übellaunig und jammerte immerzu über dieses oder jenes Problem. Nachdem sie mich einmal zu oft beim Abendessen gestört hatte, weil sie Aspirin haben wollte, beschloß ich, ihr eine Lektion zu erteilen. Ich sagte, da sie so häufig unter so großen Schmerzen litte, würde ich ihr nun ein Medikament geben, das wirksamer sei als einfaches Aspirin. Ich verabreichte ihr eine Chloroquintablette, ein harmloses Malariamittel, schärfte ihr jedoch ein, die Pille nicht einfach zu schlucken, sondern langsam im Munde zergehen zu lassen. Sie schob sie in den Mund und zog eine Grimasse – Chloroquin ist eine der abscheulichsten Substanzen auf dieser Welt. Boudjs Mutter kam nie wieder wegen einer Unpäßlichkeit zu mir.

Ein Nomade, der auf unserer Karawanenreise häufig zu Dahs Gruppe stieß, wurde überall nur Sidi der Verrückte genannt. Er war einige Jahre vor Dah geboren worden – »in dem Jahr, als die Heuschrecken alles kahlfraßen und alle Ziegen starben« – und hatte sein ganzes Leben in demselben Wüstenstrich verbracht. Aber noch immer fand er nicht von einer Wasserstelle zur nächsten, wenn niemand da war, dem er folgen konnte. Sidi den Verrückten faszinierten all die modernen Geräte, die ich mitgebracht hatte. Das Blitzlicht meines Fotoapparats fesselte ihn stundenlang. Ich zeigte ihm den Testknopf, und er saß die ganze Nacht da, machte Blitze und ließ wieder nachladen. Gebannt lauschte er dem Surren des automatischen Objektivverschlusses. Er hielt sich die Kamera ans Ohr und spähte in die Linse, um herauszufinden, welches seltsame Tier wohl darin eingesperrt war, das so merkwürdige Geräusche von sich gab. Sidis Frau interessierte sich dagegen mehr für meine Heilkünste als meine Apparaturen. Sie war halb so alt wie er und sehr aufgeschlossen. Eines Tages vertraute sie mir an, daß sie sich noch mehr Kinder wünsche. Wenn ich schon mit meinem Zauberblitzkasten Licht ins Dunkel bringen konnte, welche Wunderwerke könnte ich dann wohl noch aus dem Stand vollbringen?

Als ich Sidi fragte, ob er nicht noch mehr Kinder haben wollte, machte er mit Händen und Füßen unmißverständlich klar – mein Vokabular umfaßte bei weitem nicht die erforderlichen anatomischen oder biologischen Begriffe – theoretisch stünde er zwar voll hinter der Idee, doch gäbe es da einige technische Probleme. Ich gab Sidi und seiner Frau eine Handvoll meiner bunten Vitamintabletten für Notfälle, ein Aspirin und ein paar Glukosepillen als umgehend wirksame Energiespender. Die Nomaden glauben fest an die Zauberkräfte von »Chinin«, und ich glaube fest an die Kraft des positiven Denkens.

Am nächsten Morgen kam Sidi breit grinsend auf mich zu. »Es hat geholfen!« verkündete er. »Letzte Nacht haben wir ein Kind gemacht!«

Draußen in der Wüste werden fast alle Leiden nach guter alter Tradition mit getrocknetem Kamelmist behandelt. Einer laufenden Nase wird abgeholfen, indem man ein vorgeformtes Bröckchen in das tröpfelnde Nasenloch schiebt. Einen nervösen Magen beruhigt man mit einem Heiltrank aus Dung mit Wasser vermischt. Auf eine offene Wunde wird eine Paste aus Mist und Asche aufgetragen. Die Wunden heilen tatsächlich – zumindest ab und zu –, aber mir ist nicht klar, ob wegen oder trotz der Behandlung.

Manchmal beobachtete ich auch traditionelle Heilmethoden, die sinnvoll zu sein schienen. Ein Hirte, der sich das Schlüsselbein gebrochen hatte, trug zum Beispiel eine Art Korsett aus Mist und in Harz gehärteten Kamelhaaren. Dieser struppige Panzer sah zwar schauerlich aus, bewirkte aber die Ruhigstellung der verletzten Partie, bis der Knochen wieder zusammengewachsen war. Ich konnte mir nicht vorstellen, wie man das Korsett wieder entfernen wollte – aber vielleicht stellten die Einheimischen ja ein Lösungsmittel aus Kameldung her.

Eines Abends saßen Emilie und ich bei Sonnenuntergang rauchend vor unserem Haus. Diese Gewohnheit teilten wir mit allen Männern des Dorfes außer Mohammed Ali, der eine Kampagne gestartet hatte, um die Kinder vor diesem Laster zu bewahren. Während eines meiner Amerikaaufenthalte war den Männern der Tabak ausgegangen, und sie hatten Habbabu mit einer Karawane nach Timbuktu geschickt, um ihrer Not Abhilfe zu schaffen. Während seiner zweiwöchigen Abwesenheit verloren die Dorfbewohner nahezu den Verstand. In ihrer Verzweiflung rauchten sie Teeblätter, Peperoni, Hühnerfedern – einfach alles, was entzündbar war. Auf der höchsten Düne befand sich ständig ein Posten, der nach der Tabakbeschaffungskarawane Ausschau halten mußte.

»Wollt ihr auch so werden?« fragte Mohammed Ali die Kinder. Das verfehlte seine Wirkung nicht, und die Kinder widerstanden nicht nur der Sucht, sondern machten uns auch Vorhaltungen, wenn wir rauchten.

Als wir an jenem Abend rauchend vor dem Hause saßen, kam eine junge Frau, Agida, buchstäblich zu uns gekrochen. Eigentlich war sie eine der fröhlichsten Frauen im Dorf, aber offensichtlich litt sie wieder einmal unter Ohrenschmerzen. Das Leiden schien chronisch zu sein, aber dieses Mal war es wohl so schlimm wie nie zuvor. Eine Gesichtshälfte war entsetzlich angeschwollen.

Ich besah sie mir genauer und stellte fest, daß in Agidas Ohr eine feste Masse steckte. Ich fragte sie, was das sei.

»Zucker, Teeblätter, Harz, Tabak und gemahlener Kameldung«, übersetzte Boudj.

Ich versuchte, das Zeug herauszustochern, um das Ohr mit Kamille und Alkohol ausspülen zu können. Ich probierte es mit Wattestäbchen, dann mit der Pinzette, aber die Masse saß wie festgewachsen, und das Ohr begann stark zu bluten.

»Du mußt es zuerst aufweichen«, verordnete ich ihr mit Boudjs Hilfe. »Spül das Ohr mit warmem Wasser aus und wickele in der Nacht ein heißes Tuch darum. Hat sich die Masse aufgelöst, können wir es säubern und ein Medikament einträufeln.«

Agida bedankte sich und wollte gehen.

»Noch etwas«, sagte ich. »Ich würde dir gern noch Antibiotika geben – deine rechte Gesichtshälfte ist so stark angeschwollen, daß ich befürchte, du hast eine schwere Infektion.«

Ich wollte ihr schon die Tabletten geben, als Boudj mich zurückhielt.

»Warte, Ernst«, sagte er. »Ich glaube, du hast unrecht mit der Infektion. Das ist keine Schwellung, das ist Kamelmist.«

Ich bat Agida, den Mund zu öffnen. Wie Boudj vermutet hatte, war die rechte Seite voller Scheiße.

»Was, um Himmels willen, will sie damit bezwecken?« fragte ich. Ich hatte geglaubt, sämtliche medizinischen Anwendungsbereiche von Kamelmist in Erfahrung gebracht zu haben, aber dieser war mir neu.

»Normalerweise steckt man ihn nur bei Zahnschmerzen in den Mund«, erklärte Boudj. »Aber dieses Mal waren die Ohrenschmerzen so schlimm, daß sie das Mittel hingestopft hat, wo sie konnte.«

Vor meinem Erscheinen in Araouane hatte die einzige medizinische Behandlung – falls man sie so nennen konnte – aus einer Kombination von Gesundbeterei, echten Hausmitteln und Gott weiß was für Praktiken, die die heiligen Männer sonst noch anwandten, bestanden. Die Honorare waren dem Ansehen und der Wirksamkeit der Behandlungsmethoden angepaßt gewesen – ein guter Marabout war sein Salz wert.

Jeder hatte seine eigenen geheimen Heilverfahren. Araouata war ein reiner Mann der heiligen Schrift – er las so lange aus dem Koran vor, bis sein Patient in Schlaf fiel. Ein anderer Mann aus Araouane verkaufte *gris-gris*, kleine Lederbeutel mit eingenähten Koranversen, die man um den Hals tragen mußte. Der alte Baba

Cambouse hatte sich darauf spezialisiert, den erkrankten Körperteil mit kleinen Kordelsträngen zu umwickeln, wobei er sich zur Behandlung seiner eigenen Leiden aber ausschließlich auf Kameldung verließ.

Der stolze alte Mann litt an einer chronisch tropfenden Nase und klagte über ständige Schmerzen und allgemeine Mattigkeit. Da ich diese Leiden für Alterserscheinungen hielt, verabreichte ich ihm einige Eisentabletten und Schmerzmittel aus meinem Arzneivorrat. Mir war außerdem aufgefallen, daß er die Augen zusammenkniff, wenn er Gegenstände in seiner näheren Umgebung genauer betrachten wollte, und ich vermutete, daß er stark weitsichtig war. Ich gab ihm daher eine von zwei Lesebrillen, die ich mir nach Araouane mitgenommen hatte. Ein paar Tage lang trug er sie ununterbrochen, auch wenn er in die Ferne schaute, aber dann war die Brille plötzlich verschwunden. Als ich ihn nach dem Grund fragte, gab er mir keine klare Antwort, und daher nahm ich an, er habe sich unbeabsichtigt daraufgesetzt und es sei ihm peinlich, das zuzugeben.

Im allgemeinen schienen sich die Dorfbewohner bester Gesundheit zu erfreuen. Die kleinen Kinder hatten manchmal Husten, aber auch nicht öfter als amerikanische Kinder. Am häufigsten wurde über Zahnschmerzen geklagt, und dagegen konnte ich nur Aspirin verteilen.

Eines Tages brachte eine Frau namens Hadja ihr Baby zu mir. Im Garten sahen wir sie nicht oft, denn ihr Vater war ein reicher Kaufmann aus Timbuktu, der sie laufend mit Lebensmitteln versorgte. Man erzählte sich, Hadja sei kürzlich von ihrem Mann verlassen worden, aber niemand redete in der Öffentlichkeit darüber, um sie nicht in Verlegenheit zu bringen. Ihr Baby trug eine Art Krone aus Stoff; allerdings umgab der Kopfputz das Gesicht nicht waagerecht, sondern senkrecht, als solle damit der Kiefer des Kindes fixiert werden. In den Stoff waren in regelmäßigen Abständen kleine ovale Kugeln eingenäht worden.

»Ich hoffe, du hast eine Medizin für die Kleine«, sagte Hadja.

»Was ist los mit ihr?« fragte ich. »Sie sieht doch prächtig aus.«

»Nein«, entgegnete Hadja. »Sie kann ihren Kopf nicht geradehalten.«

»Aber sie hält ihn doch gerade«, sagte Emilie.

»Ja, aber nur wegen dem Band, das der Marabout ihr angelegt hat.«
Wir fragten nicht, welcher Marabout das gewesen war. Alle heiligen Männer des Dorfes hüteten ihre Geheimnisse wie das Grab, und jeder war zutiefst eifersüchtig auf die anderen. Emilie gab Hadja ein paar Vitamintabletten für das Baby. Sie besah sich das Kopfband genauer und stellte fest, daß die gleichmäßig verteilten Klümpchen natürlich Kamelkotbrocken waren. Zwischen den traditionellen Heilmitteln und der modernen abendländischen Medizin bestand eigentlich keine Rivalität. Die Dorfbewohner wollten bei der Heilung ihrer Krankheiten ganz sicher gehen, und so suchten sie jeweils sowohl mich als auch einen Marabout auf. Und die Marabouts selbst baten mich um »Chinin«, sobald sie irgendwelche Beschwerden hatten. Vielleicht beruhten meine Behandlungserfolge letzten Endes auch eher auf Placeboeffekten als auf einer wirksamen Medikation, denn die meisten der von mir verabreichten Pillen waren nur Vitamin- oder Aspirintabletten, und die größten und buntesten schienen auch die wirkungsvollsten zu sein.

Manchmal war ich auch mein eigener Patient. Eines Morgens, nur wenige Tage vor einer Reise in die Staaten, erwachte ich von einem starken brennenden Schmerz direkt über meinem rechten Knöchel. Als ich hinsah, erblickte ich einen fahlen, knapp zehn Zentimeter langen Skorpion, der über meinen Schlafsack kroch. Ich erschlug ihn mit einer Taschenlampe.
Mir waren die alten wie auch die neuen Theorien über giftige Bisse und Stiche bekannt: Nach jüngsten Erkenntnissen sollte man den betroffenen Bereich *nicht* aufschneiden und ausbluten lassen, keine Saugnäpfe aufsetzen und den betroffenen Körperteil weder abbinden noch mit Essig oder Alkohol abreiben. Statt dessen sollte man die Stelle so fest wie möglich umwickeln, weder Kaffee noch Alkohol zu sich nehmen und sich völlig ruhig verhalten, bis man in der Lage war, einen Arzt aufzusuchen.
Das einzige Problem dieser Methode bestand darin, daß *ich* der Doktor war. So saß ich nun da und überdachte die Situation.
Erstens war mein Landrover das einzige Fahrzeug im Ort und ich zur Zeit die einzige Person, die damit fahren konnte. Zu einem

richtigen Arzt zu kommen, war also kein leichtes Unterfangen. Und wenn es mir zweitens wie durch ein Wunder gelingen sollte, Timbuktu zu erreichen, war vom dortigen Krankenhaus kaum eine gute Behandlung zu erwarten. Die meisten für das Krankenhaus bestimmten Medikamente wurden auf dem Schwarzmarkt verkauft, bevor sie die Lagerräume erreichten, und daher war von den Ärzten dort kaum mehr als gute Ratschläge zu erhoffen. Und drittens hatte ich den Dorfbewohnern immer wieder eingeschärft, wir könnten alle unsere Probleme allein, ohne jede Hilfe von außen, lösen.

Ich habe immer daran geglaubt, daß eine positive Einstellung körperliche Leiden heilen kann. Und so schaute ich mich nach etwas um, das meine Lebensgeister stärken würde. Das einzige, was ich zur Hand hatte, war Kaffee. Nachdem ich mir eine provisorische Bandage angelegt hatte, ging ich in die Küche und setzte mir eine Kanne auf, obwohl Kaffee und die Anstrengung bei seiner Zubereitung nun eigentlich streng verboten waren.

Nach kurzer Zeit wurde mein Bein unglaublich schwer und fühlte sich von oben bis unten glühend heiß an. Es verfärbte sich tiefrot, als hätte ich einen Eimer Farbe darübergekippt. Die Einstichstelle selber schmerzte nicht mehr so stark – jetzt, da sich der Schmerz gleichmäßig verteilt hatte, war er viel leichter zu ertragen.

Ich legte beide Beine auf den Tisch und schlürfte meinen Kaffee. Dabei fiel mir eine Unterhaltung mit einem belgischen Toxikologen ein, der viele Jahre lang in der Sahara gelebt hatte. Er hatte mir gesagt, zwischen Skorpionen ein und derselben Spezies gäbe es regionale Unterschiede. Im Gebiet von Tessalit, vierhundert bis fünfhundert Kilometer von Araouane entfernt, sei der Stich des weißen Skorpions fast immer tödlich, in der Gegend um Taoudeni und Araouane jedoch viel weniger gefährlich. So gut wie gar kein Problem, sagte mein Verstand meinem Körper. So gut wie gar kein Problem! So gut wie gar kein Problem! Das hat ein Wissenschaftler höchstpersönlich gesagt! Ich betete es mir wieder und wieder vor, bis ich mich tatsächlich besser fühlte. Jetzt war ich richtig froh, in Araouane und nicht in Tessalit zu sein.

In den darauffolgenden Tagen hatte ich kein Fieber, keine starken Schmerzen und keine großen Probleme außer einem gräßlich angeschwollenen Bein. Ich versuchte, umherzugehen, als ob nichts geschehen sei. Als ich den Kindern erzählte, was passiert war, waren sie stolz auf mich. »Wir machen viel mehr Theater, wenn jemand gestochen wird«, sagten sie.

Boudj erzählte überall herum, daß ich, der ich ständig Medikamente verteilte, selber keine nahm. Er gelobte, meinem Beispiel zu folgen und nie Medizin zu nehmen, falls er einmal krank würde. »Ernst kann alles mit seinen Gedanken heilen«, sagte der Junge. »Und ich werde dasselbe tun.«

Ich weiß nicht, ob es richtig war, keine Medizin einzunehmen, aber ich glaubte schon lange an die heilenden Kräfte der Seele. Es ist nicht so, daß ich »richtige« Ärzte verachte, aber ich bin davon überzeugt, daß wir viel zu schnell zum Arzt laufen, wenn wir krank werden. Ich versuchte, diese Überzeugung auch an die Kinder von Araouane weiterzugeben. Mohammed Ali war der gleichen Meinung und hielt sich – von einem gelegentlichen Aspirin gegen Zahnschmerzen abgesehen – von Pillen wie auch von *grisgris* fern.

Wenn ich einige Tage nach dem Skorpionstich nicht in die USA hätte reisen wollen, wäre ich sicher bei meinem Entschluß geblieben, keine Medikamente zu schlucken, doch die Infektion nahm bedrohliche Formen an. Beim Gehen hatte ich das Gefühl, mein Bein wolle abfallen, und es schwoll so stark an, daß ich kaum noch die Hose darüberziehen konnte. Ich erwog, Antibiotika zu nehmen, ohne jemandem davon zu erzählen, aber das wäre Betrug gewesen – und so etwas ist in Araouane tabu. Zu guter Letzt war es Boudj, der mich überredete, die Demonstration der Heilkräfte meiner Seele abzubrechen.

»Ernst«, sagte er, »du kannst nicht fahren, wenn dein Bein so angeschwollen ist. Was hältst du davon, etwas Medizin zu nehmen? Dies ist ein Sonderfall, weil du verreisen mußt. Ich weiß, daß deine Gedanken heilende Kräfte besitzen, aber mit Antibiotika geht es schneller.«

Ich nahm die Medizin, und die Schwellung ging so weit zurück, daß ich die Reise nach Timbuktu antreten konnte. Aber ich nahm die Gelegenheit, das dortige Krankenhaus aufzusuchen, nicht wahr, sondern ging erst in den Vereinigten Staaten zu einem »richtigen« Arzt. Bis dahin waren allerdings die Schwellung und die Entzündung abgeklungen.

»Was immer Sie getan haben – es hat geholfen«, sagte die behandelnde Ärztin.

Für diese Feststellung hätte ich mir die Kosten für den Arztbesuch auch sparen können.

In Araouane mußte ich nicht nur Kranke kurieren, ich wurde auch zu einer Autoritätsperson in allen technologischen Fragen. Da ich aus dem Westen kam, waren die Leute der Meinung, ich müßte alles über westliche Maschinen und Geräte wissen. Nicht nur die Dorfbewohner, auch alle Nomaden aus den umliegenden Gebieten betrachteten mich als ihren Heimwerker, Ingenieur, Radiomechaniker und sogar Büchsenmacher.

Eines Abends, als Emilie und ich mit der Vorbereitung des Abendessens beschäftigt waren, standen plötzlich vier Nomaden in der Tür. Einer trug eine nicht mehr ganz neue Kalaschnikow.

»Scheiße!« murmelte ich. »Was ist nun wieder los?«

Doch sie wollten uns weder ausrauben noch sonst Ärger machen.

»Aebi«, sagte der Anführer, »wir haben gehört, daß du alles heilmachen kannst. Dieses Gewehr funktioniert nicht mehr. Könntest du es bitte wieder in Ordnung bringen?«

»Ich weiß nicht viel über Gewehre«, sagte ich. »Aber laß mich mal sehen.«

Eine Kugel steckte im Lauf fest, und als die Nomaden versucht hatten, sie mit einem Eisenstab herauszuholen, war ihnen schließlich auch der Stab im Lauf steckengeblieben. Während ich vor meinem Haus saß und mit der Waffe hantierte, versammelte sich eine Schar neugieriger Nomaden und Dorfbewohner um mich. Viele von ihnen hatten bereits versucht, das Gewehr wieder in Ordnung zu bringen, und sie glaubten, mich vor einer unlösbaren Aufgabe zu sehen.

Mit langsamem und geduldigem Klopfen gelang es mir, den abgebrochenen Stab und auch die Kugel aus dem Lauf zu befördern. Die Bewunderung der Nomaden war grenzenlos. Der Besitzer der Kalaschnikow versprach mir die erste Gazelle, die er mit dem Gewehr erlegen würde, was ich aber ablehnte. Ich wollte niemanden zum Töten dieser anmutigen Tiere ermuntern, und der mächtige

Aufwind, den mein Ruf als Hansdampf in allen Gassen erhalten hatte, war mir Dank genug. Wahrscheinlich hatte ich schon lange vor Aufnahme meines Ingenieurstudiums das Zeug zum Heimwerker gehabt. Darüber hinaus aber hatten meine Eltern – und das war viel wichtiger – meinen Brüdern und mir stets das Gefühl vermittelt, wir könnten alles erreichen, was wir uns vornahmen, solange wir uns nur wirklich darum bemühten. Daher habe ich mir mein Leben lang immer wieder Ziele gesetzt, die weit über meinen Möglichkeiten lagen. Manchmal blamierte ich mich fürchterlich, aber meistens konnte ich mich zu einer befriedigenden Lösung durchmogeln.

Als ich dreizehn und meine Brüder elf und acht Jahre alt waren, kauften meine Eltern ein altes, verlassenes Haus in den Bergen. Mit dem Auto war es nicht zu erreichen, weil ein großer Felsen den Weg zur Hauptstraße versperrte. So gab mein Vater meinen Brüdern und mir eine Kiste voller Plastiksprengstoff, Zündkapseln und Zündschnüre und beauftragte uns, den Felsen in die Luft zu sprengen.

»Wie macht man das?« fragte ich.

»Ich glaube, ihr müßt den Sprengstoff in Felsspalten schieben«, sagte er. »Dann steckt ihr die Zündkapseln drauf, bringt die Zündschnüre an, entzündet sie und rennt weg.« Er zuckte die Achseln und ging zu seiner Arbeit ins Haus zurück.

Wir sprengten den Felsen, überlebten, und unsere Schulfreunde wurden grün vor Neid.

Mit der Reparatur von Maschinen oder verstopften Gewehrläufen hatte ich zwar noch nicht viele Erfahrungen gesammelt, doch als ich nach Araouane kam, hatte ich mich bereits mehr als vierzig Jahre lang mit Problemen auseinandergesetzt, die meine Fähigkeiten klar überstiegen, und war dabei mein eigener Lehrmeister gewesen.

Araouane schenkte mir nicht nur neue Berufe, sondern auch einen neuen Namen.

Von meinem ersten Eintreffen in Timbuktu an verfolgte mich ein Heer von kleinen und nicht mehr ganz so kleinen Straßenkindern auf Schritt und Tritt. Sie waren so laut und so aufdringlich wie ein Moskitoschwarm, aber nach einer Weile hatte ich sie fast ins Herz geschlossen.

»Ernst«, sagte eines und zerrte mich am Ärmel, »ich zeige dir das Restaurant.«

»Ernst«, fiel ein anderes ein, »gib mir ein Geschenk.«

»Brauchst du Orangen, Ernst? Kein Problem, komm mit mir, ich weiß, wo es welche gibt.«

»Bitte, Ernst, gib mir 1000 Francs für meine arme Mutter.«

»Willst du 'ne Frau, Ernst? Ich regle das für dich.«

»Ernst, gib mir dein Hemd für diesen Dolch. Schau, er ist antik.«

»Ernst, gib mir 1000 Francs.«

Bei jedem abendländischen Touristen, der in Timbuktu aufkreuzte, war es dasselbe. Die Bengel hatten ein Talent dafür, sich Namen und Gesichter einzuprägen.

Als ich im Herbst 1989 nach einem Aufenthalt in New York mit einem Anhänger voller Schößlinge nach Timbuktu zurückkehrte, stellte ich fest, daß ich vom einfachen Touristen zum Ehrenbürger aufgestiegen war. Die kleine Mafia belagerte mich nicht mehr ganz so schlimm, aber sobald ich jemanden brauchte, um eine Besorgung für mich zu erledigen, entbrannte immer noch ein Faustkampf zur Ermittlung des kleinen Ganoven, dem die Provision zufallen würde. Jetzt wurde ich von ihnen *Cher Excellence* genannt – woher sie diesen Ausdruck hatten, blieb mir verborgen, und manchmal bezeichneten sie mich einfach als *L'homme d'Araouane – der Mann aus Araouane.*

Im dritten Jahr fuhr ich, nur mit Emilie als Führerin, direkt von Reggane nach Araouane, um die Gebiete, in denen der Tuaregaufstand wütete, zu umgehen. Die Reise war recht gefährlich, und selbst erfahrene Sahara-Führer waren davor zurückgeschreckt. Als die kleinen Gangster aus Timbuktu davon erfuhren, stieg ich gewaltig in ihrer Hochachtung. Sie stellten nicht nur ihre Bettelei ein, sondern akzeptierten, wenn ich ihre Dienste beanspruchte, die von mir gebotene Bezahlung ohne das übliche endlose Gefeilsche. Ihre neuerwachte Höflichkeit erstreckte sich sogar auf alle meine Freunde oder Verwandten, die es irgendwann in die Stadt verschlug. Und überdies hatten die Straßenkinder nun einen neuen Namen für mich. Ich war *L'homme du desert – der Mann der Wüste.* Der Name klang gut, fand ich.

In diesem letzten Jahr in Araouane wollte ich mich meines Namens würdig erweisen. Es wunderte mich, daß die Dorfbewohner ihr ganzes Leben inmitten der Wüste verbrachten, aber die meisten sich nie in die Wüste hinauswagten, solange sie nicht mußten. Für sie war die Wüste ein Ort des Schreckens, nicht der Zuflucht. Eines Morgens ging eine Frau aus dem Dorf hinaus, um Dung zu suchen, und als es Abend wurde, war sie immer noch nicht zurückgekehrt. Obwohl sie erst einige Stunden fort war, hielten die anderen Einwohner sie bereits für tot. Wie – dachten sie – konnte man in einer solchen Wüstenei schon überleben? Wir schickten Suchpatrouillen zu Fuß und mit Kamelen hinaus, und Fritz fuhr mit dem Landrover los, aber niemand fand eine Spur von ihr. Ohne starke Taschenlampen oder den Schein des Vollmonds standen unsere Chancen schlecht, die Frau in dieser Nacht zu finden.

Am nächsten Morgen gingen wir wieder hinaus, aber die Dorfbewohner waren anscheinend der Überzeugung, daß die Mühe sich kaum lohnte. Ich hatte gedacht, die Araouaner könnten im Sand Spuren lesen; es hatte kaum Wind gegeben, der sie hätte verwischen können. Aber niemand im Dorf verstand sich darauf. Hinzu kam, daß offensichtlich auch niemand etwas über das Überleben in der Wüste wußte. Für die Nomaden waren die öden Dünen ihre Heimat, und sie lasen die Landschaft wie eine Landkarte, aber dem überwiegenden Teil der seßhaften Bevölkerung von Araouane war die Wüste genauso fremd wie mir.

Am Mittag hatten die meisten die Suche aufgegeben. Die Frau habe kein Wasser, sagten sie, warum also solle man sich die Mühe machen, nach einer Toten zu suchen? Ich mußte Mokhtar Moulay buchstäblich zwingen, Fritz weiterhin bei der Suche zu begleiten, aber es war zwecklos. Zwei Monate später wurde die mumifizierte Leiche der Frau von vorbeiziehenden Nomaden entdeckt.

Ich war der festen Überzeugung, daß ein Mensch eine ganze Weile in der Wüste überleben konnte. Vor wenigen Monaten hatte es geregnet, und in vielen Gebieten gab es große Flächen, auf denen *halfa* wuchs. Während meiner Karawanenreise mit Dah hatte ich festgestellt, daß die Stengel dieses Wüstengrases einen Saft enthielten, von dem man sich im Notfall, so glaubte ich sicher,

ernähren konnte. So trat ich vor die Männer des Dorfes und behauptete:
»Ich bin sicher, daß man in der Wüste überleben kann, ohne sich Nahrung oder Wasser mitzunehmen.«
Alle brachen in Gelächter aus.
»Du machst wohl Witze«, sagte einer.
»Ich werde es euch beweisen. Ich gehe für ein paar Tage hinaus, nehme nichts mit, und wenn ich wohlbehalten zurückkomme, habe ich recht gehabt.«
»Das kannst du nicht tun, wir lassen dich nicht gehen«, sagte der alte Baba Cambouse.
»Macht euch keine Sorgen«, sagte ich. »Fritz wird mich zu irgendeinem entlegenen Fleckchen bringen und kommt jeden Tag vorbei, um nach mir zu sehen. Ich werde mich bestimmt nicht über Nacht in eine Leiche verwandeln.«
Die Dorfbewohner machten keinen Hehl daraus, daß sie mich für übergeschnappt hielten. Auch Hamd'r Rahman, der Nomade, der sich oft in unserem Dorf aufhielt, war skeptisch. Er würde es schaffen, meinte er, aber er bezweifle stark, daß ich es könnte.
Fritz fuhr mich im Landrover hinaus. Ich wählte ein etwa zehn Kilometer vom Dorf entferntes Gebiet, wo eine Menge *halfa* wuchs. Ich hatte ein Zelt dabei, einen Schlafsack, mein Kurzwellenradio und natürlich mein Schweizer Offiziersmesser. Ich wollte nicht spartanisch und ohne jeden Komfort leben, sondern einfach ausprobieren, ob ich überleben konnte, ohne mir etwas zu essen und zu trinken mitzunehmen. Wurde die Lage kritisch, so konnte ich in zwei Stunden zu Fuß zurückgehen.
Nachdem ich mein Zelt aufgebaut hatte, ging ich auf die Weide. Jeder Stengel *halfa* besaß eine saftige Spitze, die nicht größer war als der Nagel meines kleinen Fingers. Das Schneiden des Grases war harte Arbeit. Ich mußte lange herumexperimentieren, bis ich herausgefunden hatte, welche Art von Stengel den meisten Saft und eßbares Mark enthielt. Am ersten Tag zerteilte ich mehr als sieben Stunden lang Wüstengrasstengel, bis ich mir so viel Mark einverleibt hatte, daß ich satt war.
Am zweiten Tag brauchte ich nur noch vier Stunden für die gleiche Menge an Stengelmark. Und am dritten Tag ging ich be-

reits so fachmännisch ans Werk, daß ich in zwei Stunden fertig war.

Nach drei Tagen und drei Nächten in der Wüste ohne einen einzigen Schluck Wasser befand ich mich keinesfalls in Not. Ich urinierte ausgiebig, was bedeutete, daß ich keine Gefahr lief, auszutrocknen. Ich war kein bißchen hungrig, denn das Grasmark diente mir als Nahrung und Getränk zugleich. Das einzige Problem war, daß ich mich zum Sterben langweilte. Ich hatte damit gerechnet, ums Überleben kämpfen zu müssen, und mußte nun feststellen, daß alles nur ein Kinderspiel war. Ich war nur hergekommen, um zu überleben, und fand nun, daß mir das bloße Überleben zuwenig Abwechslung bot. Ich wurde es müde, Ameisen, Spinnen, *gang-gangs*, Eidechsen und Vögel zu beobachten – die ich im Notfall auch alle hätte verspeisen können. Als Fritz am dritten Tag mit dem Landrover voll neugieriger Kinder vorfuhr, hatte ich die Nase voll. Ich hatte es mit Leichtigkeit drei Tage in der Wüste ausgehalten, und nun hatte ich Besseres zu tun.

Doch bevor ich ins Auto stieg, hinterließ ich noch den eindrucksvollsten Beweis für meinen Erfolg, den ich mir denken konnte – eine lange Pinkelspur im Sand.

Kapitel 9

Besucher

Ich hatte mir das Hotel zuerst nur als Windschutz für den Garten vorgestellt. Seit Jahrzehnten nahm Araouanes Bevölkerung stetig ab, und angesichts so vieler leerstehender Häuser schien die Errichtung neuer Gebäude völlig sinnlos zu sein. Doch in keiner dieser baufälligen Hütten hätten wir Touristen unterbringen können. In Araouanes langer Geschichte waren es fast immer die Saharareisenden gewesen, die Wohlstand und Reichtum nach Araouane gebracht hatten. Doch nun, da die Salzkarawanen immer seltener und armseliger wurden, waren es die europäischen Touristen und Abenteurer im Landrover, die in Araouane Geld ausgeben konnten. Selbst wenn die Dorfbewohner ihre Gartenbewirtschaftung perfektionierten, würden sie doch immer etwas Bargeld brauchen, um sich in Timbuktu mit lebensnotwendigen Dingen versorgen zu können. So kam ich zu der Überzeugung, daß ein Hotel den Aufschwung von Araouane entscheidend beeinflussen würde.

Ganz behaglich war mir bei dem Gedanken freilich nicht zumute, da Touristen im allgemeinen einen unheilvollen Einfluß auf traditionelle Gesellschaften ausüben. Gäste, die einfach nur »die Füße hochlegen« wollen, erwarten häufig, daß ihre Gastgeber auf alle ihre Launen eingehen, und zeigen wenig Interesse an der einheimischen Bevölkerung. Doch die Reisenden, die es in diesen entlegenen Ort verschlagen würde, wären wahrscheinlich aus einem anderen Holz geschnitzt. Ich stellte mir phantasievolle, genügsame Leute vor, denen es nichts ausmachte, in den Ferien härter zu arbeiten als in ihrem Büroalltag. Ihre Entschlossenheit und Zielstrebigkeit könnten den Dorfbewohnern sogar ein gutes Vorbild sein.

Um die Weihnachtszeit in meinem ersten Jahr begannen wir mit dem Bau des »Araouane Hilton«. Es gab keine Bauplanung, keine Ausschußempfehlungen, keine Rechnungsprüfer, keine Anlage-

223

berater, und da wir noch keine gemeinsame Sprache sprachen, erläuterte ich den Dorfbewohnern nicht einmal meine Pläne. Ich wählte den Namen des Hotels in der Hoffnung, die Hilton-Kette werde Wind davon bekommen und uns mit einer Klage ein wenig kostenlose Reklame verschaffen. Natürlich besprach ich alles ausführlich mit Mohammed Ali, der bereits mein volles Vertrauen erworben hatte. Wir beschlossen, ausschließlich aus Materialien, die es vor Ort gab, zehn kleine Zimmer zu bauen. Alle Regale und Tische sollten aus Salzbarren bestehen, die Garderobenhaken aus Ziegen- und Gazellenhörnern, die Fußböden aus einem Mosaik von Tonscherben, die die Kinder im Sand um das Dorf sammeln konnten, und die Betten aus hochgestellten Sandkästen mit Matten aus gewebtem *halfa*. Die Dachbalken, Türen und Fenster mußten wir allerdings aus Timbuktu holen, weil es in Araouane zuwenig Holz gab. Um Mohammed Ali meine Baupläne zu erläutern, zeichnete ich die Grundrisse in den Sand.

Wir errichteten das Hotel gemeinsam mit Arbeitern aus Timbuktu, den Kindern und den alten Dorfbewohnern. Es war nicht einfach, denn keiner von uns hatte jemals auf dem Bau gearbeitet. Immer, wenn ich von irgendeiner anderen Aktivität zu unserem Turmbau zu Babel zurückkehrte, mußte ich feststellen, daß wieder eine neue Wand eingerissen werden mußte, weil ein Raum ohne Tür entstanden war oder seine Dimensionen unseren zukünftigen Gästen nur ein Schlafen in aufrechter Haltung erlauben würde. Das stetig wachsende Labyrinth aus Zimmerchen, Bädern, Speiseraum, Küche, Vorratsräumen, Vorhof und Innenhof brachte den Bautrupp arg ins Schwitzen.

Von meinem darauffolgenden Besuch in den Staaten brachte ich meinen Freund Fritz mit, der Bildhauer ist und über eine »wilde« Phantasie verfügt. Er sollte dem Bauwerk den letzten Schliff und eine schöne Fassade geben.

Der erste Hotelgast – und nahezu alle folgenden – stellten unter Beweis, daß ich nicht der einzige Fremdling war, der die Araouaner herzerfrischend fand. Julio, der aus Montevideo stammte, hatte ich im vorigen Sommer auf einer Party in New York kennengelernt. Ihm gehörte ein sehr erfolgreiches Restaurant in SoHo, und während unserer Party-Konversation erwähnte ich, daß ich die meiste Zeit des kommenden Jahres in Araouane verbringen würde.

»Wo ist das?« fragte Julio.

»Ungefähr 250 Kilometer nördlich von Timbuktu«, antwortete ich.

»Großartig«, sagte er. »Ich komme zu Besuch.«

Julio kam tatsächlich. Als ich eines Tages in Timbuktu mit einem arabischen Kaufmann namens Abdi um die paar Tonnen Reis, die er gestohlen hatte, feilschte, stand Julio plötzlich in der Tür. Er war einfach in ein Flugzeug nach Timbuktu gestiegen und hatte das erste Kind, dem er begegnete, nach Aebi gefragt.

»Hallo, Ernst«, sagte er so nebenbei. »Wann fahren wir nach Araouane?«

Er war zufällig zu einem sehr günstigen Zeitpunkt angereist, denn wäre ich nicht gerade in Timbuktu gewesen, hätte er große Probleme gehabt, das Dorf zu erreichen.

»Wir fahren morgen los«, sagte ich. »Du bist uns sehr willkommen, aber wenn du erst einmal da bist, hast du für etwa einen Monat keine Gelegenheit mehr, zurückzukehren.«

»Kein Problem. Mein Partner kümmert sich um das Restaurant.«

»Du wirst für das Hotelzimmer bezahlen müssen.«

»Natürlich, das geht in Ordnung.«

»Das Hotel ist noch nicht ganz fertig.«

»Macht nichts.«

»Was willst du einen ganzen Monat lang in Araouane machen?«

»Da wird sich schon was finden.«

Ich war mir nicht ganz sicher, wie die Dorfbewohner reagieren würden, da sie Sinn und Zweck des Hotels nie ganz verstanden hatten. In der Wüste bietet man Besuchern stets freie Unterkunft, und die Vorstellung, daß jemand freiwillig für eine Dienstleistung bezahlte, die immer kostenlos gewesen war, erschien ihnen lächerlich.

Als wir in unserem mit Reis und Baobabpulver vollbeladenen Lastwagen ins Dorf knatterten, versammelten sich die Araouaner wie üblich zu einem überschwenglichen Empfang. Die Frauen stimmten ein Geheul an, die Kinder kreischten, die Männer lächelten, viele Hände wurden zur Begrüßung ausgestreckt. Und dann erblickten sie Julio.

»Hallo allesamt«, sagte ich auf französisch. »Begrüßt Julio, unseren ersten Gast.«

Die Männer traten zurück und ließen die ausgestreckten Arme sinken, und die Frauen verschwanden einfach von der Bildfläche. Nur einige der Kinder, die meine endlosen Geschichten von fremden Ländern und fremden Menschen über sich hatten ergehen lassen müssen, wagten ein unsicheres Lächeln und einen Gruß. Mit typisch südamerikanischer Überschwenglichkeit sprang Julio vom Wagen und versuchte, alle Kinder an sein Herz zu drücken. Aber dieses Verhalten unterschied sich nun doch ein wenig zu drastisch von dem üblichen Begrüßungsritual.

Die Kinder überwanden ihre anfängliche Scheu jedoch, und es war noch kein Tag vergangen, als sich unser Gast bei ihnen wie zu Hause fühlte. Stundenlang rannten sie mit Julio durch die Dünen und spielten Fangen und Verstecken. Bald tönte es den lieben langen Tag: »*Julio, viens ici*«, »*Julio, tu veux …*«, »*Julio, montre moi …*« Bei ihren Spielen lernten die Kinder mit einer Geschwindigkeit Französisch, die fast unglaublich schien.

Julio blieb tatsächlich einen Monat bei uns, und er genoß jede einzelne Minute. Er malte Aquarelle vom Dorf und vom Garten und brachte einigen Kindern das Zeichnen bei.

Zu dieser Zeit war nur ein Hotelzimmer fertig, und ringsum war der Bau in vollem Gange. Fritz – der Himmel möge es ihm ewig lohnen – setzte sein ästhetisches Empfinden in die Praxis um, indem er die Bauarbeiten zu einem großen Teil selbst leitete, und die Kinder bemalten die Wände mit originellen Fresken in verschiedenen Erdtönen. Da es sonst nicht viel zu tun gab, beteiligte sich auch Julio häufig am Hotelbau.

Ich wollte den Dorfbewohnern demonstrieren, welche Bedeutung das Hotel für sie haben konnte, und so bat ich Julio vor seiner Abreise, seine Rechnung vor aller Augen zu begleichen. Das Geld an sich, etwa 1200 Dollar, bedeutete ihnen immer noch nicht sehr viel. Doch als ich ihnen erklärte, für diese Summe könnten sie drei Tonnen Hirse kaufen, und das wäre so viel, daß man zum Transport dreißig Kamele benötigte, waren die Dorfbewohner schließlich vom Nutzen des »Araouane Hilton« überzeugt.

Nicht alle unsere Gäste blieben im Hotel. Eines Tages kam eine Gruppe Kinder außer sich vor Entsetzen zum Garten herübergerannt. »Hilfe!« schrie eines von ihnen. »Kommt schnell! Im Dorf ist ein verrückter Mann, der alle Ziegen umbringen will! Er hat auch gesagt, daß er jeden Menschen töten wird, der ihm zu nahe kommt.« Wir ließen die Gartengeräte fallen und rannten ins Dorf. Ich stürmte in mein Haus, um eine Kette zu holen, mit der wir den Eindringling gegebenenfalls in Schach halten konnten. Einige mit Schaufeln und Beilen bewaffnete Männer hatten fast schon das Dorfzentrum erreicht.

Als ich eintraf, hatte sich vor Habbabus Haus eine große Menschentraube gebildet, in deren Mitte unser Irrer stand, ein schmächtiges Kerlchen in einem zerlumpten Uniformmantel der französischen Armee, der ihm fast bis auf die Füße hing. Sein sonnengebräuntes Gesicht trug leicht mediterrane Züge und wurde von einem wirren Knäuel dichten schneeweißen Haares umrahmt; er blickte wie ein in die Enge getriebenes Tier.

Ich fragte ihn, ob er Französisch spreche.

»*Bien sûr*«, erwiderte er. »Ich bin der König der Verbrannten Erde, der Fürst des Gelobten Landes.«

»Was tun Sie hier?«

»Ich werde bald zu meinen Truppen stoßen, die sich etwas weiter nördlich befinden.«

»Wo? In den Salzminen?«

»Wo denken Sie hin«, entgegnete er verächtlich. »Meine Truppen erwarten mich dort.« Er deutete in nordöstliche Richtung.

Mittlerweile war ich zu dem Schluß gekommen, daß unser Besucher für das Dorf keine Gefahr darstellte, und sagte den Dorfbewohnern, sie könnten wieder an die Arbeit gehen. Die meisten jedoch bannte die Neugier an Ort und Stelle, und sie blieben, um meine Unterredung mit dem Gast weiter zu verfolgen. So etwas Aufregendes war schon lange nicht mehr geschehen!

»Was werden Sie tun«, fragte ich, »wenn Sie Ihre Truppen erreicht haben?«

»Ich werde mein rechtmäßiges Königreich der Verbrannten Erde zurückfordern.«

»Von wem?«

»Von dem Land neben Amerika.«

»Wie bitte? Von Kanada oder von Mexiko?«

»Nein, nein«, sagte er mit wachsender Ungeduld. »Von dem Land *zwischen* Kanada und Amerika.«

»Ich verstehe«, sagte ich ruhig. »Aber in diesem Fall wandern Sie in die falsche Richtung. Sie müssen sich nach Süden wenden, bis Sie Timbuktu erreichen, dann rechts Richtung Westen bis nach Dakar, und dann müssen Sie sich ein Schiff suchen, denn zwischen Afrika und Amerika befindet sich ein großer Ozean.« Wenn er von Araouane aus, wie beabsichtigt, weiter nach Norden ging, würde er mit Sicherheit in der Wüste umkommen.

»Hmm.« Er dachte eine Minute nach. »Vielleicht sollte ich meine Verbündeten informieren.«

»Wer sind Ihre Verbündeten?«

Er griff in die Manteltasche und zog einen dicken Stoß zusammengefalteter Papiere heraus, die er in ein Stück Sackleinen gewickelt hatte.

»Sehen Sie selbst«, sagte er. »Alle diese Herrscher wissen, daß ich um mein rechtmäßiges Erbe betrogen wurde. Sie werden mir alle beistehen.«

Er gab mir die Papiere. Es waren ungelenk gekritzelte Briefe in französischer Sprache an die Könige von Ägypten, Sudan, Syrien, Pakistan, Indonesien, Iran, Irak, Malaysia und Afghanistan. Der König der Verbrannten Erde hatte die imaginären Monarchen sämtlicher moslemischer Staaten, die ihm einfielen, um Hilfe ersucht.

»Sobald meine Verbündeten eintreffen«, sagte er, »werde ich mir meinen Schatz wiederholen, der im Norden in der Wüste vergraben liegt.«

Er teilte mir mit, er käme von Adrar her, »meistenteils zu Fuß, doch manchmal auch mit Abteilungen meiner Armee«. Ich konnte nicht glauben, daß er den Weg von einer 1500 Kilometer entfernten Stadt zu Fuß zurückgelegt und dabei ein Wüstengebiet durchquert hatte, in dem es weder Brunnen noch Nomaden, ja nicht einmal eine einzige Feldflasche voll Wasser gab. Wäre er aber von Süden her gekommen, so hätte er dem einen oder anderen Nomaden in die Arme laufen müssen, und wir hätten über die geheimnisvollen Kanäle, durch die der neueste Saharaklatsch kilometerweit auch in die entlegensten Winkel gelangte, praktisch umgehend davon erfahren. Seine äußere Erscheinung und sein Akzent ließen auf einen Algerier schließen, aber das war nicht eindeutig aus ihm herauszubringen. Es gelang uns nicht, ihn zum Bleiben oder zumindest zu einer kleinen Ruhepause zu bewegen. Er war fest entschlossen, seine Phantomarmee aufzusuchen. Wir gaben ihm daher einen Sack voll Korn, getrocknetes Kamelfleisch, Tee und Zucker sowie einen Plastikkanister voll Wasser mit, zeigten ihm den Weg nach Timbuktu, und er wanderte gemächlich in die angegebene Richtung. Zwei Tage später – wir waren alle im Garten beschäftigt – entdeckte plötzlich jemand eine Gestalt in der Wüste.

»Der König der Verbrannten Erde!« schrie unser Späher und deutete nach Osten. Weit in der Ferne sahen wir ihn in seinem zerfetzten Mantel die Dünen durchpflügen. Er hatte kehrtgemacht und strebte nun gen Norden. Wir schüttelten den Kopf, denn wir wußten, daß er in dieser Richtung auf fast 2000 Kilometer kein Wasser und keine Nahrung finden würde – es sei denn, es wartete tatsächlich eine Armee auf ihn.

Ungefähr einen Monat später erzählten Kameltreiber, die aus den Salzminen zurückkehrten, in Taoudeni sei ein weißer Mann aufgetaucht. Er habe um etwas Wasser gebeten, ihm angebotene Lebensmittel aber zurückgewiesen und sei dann wieder in der Wildnis verschwunden.

Vielleicht war er wirklich der König der Verbrannten Erde.

Ein anderes Mal brachte uns eine aus Mauretanien kommende Karawane ein »Geschenk« mit – einen sehr großen, splitterfasernackten Mann mit pechschwarzer Haut. Man hatte ihn im Niemandsland zwischen Araouane und der 400 Kilometer südwestlich gelegenen mauretanischen Stadt Oualâta aufgegriffen.

»Er kann kein schlechter Mann sein«, sagten sie. »Er betet fünfmal am Tag. Wir haben versucht, mit ihm zu reden, aber er versteht keine von den Sprachen, die wir sprechen.«

Ich versuchte es mit Französisch und Englisch, da viele Leute in diesem Teil von Afrika wenigstens ein Wort oder zwei einer europäischen Sprache kennen, aber der große Mann schien mich nicht zu verstehen.

Zuerst gaben wir ihm ein paar Kleider, weil sich die prüden Einwohner Araouanes in Gegenwart dieses turmhohen Mannes, der nichts trug als ein leeres Lächeln, ziemlich unwohl fühlten. Sidi Mohammed kramte ein paar Haussa-Wörter zusammen, mit denen er dem Fremden tatsächlich eine Antwort entlocken konnte, aber der Führer beherrschte die Sprache zu schlecht, um sich richtig mit unserem Gast unterhalten zu können.

Wie immer in einer ungewohnten Situation standen die Araouaner unsicher herum und waren zwischen Neugier und der Angst vor dem Unbekannten hin und her gerissen. Unter nervösem Geschnatter begutachteten sie die Erscheinung aus sicherer Entfernung. Wir boten dem Mann Wasser an, das er gierig trank. Mohammed Ali und Boudj brachten ihm aus unserem Lagerhaus etwas zu essen, und er verzehrte den Reis und die Hirse roh. Mit Zeichensprache luden wir ihn ein, im Dorf zu bleiben und etwas gekochte Nahrung zu sich zu nehmen, was er sofort zu verstehen schien. Doch anstatt sitzen zu bleiben und die Zubereitung der Mahlzeit abzuwarten, ging er los und zog bettelnd von Haus zu Haus. Die Hosen, die wir ihm gegeben hatten, wurden zu einem Minikornspeicher umfunktioniert; mit einem Stück Kordel band er sich ein Hosenbein um den Oberschenkel und schüttete soviel Hirse, wie er bekommen konnte, in den provisorischen Sack.

Der Fremde blieb mehrere Wochen bei uns. Er wohnte in einem kleinen Zelt, das er sich bei einer Düne in der Nähe des Gartens eingerichtet hatte. Da er jeden Tag damit beschäftigt war, um Nahrung zu betteln, versuchten wir, ihn zum Tragen von Bancoziegeln oder zur Gartenarbeit zu überreden, aber er ließ sich zu keiner Arbeit bewegen. Er war schmutzig und roch fürchterlich, und das einzige, wozu er in der Lage zu sein schien, war Betteln und Essen.

Die Kinder fanden ihn äußerst unterhaltsam, aber ich konnte es kaum erwarten, unseren Gast nach Timbuktu zu befördern. Allerdings war ich nicht besonders scharf darauf, ihn auf dem ganzen

Weg in die Stadt im Landrover neben mir sitzen zu haben. Außerdem fürchtete ich, daß er uns gar nicht verlassen wollte. Hier in Araouane bekam er den lieben langen Tag zu essen, ohne einen Finger dafür zu rühren – warum also sollte er überhaupt in das Auto einsteigen wollen?

Als ich das nächste Mal nach Timbuktu fahren mußte, schlich ich mich mit einem Seil in der Hand an unseren Besucher heran. Ich glaubte, ihn für die Dauer der Reise anbinden zu müssen, aber er war erstaunlich kooperativ. Sanft wie ein Lamm stieg er in den Lastwagen, und da ich auch noch einige Minenarbeiter mitnahm, brauchte ich mir keine Sorgen zu machen. In Timbuktu ließen wir den Mann aussteigen, und ohne ein Wort verschwand der Riese in der Menge.

Einige Monate später tauschte ich mit einigen Freunden in Timbuktu den neuesten Klatsch aus und erfuhr dabei, daß ein Flugblatt über einen großen Hausa-Mann verteilt worden war. Ich erkundigte mich nach näheren Einzelheiten.

»Ach, das ist so ein verrückter Nigerianer«, erzählte mir ein Freund. »Letztens kam eine Abordnung, die nach ihm gesucht hat. Anscheinend ist er ein sehr reicher Mann, der den Verstand verloren hat und nun wie ein gewöhnlicher Irrer umherstreift. Seine Familie hat demjenigen, der ihn zurückbringt, eine Belohnung von 20 000 US-Dollar in Aussicht gestellt.«

Dazu fielen mir nur zwei Worte ein: »Oh, Scheiße!«

Als der Hotelbau vollendet war, hatte sich zwischen den Dorfbewohnern und mir eine so enge Beziehung entwickelt, daß wir uns fast wie Mitglieder ein und derselben Familie fühlten. Dabei war mir die Anwesenheit meines alten Freundes Fritz eine große Hilfe gewesen. Verlor ich einmal die Geduld oder wurde ärgerlich, so hatte Fritz immer ein Späßchen auf Lager. Einmal fand er in der Altkleidersammlung aus der Schweiz einen rot-weiß gestreiften Body mit langen Beinen. Er erklärte einem Teenager namens Girage, das sei in Europa zur Zeit der letzte Schrei, und der Junge schlüpfte voller Eifer hinein. Mit dem knappen Unterkleid, das wie eine zweite Haut an ihm klebte, schritt Girage voller Stolz durch den Ort.

Doch leider saß das gute Stück ein wenig *zu* perfekt. Als ihm einige Frauen versicherten, wie umwerfend er in seinem neuen Outfit aussähe, stellte Girage eine Erektion zur Schau, die jeden Maultierhengst vor Neid hätte erblassen lassen. Da die Araouaner an lange, fließende Gewänder gewohnt waren, dachte der Junge nicht daran, daß seine Aufwallung jedem deutlich sichtbar war. Als die anderen zu lachen anfingen, war Girage so verlegen, daß er vergaß, seine vorwitzig herausgestreckte Zunge wieder einzuziehen. Fritz trieb erbarmungslos seinen Spott mit ihm, jagte ihn quer durchs Dorf und schrie, er werde dem armen Kerl die Zunge an den Schwanz binden.

Eines Abends im März meines zweiten Jahres in Araouane saß ich mit meinem Freund, dem Gouverneur, beim Abendessen zusammen. Als ich erwähnte, ich hätte noch immer nicht die Gelegenheit gehabt, Taoudeni zu besuchen, sagte er mir gleich seine Unterstützung zu. Er überwand sämtliche bürokratischen Hindernisse und verschaffte mir eine offizielle Genehmigung. An dem Nachmittag, als ich sie erhielt – ich hielt mich gerade in Timbuktu auf –, war ich so glücklich, daß ich die gute Nachricht am liebsten der ganzen Welt verkündet hätte, doch die einzige Person in meiner Nähe war ein alter Mann in der Hotelhalle.
»Ich habe gerade die Erlaubnis erhalten, zu den Salzminen zu gehen!« teilte ich ihm mit.
»Das ist wunderbar«, sagte der alte Mann. »Nehmen Sie mich mit?«
Er sprach mit einem starken italienischen Akzent, und seine Nasenlöcher vibrierten ständig – wie bei einem Kaninchen, dem man eine Möhre hinhält.
»Das könnte schwierig werden«, entgegnete ich. »Ich lebe in Araouane und werde direkt von dort aus fahren. Morgen fahre ich mit meinem Lastwagen ins Dorf zurück, und ich weiß nicht, in wieviel Wochen ich mit dem Landrover nach Taoudeni aufbrechen werde.«
»Das hört sich sehr gut an. Ich muß erst in acht Monaten wieder in Italien sein.«
»Das Hotel in Araouane ist ziemlich teuer, und wenn Sie erst einmal da sind und es Ihnen nicht gefällt, können Sie frühestens in einem Monat nach Timbuktu zurückfahren.«

»Kein Problem«, sagte er und schnüffelte heftig.
»Für den Transport nach Araouane berechne ich eine Ziege …«
»Sagen Sie mir nur, wo ich eine kaufen kann.«
»Aber Sie haben doch keine Reisegenehmigung zu den Minen.«
»Ihre Arbeitserlaubnis sieht bestimmt auch einen Assistenten vor, und der könnte ich ja sein.«
»Die Reise ist äußerst anstrengend …«
»Kein Problem, ich bin anstrengende Reisen gewöhnt. Ich heiße übrigens Paolo.«
Offenkundig konnte ich den alten Mann einfach nicht loswerden. Mittlerweile schnüffelte er so kräftig, daß ich befürchtete, er würde in Ohnmacht fallen. Seine Nasenflügel flatterten fieberhaft, und der Adamsapfel tanzte an seinem langen Truthahnhals auf und nieder. Er sei in Mailand Bankier gewesen, erzählte mir Paolo, aber nun habe er sich zur Ruhe gesetzt. Außerdem betrieb er noch einen Skiverleih in den italienischen Alpen, aber wegen Schneemangels hatte er den Laden schließen müssen und war spaßeshalber nach Afrika gekommen.
»Wann brechen wir auf?« fragte Paolo, und dann folgte ein nicht enden wollender Redeschwall. »Ich bin bereit. Ich habe nur einen kleinen Rucksack. Ich esse nicht viel. Was Essen betrifft, bin ich ganz unproblematisch. Kann ich Sie zu einem Bier einladen? Ich bin jetzt zwei Monate in Afrika, die meiste Zeit war ich in Tunesien und Algerien. Normalerweise lasse ich mich von Lastwagenfahrern mitnehmen, aber nach Timbuktu bin ich von Gao aus mit einer Piroge über den Niger gekommen. Der Bootsführer war so ungeschickt, daß er das Boot auf jeder Sandbank aufsetzte, und so bin ich einfach am Ufer entlanggewandert, bis ich mit jemand anderem mitfahren konnte. Seien Sie unbesorgt, ich habe genug Geld. Wie heißen Sie übrigens?«
Zumindest war Paolo allem Anschein nach kein anspruchsvoller Gast – jetzt mußte ich nur noch herausfinden, wie er ruhigzustellen war.
In Araouane angekommen, stellte ich ihn den Leuten vor, die im Hotel arbeiteten.
»Dies ist Paolo«, sagte ich. »Er wird längere Zeit im Hotel bleiben und euch lehren, wie Touristen zu behandeln sind – befolgt also

seine Anweisungen. Ich habe ihm gesagt, er soll sich auch über die unwichtigsten Dinge, die ihr falsch macht, beschweren, damit ihr von ihm lernen könnt.«

Die fünf Kinder, denen die Hoteldienste übertragen worden waren, wechselten sich mit Paolos Betreuung ab. Zur Zeit hatten wir keine anderen Gäste, und da wir bis dahin noch nicht viele gehabt hatten, waren die Kinder noch ganz aufgeregt, weil alles neu für sie war. Paolo kommandierte sie wie Rekruten herum.

»Womit hast du dieses Glas abgewaschen?« brüllte er ein Kind an.

»Mit Sand.«

»Bist du verrückt? Sand?! Das ist wirklich lächerlich! Gläser wäscht man mit Wasser.«

Ein paar Minuten später kam der Junge zurück.

»Paolo, ist es so in Ordnung?«

»Womit hast du es diesmal abgewaschen?«

»Mit Wasser, wie du gesagt hast.«

»Nicht mit Seife?«

»Davon hast du nichts gesagt.«

Und so weiter, und so weiter.

Paolo war so komisch und verrückt, daß man ihn einfach gern haben mußte. Seine Habseligkeiten bestanden aus zwei Hosen, zwei Hemden und zwei Garnituren Unterwäsche, einem kleinen Beutel mit Toilettenartikeln, einem Fotoapparat und einem Schlafsack. Bou-djema erzählte mir, jedesmal, wenn Paolo den Kindern vom Hoteldienst eine Hose zum Waschen gab, trennte er zuerst einen angenähten Beutel voller Geld vom Hosenbund ab und nähte ihn in die saubere Hose ein. Obwohl er fließend Französisch sprach, bestand er darauf, den Kindern einige Wörter Italienisch beizubringen. Bald schon piepsten die Kinder *»pasta«, »buon giorno«, »ciao«* und, nach einem beliebten Ausruf ihres Lehrers, *»che bestia!«,* was frei übersetzt so viel heißt wie »so ein Vollidiot«.

Maurice und Viviane, meine Freunde von der belgischen Hilfsorganisation Île de Paix, kamen ebenfalls über meine Erlaubnis nach Taoudeni. Ali, Buoni, Moulay, Sidi Mohammed und alle anderen kundigen Führer waren mit Karawanen unterwegs, so daß wir mit Hamd'r Rahman vorliebnehmen mußten. Er war fast blind, besaß nur noch drei gelbe Zahnstümpfe und hatte das Talent, mit den ihm anvertrauten Konvois regelmäßig im Sand steckenzubleiben, die höchsten und steilsten Dünen zu überqueren und jede Strecke in der doppelten Zeit wie üblich zurückzulegen. »*Magnifico!*« rief Paolo aus, als ich ihm dies mitteilte. »So sehen wir mehr von der Wüste.« Ich beschloß, Boudj als Helfer in der Not mitzunehmen, falls wir die Autos ausgraben müßten. Paolo und Viviane waren an körperlich schwere Arbeit nicht gewöhnt, und Maurice hatte eine gebrochene Hüfte, mit der er nichts Schweres heben durfte. Wir bereiteten eine Menge getrocknetes Kamelfleisch für die Reise vor, da es leicht, kompakt und nahezu unverderblich war.

Auf der gesamten 500 Kilometer langen Strecke nach Norden war der Sand fast so fest wie eine Asphaltstraße. Es gab überhaupt keine Orientierungspunkte, und da ich Hamd'r Rahmans Fähigkeiten nicht uneingeschränkt vertraute, hatte ich meinen Kompaß ständig im Blick. Als wir uns weit von der Kamelkotspur entfernten, die Karawanen der letzten Jahre zurückgelassen hatten, wußte ich, daß wir uns nicht mehr auf dem richtigen Kurs befanden, doch nach einer ehernen Regel der Wüste durfte ich das Urteil unseres Führers nicht in Frage stellen.

Wir erreichten Taoudeni ohne größere Probleme. Zwar waren wir länger unterwegs gewesen als mit einem besseren Pfadfinder und mehrmals in einem Sandloch hängengeblieben, doch selbst dem hatten wir noch etwas Positives abgewinnen können: Als wir wieder einmal in der Patsche saßen, suchten wir einen großen Haufen Steine zusammen, um sie unter die Wagenräder zu legen, doch bei näherem Hinschauen stellten wir fest, daß es sich in Wirklichkeit um versteinertes Holz handelte. Einmal aufmerksam geworden, fanden wir auf den nächsten 100 Kilometern immer wieder versteinerte Holzbrocken. Dieser Teil der Wüste war also vormals bewaldet gewesen.

Als wir uns den Minen näherten, begegneten wir vielen Gruppen von Männern, die mit Salzkarawanen auf dem Weg in ihre Heimatdörfer im Süden waren. Die Arbeiter waren zerlumpt und abgemagert, meistens barfuß und hatten noch eine quälend lange Reise über scharfkantige Felsen und glühendheißen Sand vor sich. Boudj reichte mehreren von ihnen eine Schüssel mit Brunnenwasser aus Araouane und sagte, sie seien herzlich willkommen, falls sie jemals in unsere Stadt kämen. Dankbar schütteten die Männer das Wasser in sich hinein. Sie berichteten, daß die Arbeiter in den Minen sehnsüchtig von Araouanes legendären Brunnen erzählten.

In Taoudeni sah ich endlich mit eigenen Augen, wie die Männer von Araouane jahrhundertelang geknechtet worden waren. Zuerst erblickten wir eine Kette niedriger Hügel, auf der – so sah es zumindest aus der Entfernung aus – emsige Ameisen hin- und herkrabbelten. Als wir ankamen, krochen die Arbeiter, froh über die Abwechslung von der tagtäglichen Schinderei, aus ihren Löchern. Wir wurden von einer Armeepatrouille angehalten, erhielten aber überall freien Zugang, als wir ihnen den Brief des Gouverneurs präsentierten.

Das Gefängnis, das man erst zwei Jahre zuvor geschlossen hatte, befand sich bereits wieder fest in der Hand der Wüste. Es bestand lediglich aus einigen dachlosen Baracken aus Salzblöcken; Mauern, Tore oder Stacheldraht fehlten. Die Wüste war Absperrung genug.

Etwa hundert Minenarbeiter und die wenigen Patrone, die sie überwachten, kamen zu unserer Begrüßung herbei. Viele von ihnen kannten Boudj und mich, da sie auf ihrem Weg hierher oft durch Araouane zogen. Sie zeigten uns das gesamte Gelände und ließen uns durch die Höhlen kriechen, die sie aus dem Boden gehauen hatten. Sie erklärten, daß sie zuerst quadratische Löcher von etwa neun Metern Länge und sechs Metern Tiefe ausheben, bis sie auf die Salzvorkommen stoßen. Dann hacken sie mit groben Beilen und Krummäxten Salzplatten von einem Meter Länge und etwa dreißig Zentimetern Dicke heraus. Zu Beginn ist die Arbeit noch am wenigsten beschwerlich, doch sobald eine Salzschicht entfernt ist, graben sie sich in alle Richtungen vor – und das ohne einen einzigen Balken, der die tonnenschwere Erde über ihnen abstützt; häufig graben die Arbeiter wohl so lange, bis ein Tunnel zusammenbricht.

Ich traf zwei Männer aus Timbuktu, die ich in meinem ersten Jahr nach Araouane geholt hatte. Hammoudi, der recht gut Französisch sprach, erzählte mir, er habe eine Menge bei uns gelernt.

»Nach der Arbeitszeit bei euch«, sagte er, »habe ich mich nicht mehr verschuldet. Ich arbeite jetzt für meine eigene Tasche und kann den Erlös von dem Salz, das ich haue, für mich behalten.« Ein anderer Arbeiter berichtete mir, Hammoudi tausche heimlich Salzbarren gegen Teppiche von algerischen Schmugglern. Auf seine Weise war er ein richtiger Unternehmer geworden.

Die Männer hier lebten in ärmlichen Hütten aus Salz, das für den Transport zu brüchig war. Ihre Hauptnahrung bestand aus Kamelfleisch von den Tieren, die zu schwach waren, um mit den Karawanen den Heimweg durch die Wüste anzutreten. Die Hütten boten keinerlei Schutz vor den Temperaturschwankungen, die hier herrschten und den Menschen quälend zusetzten. In diesem Wüstengebiet kann der Unterschied zwischen Tag- und Nachttemperatur nahezu 40 Grad Celsius betragen.

Man hatte mich vorher gewarnt, kein Wasser aus Taoudeni zu trinken, doch schon ein Blick in die dreckigen Trinkwasserfässer hätte ausgereicht, um mich davon abzuhalten. In ihnen schwamm eine rostig-braune, schlammige Flüssigkeit von ölartiger Konsistenz. Glücklicherweise hatten wir genügend Wasser aus Araouane mitgenommen.

Paolo malträtierte die Arbeiter mit Tausenden von Fragen, von denen sie mit Sicherheit keine einzige verstanden. Er versuchte sie davon zu überzeugen, statt in die Minen einfach an den Strand zu gehen und das Salz aus dem Meer zu gewinnen. Boudj versuchte sich als Übersetzer, doch weder er noch die Minenarbeiter hatten jemals das Meer gesehen, und so stand Boudj auf verlorenem Posten.

Maurice und Viviane kehrten nach Timbuktu zurück, doch Paolo begleitete mich nach Araouane. Inzwischen hatte ich ihn richtig in mein Herz geschlossen. Einige Tage nach unserer Rückkehr aßen wir gemeinsam in meinem Haus zu Mittag. Es war so heiß, daß uns der Schweiß von der Stirn in die Teller tropfte. Alles war still. Nicht einmal Paolo hatte irgend etwas zu sagen. Ich sah auf die Uhr und beschloß, bei dieser Hitze sogar auf den Abwasch zu verzichten und statt dessen eine Siesta zu machen. Als ich auf das Zifferblatt schaute, stellte ich fest, daß wir den ersten April hatten.

»Übrigens, Paolo«, sagte ich, »heute morgen haben mir die Kinder erzählt, daß sich eine der berühmten mauretanischen Karawanen in der Nähe des Dorfes befindet.«

»Was ist denn so besonders an einer mauretanischen Karawane?«

»Du weißt doch – die Karawanen jenes kleinen Stammes, der seine Kamele dazu abrichtet, auf den Hinterbeinen zu sitzen wie deutsche Schäferhunde.«

»Wovon sprichst du?«

»Hast du etwa nie davon gehört? Jetzt bist du schon so lange in Afrika und hast noch kein einziges Mal von den berühmten bettelnden Kamelen gehört?«

»Nein.«

»In dieser Region hier kennt jeder den Stamm, aber bisher haben nur wenige Leute sie wirklich gesehen. Sie halten ihre Kamele von anderen Herden streng getrennt, weil sie befürchten, daß die Kamele ihre gesamte Ausbildung wieder vergessen, wenn sie andere Tiere ganz normal auf dem Boden liegen sehen.«

»Das ist mir vollkommen neu.«

»Letztes Jahr kamen sie hier vorbei, und ich habe ein paar interessante Fotos von ihnen gemacht.«

»Tatsächlich!«

»Ein äußerst merkwürdiger Stamm. Sie lassen ihre Kamele draußen in der Wüste und bringen ihnen Wasser.«

»Wo sind sie jetzt?«

»Salim sagte mir, sie befänden sich hinter der zweiten Dünenkette nordwestlich vom Dorf. Hussein hat ihnen heute morgen beim Wassertragen geholfen, und sie haben ihm eine Ziegenhaut voll Milch dafür gegeben.«

»Meinst du, daß sie noch da sind?«

»Ich kann mir nicht vorstellen, daß sie schon alle Kamele getränkt haben, also bin ich sicher, daß sie noch da sind.«

»Ich gehe und schau' sie mir an.«

Nachdem eine Stunde vergangen war und ich vergeblich versucht hatte, ein Mittagsschläfchen zu halten, begann ich mir Sorgen zu machen. Paolo war noch nicht zurück, und es war so heiß, daß man im Sand ein Steak hätte braten können. Ich stand auf und ging in Richtung der Dünen – zumindest versuchte ich es, aber die meiste Zeit hüpfte ich nur von einem Fuß auf den anderen. Der Sand verbrannte mir die Füße durch die Löcher in meinen Sandalen, und so ging ich noch einmal zurück und zog mir feste Schuhe an. Fast auf dem Kamm der ersten Dünenkette erspähte ich Paolo, der sich weit in der Ferne dahinschleppte.

»Paolo!« schrie ich. »Paolo! Paolo!« Ich schrie weiter, bis er mich endlich hörte.

Er hob die Arme, als wolle er fragen, wo die berühmte Karawane denn nun sei.

»*Primo Aprile!*« brüllte ich.

Ich sah ihn auf- und abspringen. Es sah ganz so aus, als fluche er, aber er war zu weit entfernt, als daß ich ihn hätte hören können.

Die Kinder waren hell empört darüber, daß ich Paolo betrogen hatte.

»Du hast gelogen!« sagten sie. »Immer sagst du uns, daß in Araouane niemand lügen darf, und jetzt gehst du hin und lügst selber.«

»Doch nur, weil wir den ersten April haben«, entgegnete ich. »In vielen Ländern der Welt ist es fast ein Gesetz, daß man an diesem einen Tag so viel lügen oder betrügen darf, wie man will – natürlich nur, solange man niemandem weh tut oder schadet. Heute ist der erste April, und deshalb *muß* man jemanden in den April schicken.«

Von nun an schmiedeten die Kinder eifrig Pläne, wie sie mich am ersten April des darauffolgenden Jahres hereinlegen könnten. Aber sie waren nicht sehr geschickt im Betrügen, weil sie mir voller Stolz über ihren Trick diesen einfach verraten mußten.

»Beim nächsten ersten April«, vertrauten sie mir an, »werden wir dir von einer Karawane erzählen, deren Kamele rückwärts gehen, und dann wirst du ganz weit in die Wüste laufen, um sie zu finden.«

»Ihr seid doch dumm«, sagte ich. »Wie soll ich denn auf euren Trick hereinfallen, wenn ihr mir schon vorher alles verratet?«

Als ich im Oktober des dritten Jahres zum ersten Mal mit Emilie aus den USA nach Araouane zurückkehrte, weihten die Kinder Emilie bald in ihre große Intrige ein. Kurz vor dem 25. März, meinem dreiundfünfzigsten Geburtstag, erreichten die Ränkespiele ihren Höhepunkt. Die Kinder hatten eine Überraschungsparty für mich organisiert und waren vor Aufregung ganz zappelig.

An diesem Morgen jedoch funkte die Hilfsorganisation Île de Paix, die sich meistens mehrmals in der Woche meldete, eine dringende Botschaft von Timbuktu herüber. Heute gab es nicht den üblichen Klatsch zu berichten.

»Araouane, Araouane, hier ist Timbuktu, könnt ihr mich hören?«

»Bestätigt, ich höre dich laut und deutlich.«

»Ihr müßt sofort nach Timbuktu kommen.«

»Roger, wir kommen in etwa zehn Tagen.«

»Negativ, ihr müßt umgehend kommen.«

»Wozu die Eile?«

»Es gibt Order von höchster Stelle, daß ihr sofort nach Timbuktu kommen müßt. Ich kann euch nicht mehr sagen – jeder in der Wüste könnte mithören.«

Es klang wichtig. Ich kannte den Funker, einen Franzosen namens Henri Gall; er war niemand, der allzu leicht in Panik geriet.

»Na gut«, sagte ich. »Wir machen das Auto reisefertig und kommen dann morgen.«

»Negativ, sofort, unverzüglich.«

Emilie war im Hof damit beschäftigt, von einer Gazellenhaut das Fleisch abzuschaben. Vor einigen Monaten hatte ihr ein Nomade das Kleine als Haustier mitgebracht, aber es war gestern gestorben, und Emilie wollte sein Fell aufbewahren.

»Wir müssen sofort nach Timbuktu abreisen«, sagte ich. »Henri kann uns den Grund nicht verraten, aber wir müssen fahren.«

Schon seit Monaten hatten wir über BBC-Kurzwellennachrichten von der wachsenden Unruhe in der Sahara gehört. Abgesehen von dem ständigen Aufstand der Tuareg hatte es in allen Städten Malis sporadisch Plünderungen und Brandanschläge gegeben. Noch am Morgen hatte der Nachrichtensprecher des Kurzwellenfunks das Gerücht vom Sturz der malischen Regierung gemeldet. Wenn das stimmte und die verschiedenen Rebellengruppen an Geiseln aus dem Westen interessiert waren, würden wir hier in Araouane in der Falle sitzen.

Bisher war Araouane von diesen Turbulenzen verschont geblieben. Doch nun war diese glückliche Zeit anscheinend vorbei.

Aus Afrika herauszukommen, würde kein Zuckerschlecken sein. Wir erwogen, mit dem Landrover über die Grenze in ein anderes Land zu fahren, aber alle Wege waren uns versperrt: In Richtung Osten nach Niger konnten wir nicht fahren, weil wir kein Visum hatten; die erforderlichen Stempel bekam man nur in Bamako und Ouagadougou in Burkina Faso, und beide Städte waren durch die regierungsfeindlichen Aufstände von der Außenwelt abgeschnitten. Der Weg zur Elfenbeinküste und nach Guinea war uns aus demselben Grund versperrt. In Richtung Westen nach Mauretanien oder Richtung Norden nach Algerien konnten wir uns auch nicht wenden, da der Golfkrieg noch andauerte und das Gerücht umging, daß diese Staaten alle amerikanischen Reisenden abwiesen. Somit führte der einzig mögliche Fluchtweg über Timbuktu.

»Vielleicht haben sie für die Ausländer in Timbuktu eine Luftbrücke eingerichtet«, meinte ich. »Wir sind nur vierzehn Personen – für die könnte man ein kleines Flugzeug chartern. Am besten bereiten wir uns auf eine längere Abwesenheit vor.«

Zwei Stunden später hatten wir gepackt. Bou-djema und Baba Boatna hatten das Öl gewechselt und den Landrover aufgetankt. Ich hielt vor den versammelten Dorfbewohnern spontan eine kleine Rede und ermahnte sie, ihre Gartenarbeit fortzusetzen, was immer auch geschähe.

»Ich verspreche euch allen, daß wir euch niemals im Stich lassen werden«, sagte ich. »Eines Tages werden wir zurückkommen. Bis dahin müßt ihr unter Beweis stellen, wie stark Araouane geworden ist. Wie ich euch immer gesagt habe, seid ihr nicht auf Hilfe von außen angewiesen. Egal, welche Probleme sich euch stellen – ich bin sicher, daß ihr sie lösen könnt.« Einige Frauen weinten. Emilie weinte mit ihnen.

Als wir gerade abfahren wollten, flüsterte Boudj Emilie etwas ins Ohr.

»Emilie«, sagte er, »vergiß nicht, Ernst zu erzählen, was wir an seinem Geburtstag und am ersten April mit ihm gemacht hätten.«

Auf unserer Fahrt nach Timbuktu war Emilie den Tränen nahe; sie dachte unentwegt an unsere Freunde in Araouane, sorgte sich darum, wie es ihnen ergehen würde, und beklagte die Trennung von ihnen, verschwendete aber nicht einen einzigen Gedanken an unsere eigene Sicherheit.

Ein paar Stunden, nachdem wir das Dorf verlassen hatten, erzählte sie mir von den Plänen, die sie und die Kinder für die kommenden Wochen ausgeheckt hatten. Für meinen Geburtstag hatten die Kinder für Emilie und mich zwei Kamele organisiert, mit denen wir zu zweit einen Ausflug in die Dünen machen sollten. Wir wären bis Sonnenuntergang geritten und hätten dann »per Zufall« ein Plätzchen entdeckt, wo auf einem Teppich ein feines Abendessen aus dem Hause Babayas auf uns gewartet hätte. Es war Emilie sogar gelungen, eine Flasche Châteauneuf-du-Pape aus Bamako einzuschmuggeln.

Am ersten April sollte Emilie ein schönes Abendessen zubereiten, mich in romantische Stimmung versetzen, dann das Licht löschen und mich auffordern, ins Bett zu kommen. Ich hätte mich dann durch die Dunkelheit getastet, wäre unter die Decke geschlüpft – und hätte dort Bou-djema in Emilies Nachthemd vorgefunden. Und dann wären alle anderen Kinder ins Zimmer gestürzt und hätten »*Primo Aprile!*« gerufen.

Als Emilie mir dies erzählte, war auch mir zum Weinen zumute. Einst war ich selbst als Besucher nach Araouane gekommen, doch nun verließ ich den Schoß meiner Familie.

Kapitel 10

Komme, was da wolle

Emilie sitzt auf einem alten Kamel, auf dessen narbenbedecktem Hals viele Vorbesitzer ihre Spuren hinterlassen haben. Ihre Füße sind mit dicken Blasen übersät; einige davon sind aufgeplatzt. Unter den Hautfetzen haben sich Sand und Blut zu einer dunklen Masse vermischt.

Ich selbst lasse mich an einem Seil hinter dem Kamel herziehen – wie ein Kind in einem Schlepplift am Skihang. Ich bin kaum noch in der Lage, meine blutenden Füße zu heben; sie schleifen über das Geröll und durch Dornengestrüpp. Die Sonne hat unsere Gesichter tomatenrot gebrannt. Gemeinsam mit unserem Kameltreiber Sidi Ali haben wir uns in zwei Tagen 110 Kilometer weit geschleppt. Wir haben fünfzehn Liter Wasser dabei und ein Paar Zehensandalen, die wir abwechselnd tragen. Große, übelriechende Schaumflocken werden vom Maul des erschöpften Kamels gegen mein Gesicht geweht, aber ich bin zu müde, um sie abzuwischen. Der große Penis des Tieres hängt unter seinem Bauch wie der Klöppel einer Kirchenglocke. Seit gestern fehlt dem Tier die Kraft, ihn wieder einzuziehen.

Endlich taucht vor uns in der Ferne Timbuktu auf. Emilie dreht sich langsam auf ihrem Kamel um.

»Frohes Erntedankfest«, sagt sie mit einem schwachen Lächeln. »Und, wenn ich richtig gerechnet habe, herzlichen Glückwunsch zu sechs Monaten Ehe.«

Alles war so ganz anders gekommen, als wir es uns erhofft und erträumt hatten. Im Frühling hatten wir es nach jener Aufforderung über Funk geschafft, von Araouane nach Timbuktu zu kommen. Von dort waren wir in einem Autokonvoi zusammen mit anderen Ausländern nach Bamako gebracht worden, von wo aus wir das Land mit einem planmäßigen Linienflug verlassen konnten. Wir

245

hatten ohnehin vorgehabt, zu Beginn des Sommers in die Vereinigten Staaten zu reisen, und geglaubt, die Unruhen würden sich bis zu unserer geplanten Rückkehr wieder legen.

In Amerika angekommen, verschickten wir Einladungen für eine rauschende Hochzeitsfeier, die wir im kommenden Winter in Araouane abhalten wollten. Offiziell hatten wir uns bereits ein Jahr zuvor im Rathaus von Manhattan das Jawort gegeben, doch nun wollten wir zu diesem Anlaß alle unsere Freunde aus der ganzen Welt um uns versammeln. Geplant war ein einwöchiges Galafestival mit einem Festschmaus aus ganzen gebratenen Kamelen und Gemüse aus dem Garten, und die Krönung sollte die Erneuerung unseres Eheversprechens am Valentinstag sein. Mehr als sechzig Gäste aus Europa, Australien und Amerika hatten ihr Kommen zugesagt, und es gelang uns sogar, Swissair zu einem Sonderflug von New York nach Timbuktu zu überreden. Mit diesem Fest sollte aber nicht nur unsere Heirat, sondern auch die Wiederauferstehung Araouanes gefeiert werden.

Den Sommer über reisten wir durch Australien, wo wir die urwüchsige Vegetation des Hinterlandes erforschten und Samen von jenen Wüstenpflanzen sammelten, die den Aborigines schon seit uralten Zeiten als Nahrung dienten. Wir glaubten, daß die »Buschmahlzeit«, wie die Australier sie nannten, auch in der Sahara gedeihen und für ihre Bewohner eine verläßliche Nahrungsquelle darstellen könnte.

Die Reise war sehr erfolgreich. Wir spürten verschiedene kenntnisreiche australische Hinterlandfarmer auf, die uns auf jede erdenkliche Weise unterstützten. In kürzester Zeit waren wir im Besitz eines reichen Samenvorrats und genauer Informationen zu ihrem Anbau.

Wir verspeisten Känguruhs, Krokodile, Eidechsen, Riesenmaden, die berühmten *witchetty grubs* – holzbohrende eßbare Raupen einer australischen Motte – und sogar australische Kamele. Wir verbrachten viel Zeit bei den Aborigines, wo wir lernten, Buschpflanzen zu ernten, zuzubereiten und zu essen. Wir schliefen unter dem großartigen Sternenhimmel mit dem Kreuz des Südens über uns; wir schwammen und fischten im Pazifik, im Indischen

Ozean und der Arafurasee; ja, wir waren sogar versucht, uns auf einer 263 000 Hektar großen Ranch niederzulassen, die der Besitzer uns für 74 Cent pro Hektar verkaufen wollte. Auf dem Heimweg verbrachten wir noch einige Tage in Bali. Es waren gewissermaßen unsere Flitterwochen zwischen unserer amtlichen Eheschließung in New York und der »richtigen« in Araouane. In den Staaten erwarteten uns böse Neuigkeiten in Gestalt eines Briefes von Mohammed Ali. Wie er schrieb, sei das Dorf im Mai, einen knappen Monat nach unserer Abreise, von bewaffneten Tuaregrebellen angegriffen worden, die alle wertvollen Projektgegenstände hatten mitgehen lassen. Der neue Landrover, der Generator, die medizinische Ausrüstung, die Werkzeuge, die Lebensmittel, unsere Kameras, der Videorecorder, die Schreibmaschinen, Kompasse, Ferngläser, Gabeln, Löffel und Messer – alles war weg. Das einzige, was ihnen entgangen war, war das Funkgerät.

Die Guerillas hatten keinen der Dorfbewohner verletzt, und Mohammed Ali betonte, daß alle um den Erhalt des Gartens gekämpft hätten. Zumindest *das* hatten die Rebellen ihnen nicht nehmen können. Die Menschen von Araouane hatten gelernt, für sich zu sorgen, und sie gaben auch in einer kritischen Situation nicht auf. Wenn unsere Freunde in Araouane so tapfer waren, dann durften auch wir nicht das Handtuch werfen.

Mein Bruder Peter trieb einen neuen Landcruiser Diesel für uns auf. Dann tätigten Emilie und ich einen Großeinkauf, um alle Dinge zu ersetzen, die die Rebellen gestohlen hatten. Wir genossen zu viele köstliche Schweizer Mahlzeiten, und bevor wir aufbrachen, sah ich nach drei Jahren zum ersten Mal wieder Schnee.

Als wir die Sahara durchquerten, schlug uns eine bislang unbekannte Feindseligkeit gegen Ausländer entgegen. In Algerien bewarfen Kinder unseren Wagen mit Steinen, und wir mußten eine Fensterscheibe durch Sperrholz ersetzen. Afrika hieß uns nicht willkommen.

In der südalgerischen Stadt Tamanrasset statteten wir dem malischen Konsulat aufgrund einer Sondereinladung einen Besuch ab: In New York hatte uns Malis UN-Botschafter ein Schreiben mitgegeben, in dem alle militärischen und zivilen Behörden von Mali aufgefordert wurden, uns bei der Wiederaufnahme des Projekts behilflich zu sein. Der Konsul empfing uns freundlich, weil aber das Wüstengebiet, durch das wir reisen mußten, von den Tuareg kontrolliert wurde, hatte er nicht viele Möglichkeiten, uns zu helfen. Wir konnten nur dann auf eine sichere Reise hoffen, wenn wir mit den Rebellen persönlich Kontakt aufnahmen.

Über eine Reihe von Vermittlern gelang es uns schließlich, bis zum Sekretär der Mouvement Populaire pour la Libération de l'Azaouâd vorzustoßen. Er hieß Houssein Faradji und wurde uns als malischer »Flüchtling« vorgestellt. Er war ein ängstlicher, nervöser Mann und fürchtete, jeden Moment könne seinem Leben durch einen mysteriösen »Unfall« ein Ende gesetzt werden. »Öffentlich werden uns die Algerier keines Vergehens bezichtigen«, sagte er. »Immerhin sind wir Weiße wie sie und bekämpfen die schwarzen Malier, die traditionell unsere Feinde sind. Doch noch immer tun die Algerier alles, um unseren Sieg zu verhindern. Keiner von Malis Nachbarstaaten wünscht unseren Erfolg, weil sie befürchten, daß dies die Initialzündung für Tuaregaufstände im eigenen Land sein könnte. Der einzige, der uns beisteht,« fuhr er fort, »ist Moamar al Gaddhaffi. Wir möchten mit einem so unberechenbaren Mann eigentlich keine Geschäfte machen, aber was wollen wir tun? An wen könnten wir uns sonst wenden? Sogar die Islamische Allianz, die mit Sicherheit über genügend Geld verfügt, ist gegen uns, weil einige Tuareg vorgeben, Christen zu sein, um von Missionaren Nahrungsmittel zu erhalten.«

Das traurige Schicksal Houssein Faradjis und seines Volks bewegte uns tief, aber wir verstanden nicht, warum es für die Tuareg einen Grund geben sollte, *uns* anzugreifen. Niedergedrückt erklärte er uns, daß die Kommunikation unter den Guerillas zusammengebrochen sei. Somit war kein Führer der Tuareg in der Lage, uns eine Zusicherung für freies Geleit zu geben, die auch von den anderen respektiert werden würde, und viele Nomaden würden jeden ausrauben, der durch ihr Gebiet käme.

»Ich wette hundert zu eins, daß Sie keine Chance haben, von Tamanrasset direkt nach Timbuktu zu kommen«, sagte er düster. »Irgendwer wird Ihnen unterwegs das Auto wegnehmen, Ihre Vorräte, alles.«

Wir verließen den niedergeschlagenen Mann in ebenfalls sehr gedrückter Stimmung. Unsere einzige Möglichkeit schien ein 2000 Kilometer langer Umweg durch Niger zu sein. Das hieße, mit einer wertvollen Fracht ein weiteres Land zu durchqueren, das in dem Ruf stand, jeden ungeniert auszubeuten. Nach allem, was wir gehört hatten, war Niger ein mit schwerbewaffneten Militärkontrollstellen gespicktes Land, wo jedes Fahrzeug unerbittlich von Soldaten angehalten wurde, die saftige Bestechungsgelder forderten. In der Wüstenregion nahe der Grenze zwischen Algerien und Niger nahm Emilie das Fernglas nicht mehr von den Augen. In diesem Gebiet waren schon so viele Lastwagen von den Rebellen angegriffen worden, daß wir vor lauter Vorsicht fast den Verstand verloren. An jedem Felsvorsprung und an jeder Sanddüne, hinter denen man nur vage ein verstecktes Fahrzeug vermuten konnte, rasten wir in halsbrecherischem Tempo vorbei.

Es dauerte anderthalb Tage, bis man uns am Kontrollpunkt die erforderlichen Papiere unterzeichnet und abgestempelt hatte. Andere Reisende, die auch auf ihre Zollabfertigung warteten, erzählten, die Rebellen hätten vor kurzem einem Dutzend europäischer Touristen Fahrzeuge und Habseligkeiten gestohlen, sie bis aufs Hemd ausgezogen und ihnen gute Reise gewünscht, bevor sie sie mitten in der Wüste ihrem Schicksal überlassen hatten. Auf einen anderen Konvoi mit Franzosen und Deutschen hatten die Tuareg das Feuer eröffnet. In der Nacht war eine Armeepatrouille aus Niger auf die verletzten Männer in ihren manövrierunfähigen Wagen gestoßen und hatte, da sie sie für Rebellen hielt, erneut auf sie geschossen. Drei Touristen wurden getötet und die anderen schwer verletzt.

Wir passierten den Kontrollpunkt und fuhren weiter. Kurz vor Einbruch der Dunkelheit kamen uns mehrere Fahrzeuge von Süden her mit blinkenden Scheinwerfern entgegen, um uns zum Anhalten zu bewegen. Wir hatten zuvor beschlossen, solche Aufforderungen sicherheitshalber immer zu ignorieren und zu versuchen, sämtlichen Armee- oder Rebellentrupps zu entwischen, statt mit an Sicherheit grenzender Wahrscheinlichkeit ausgeplündert zu werden. Doch als die Fahrzeuge näherkamen, mußten wir jede

Hoffnung auf einen Fluchtversuch begraben: Es handelte sich um drei Schützenpanzer. Auf dem ersten drängten sich Soldaten mit Granatwerfern, auf dem zweiten prunkte eine schußbereite Kanone, die direkt auf uns zielte, und auf dem dritten befanden sich einige Dutzend Männer in Uniform, die uns über die Läufe ihrer Sturmgewehre hinweg entgegenstarrten.

Wir hielten an, ohne überhaupt zu wissen, wen wir vor uns hatten. Es waren Schwarze und von daher keine Tuaregrebellen, aber wir konnten nicht ausmachen, ob es sich um legale Truppen handelte. Einer der Männer kam zu unserem Auto herüber und grüßte. Das war ein gutes Zeichen. Es war ein sehr kleiner Mann mit einem freundlichen Lächeln, das hier merkwürdig fehl am Platze schien. Er fragte uns höflich, ob alles in Ordnung sei oder ob wir Hilfe bräuchten. Unsere Erleichterung war groß, doch ebenso groß war auch der Schrecken, den wir nachträglich empfanden; wenn wir ihnen nur ein wenig später am Abend begegnet wären, hätten wir möglicherweise nicht gesehen, daß sie schwerbewaffnet waren, und wären der Aufforderung anzuhalten, nicht nachgekommen. Wir hätten das Gaspedal bis zum Anschlag durchgetreten und wären wahrscheinlich im nächsten Moment von Granaten zerfetzt worden.

Niger entpuppte sich als ein einziges Heereslager. Wahrscheinlich bekamen wir dort mehr Maschinengewehre als Ziegen zu Gesicht. Dennoch kamen wir mit einer blutigen Nase davon: Bei einem Kontrollpunkt verlangte ein Soldat, meinen Paß zu sehen, und als ich den Kopf senkte, um ihn aus meiner Gürteltasche zu holen, knallte ich gegen seinen Gewehrlauf.

Im allgemeinen waren die Behörden von Niger jedoch sehr entgegenkommend. Selbst hier wirkte unser Empfehlungsschreiben vom malischen Botschafter noch äußerst überzeugend. Da Nigers Regierung wie die malische aus Schwarzen besteht, empfanden die Beamten wenig Zuneigung für die Tuaregrebellen, und den Guerillas gegenüber waren sie nicht anders eingestellt. »Bringt sie alle um«, pflegten die Beamten zu sagen. »Dann ist das Problem gelöst.«

Wir fuhren nach Mali hinein, überquerten den Niger bei Gao mit einer Fähre und nahmen dann Kurs auf Mopti, um dort unsere

Vorräte aufzufüllen. Wir kauften fast zwölf Tonnen Hirse, Sorghum und Baobabpulver und brachten die Ladung auf einem Lastkahn nach Timbuktu.

Am selben Tag, als wir in Timbuktu eintrafen, zitierte uns der neue Gouverneur zu sich. Lamine Diabira, der unser Projekt so begeistert gefördert hatte, war wegen Unterstützung einer fehlgeschlagenen Konterrevolution im Gefängnis gelandet. Trotz der dramatischen Lebensmittelknappheit infolge des Krieges und der chronischen Unfähigkeit der Regierung, die eigene Bevölkerung zu ernähren, zeigte der neue Gouverneur nur wenig Interesse an unseren Plänen, Araouanes Überlebenskampf zu unterstützen. Über das Sozialversicherungsamt forderte er eine Nachzahlung von 9000 Dollar für die »Sozialversicherung«, beschränkte sich aber auf 300 Dollar, als ich damit drohte, das Land zu verlassen, ohne auch nur einen einzigen müden Cent mehr zu spenden. Obwohl er mein Projekt anscheinend nicht mochte, brachte er es doch nicht übers Herz, sich eine so fette Beute, aus der gegenwärtig und zukünftig noch viel herauszupressen war, entgehen zu lassen.

Im Landrover nach Araouane zu fahren, wurde uns vom Gouverneur untersagt. Seiner Meinung nach würden die Rebellen ihn mit Sicherheit stehlen. Er erlaubte uns, per Kamel und nur mit einer kleinen Ladung an Vorräten zu reisen, damit die Guerillas keinen reichen Fang machten, wenn sie uns ausraubten. Bevor wir aufbrachen, mußten Emilie und ich eine Erklärung unterzeichnen, in der wir die malische Regierung von jeglicher Verantwortung für unsere Sicherheit entbanden.

Mehrere Tage lang packte Emilie unsere Vorräte in Zentnersäcke um, die man den Kamelen aufladen konnte, und ich ging einen Karawanenführer suchen. Dies erwies sich als äußerst schwieriges Unterfangen, da alle Nomaden in die Wüste geflohen waren. Timbuktu hatte sich in eine Geisterstadt verwandelt. Das Luxushotel Azalai, wo wir bei unseren Aufenthalten in der Stadt abzusteigen pflegten, war ohne Licht. Dem Manager war der Treibstoff für den Generator ausgegangen, und jetzt hatte er kein Geld, neuen zu besorgen.

Überall herrschte Panik und Mißtrauen. Jeder, der nicht geflohen war, wurde mit Argwohn betrachtet. Gerüchte verbreiteten sich völlig unkontrolliert – von jedem Bericht über Rebellenangriffe gab es verschiedene Versionen, die modifiziert oder dementiert wurden, wenn angebliche Opfer wieder auftauchten. Doch die Wirklichkeit war nicht weniger entsetzlich. Fast allen Hilfsorganisationen war zumindest ein Fahrzeug gestohlen worden, und gehörten die Fahrer dem Stamm der Bambara an, so wurden sie routinemäßig erschossen.

Die nördlichen Vorortgebiete, wo man sonst immer die Karawanenreisen organisiert hatte, waren nun wie leergefegt. Die Mauren mit ihren Kamelherden, die Kaufleute, die Getreide, Zucker oder Tee anboten, die Müßiggänger, die das Neueste von den Reiserouten zum besten gaben – sie alle waren verschwunden. Azou, einer der Jungen, die ständig durch die Straßen Timbuktus gezogen waren, erzählte uns, was sich ereignet hatte.

Im März hatte die schwarze Bevölkerung ihren Aggressionen freien Lauf gelassen und alle Tuareg und Mauren, die sie finden konnte, ausgeplündert und getötet. Gerechtfertigt hatten sie sich mit Gerüchten über einen angeblichen Plan der Araber, selber ein Massaker zu veranstalten.

»Um einige der getöteten Araberkinder tat es mir leid«, sagte Azou, »weil sie meine Freunde waren. Aber das Plündern hat großen Spaß gemacht. Es hat nicht allzu viel gebracht, weil alles dabei zerstört wurde, aber lustig war es trotzdem. Ich bin noch nie im Wasser geschwommen«, fuhr er fort und machte Kraulbewegungen, »aber an diesem Tag schwamm ich in Menschen. Überall auf der Straße lagen zerrissene Stoffe und Sand, der mit Reis, Hirse und Maismehl vermischt war. Die Armee hatte uns gesagt, die Araber seien bewaffnet, und deshalb sind wir in ihre Häuser eingedrungen und haben alles zerbrochen. Einige Mauren und Tuareg haben wir tanzen lassen, bevor wir sie töteten.«

Ein paar Nomaden trieben sich noch in den Außenbezirken herum und zogen sich sofort in die Wüste zurück, wenn schwarze Banden in ihre Nähe kamen. Die Regierung hatte Sicherheitstruppen, sogenannte *moniteurs*, abkommandiert, die offiziell alle verdächtigen Umtriebe melden sollten, aber manchmal lynchten sie die von ihnen entdeckten Mauren oder Tuareg; sie erschlugen sie oder ließen sie tanzen, bevor sie sie erschossen.

Mit der Unterstützung eines sehr dunkelhäutigen, aus Araouane stammenden Arabers namens Malik überredete ich einen der wenigen zurückgebliebenen Mauren, über die Anmietung von Kamelen zu verhandeln, doch das Gespräch war kurz und fruchtlos. Er verlangte den doppelten Preis für eine Karawane, die nur den halben Weg bis Araouane zurücklegen sollte. Da ich mich nicht mitten in der Wüste nach neuen Kamelen umsehen wollte, lehnte ich ab. Der nächste Nomade, den ich auftreiben konnte, war ein runzliger alter Mann in einem zerlumpten *boubou*; er bestand darauf, daß ich den überwiegenden Teil meiner Vorräte zurückließ, da er nicht genügend Kamele hatte. Alle meine alten Nomadenfreunde waren verschwunden, und es war deutlich zu spüren, daß diese Fremden nichts mit mir zu tun haben wollten.

Zu guter Letzt fand ich doch einen Mann, der gegen normale Bezahlung zu der Reise bereit war. Sidi Ali Ould Raïs, ein kleiner, hagerer Maure in einem dunkelblauen *boubou*, verstand zwar kein Wort meines klassischen Arabisch, aber sein Unterhändler sprach fließend Französisch. Bald hatten wir uns auf alles geeinigt – die Anzahl der Kamele, Gewicht und Menge der Gepäckstücke, den Preis sowie Ort und Zeitpunkt der Abreise.

Als die Zeit zum Aufbruch gekommen war, präsentierten wir stolz unseren Neuerwerb für Karawanenreisen – einen Kamelsattel aus Alice Springs, Australien. Dieser bestand aus einem Metallrahmen, der zu beiden Seiten genau neben den Kamelhöcker paßte, vorne einen bequemen und sicheren Sitzplatz und hinten noch Raum für Gepäck bot. Alle waren von der Vorrichtung tief beeindruckt. Ein alter Mann starrte einige Minuten lang mit offenem Mund darauf, trat voller Ehrfurcht einen Schritt zurück und plumpste zu Boden. Dort blieb er sitzen und murmelte, niemand, der so respektlos in Gottes Fügung eingreife, werde seinem Strafgericht entgehen.

Emilie war noch neun Monate zuvor auf dem Kamelrücken von Araouane nach Timbuktu geritten, aber ich war schon seit vier Jahren nicht mehr so gereist. Wir freuten uns beide auf eine schöne einwöchige Wüstenwanderung – darauf, unseren neuen Sattel einzuweihen, an den kühlen Abenden am Lagerfeuer unseren Tee zu schlürfen und in den sternenübersäten Himmel zu schauen.

Am Sonntag vor dem Erntedankfest verließen wir Timbuktu mit Sidi Ali, seinem kleinen Halbbruder Hamma und zehn Kamelen. Der Junge hatte glattes, glänzend schwarzes Haar, und seine dünnen Beine schienen nur aus Muskeln und Sehnen zu bestehen. Auch in diesem Jahr hatte es wieder ergiebig geregnet. Die Wüste, noch vier Jahre zuvor ein Meer aus Sand, war nun mit Pflanzen aller Art bedeckt. Überall standen kniehohe *cram-cram*-Büsche mit hübschen sternförmigen weißen Blüten, die, wenn man sie berührt, die Haut teuflisch jucken lassen. Doch selbst hier in der vollkommenen Einsamkeit der Wüste war der Krieg nicht weit. Die meisten Brunnen waren zerstört, oder es war zu gefährlich, sich ihnen zu nähern. Als Hamma eines Morgens von einer Wasserstelle zurückkam, enthielt sein Beutel nur eine erbärmlich kleine Menge einer geleeartigen Flüssigkeit. Unser Mittagstee hatte die Farbe und die Konsistenz von purem Öl. Am nächsten Morgen erblickten wir zwei Mauren auf Kamelen. Sie trieben ihre Tiere zum Galopp an, und als sie den Kamm einer Düne erreicht hatten, versteckten sie sich hinter einem großen Busch. »Jetzt sehen schon die Nomaden Gespenster«, sagte ich lachend. »Sie denken, wir sind Guerillas.«

Doch eine Minute später verging mir das Lachen. Drei Männer stürmten hinter einer Düne hervor; zwei von ihnen hielten Maschinengewehre, und der dritte schoß wild mit einer Pistole um sich. Der Mann mit der Pistole wies uns gestenreich an, die Hände über den Kopf zu heben. Für Emilie wie auch mich war diese Situation ziemlich neu, aber uns war sofort klar, daß man einem Mann mit einem Schießeisen unter allen Umständen und umgehend gehorchen muß.

Der Kerl schien übergeschnappt zu sein oder unter Drogen zu stehen. Er sprang wild umher und schoß ziellos in die Gegend. Er trug eine verlotterte Uniform und hatte sein Gesicht, anders als seine beiden Genossen, nicht in Tuaregmanier mit einem Turban verhüllt.

Er steckte die Pistole in die Tasche und filzte mich gründlich. Ich bemerkte, daß er vergessen hatte, seine Waffe zu sichern, und betete, er möge sich die Eier abschießen.

Als er zu Emilie hinüberging, spürte ich einen Kloß in der Magengrube. Ich wußte – wenn er sie mißbrauchen wollte, müßte ich machtlos zusehen. Die anderen beiden hielten ihre Maschinengewehre für den Fall auf mich gerichtet, daß ich damit nicht einverstanden war.

Als er näherkam, lächelte Emilie und sprach ihn auf französisch an.

»Wie geht es Ihnen, Monsieur?« fragte sie.

»Gut, und Ihnen, Madame?«

»Danke, gut.«

Er durchsuchte sie höflich und diskret und schoß kein einziges Mal. Dann kam er zu mir zurück und befahl mir, Hosenträger, Gürtel, Hose und Schuhe abzulegen. Die ganze Zeit über sah ich ihm nicht ein einziges Mal direkt ins Gesicht. Meine Augen hingen unverwandt am Lauf seiner Pistole. Die schwarze Mündung sah schrecklich groß aus. Wenn ich dem Mann heute begegnete – ich würde ihn mit Sicherheit nicht wiedererkennen.

Nun probierten die Banditen die Hosenträger aus – allerdings ist es schwierig, Hosenträger an einem *boubou* anzubringen. Dann inspizierten sie den Gürtel, betrachteten neugierig den innen eingearbeiteten Reißverschluß und warfen ihn zu ihren anderen Beutestücken. Hätten sie sich ein wenig länger mit dem Reißverschluß beschäftigt, so hätten sie in der Geheimtasche 2500 Dollar entdeckt.

Als ich versuchte, ein wenig mit den Banditen zu verhandeln, rief Emilie mir auf englisch zu: »Ernst, nimm deine Arme etwas herunter. Die andere Geldbörse guckt unter deinem Hemd hervor!«

Ich ließ die Arme sinken, aber der eine Maschinengewehrschütze brüllte mich an und tat, als wolle er mich erschießen, falls ich sie nicht wieder hochnähme. Ich verdrehte mich wie eine Brezel bei dem Versuch, die Arme oben und mein Hemd unten zu halten. Dank Emilies Warnung blieben uns weitere 3000 Dollar erhalten.

Und nun redete Emilie geduldig auf die Banditen ein. »*Messieurs*«, sagte sie, »*passeport, s'il vous plaît.*«

Erstaunlicherweise gaben sie Emilie den Ausweis zurück. Auf weitere Bitten erhielt auch ich meinen Paß, meine Hose und meinen Geldgürtel. Aber da endete ihre Freundlichkeit.

Die Banditen nahmen alle unsere Kamele bis auf eines und zogen ab. Der Pistolenheld schoß ein paarmal in die Luft und drohte, uns zu töten, falls wir ihnen folgten. Sie nahmen Hamma mit, und sobald sie hinter den Dünen verschwunden waren, hörten wir zwei Maschinengewehrsalven und zwei Pistolenschüsse. Sidi Ali stand versteinert da.

Wir wußten nicht, ob sie Hamma tatsächlich getötet hatten oder uns nur Angst einjagen wollten. Emilie schlug vor, zu warten und später nach Hamma zu sehen, aber das wäre reiner Selbstmord gewesen – entweder war er bereits tot, oder die Schüsse sollten eine Warnung für uns sein, die Verfolgung nicht aufzunehmen.

So kam es, daß wir uns mitten in der Wüste mit einem alten Kamel, fünfzehn Litern Wasser, einem Paar Sandalen und 100 Kilometer zwischen uns und Timbuktu wiederfanden.

Ich war sehr stolz auf Emilie. Terrorismus und Banditentum waren schwerlich ein Teil ihrer vorstädtischen Erziehung gewesen, aber sie hatte sich prächtig bewährt. Auch ich hatte mit Waffen bisher eher wenig Umgang gehabt. Abgesehen von etwas Schießsport in meiner Jugend und einigen unbedeutenden Begegnungen mit alten Jagdgewehren hatte ich erst einmal direkt in den Lauf eines geladenen Gewehrs sehen dürfen, als vor langer Zeit in Beirut ein palästinensischer Hitzkopf an meiner Liaison mit einer Araberin Anstoß nahm.

Im Gehen lamentierten wir vor uns hin und beredeten den Überfall noch einmal in allen Einzelheiten; nur auf Hammas Schicksal gingen wir bewußt nicht ein, um Sidi Ali weiteres Leid zu ersparen.

»Alle die auserlesenen Samen sind weg!« klagte ich. »Unsere ganze Australienreise war umsonst!«

»Unser Spezialsattel!« jammerte Emilie.

»Unsere Werkzeuge!«

»Unser Festmahl zum Erntedanktag! Die Flasche Bordeaux!«

»Alle unsere Anziehsachen, Bücher, Lebensmittel ...«

»Kurts Kamelzartmacher«, sagte Emilie und begann zu grinsen.

»Oh, mein Gott!« Wir sahen uns an und brachen trotz allem in Lachen aus.

Wir hatten meinem Bruder Kurt, dem Ernährungswissenschaftler, erzählt, die meisten Kamele, die wir in Araouane verzehrten, seien alt und zäh. »Kein Problem«, hatte Kurt gesagt. »Wir haben einen Fleischzartmacher, der aus Schuhleder ein Filet Mignon zaubert.«

Einige Tage später gab er uns einen Glasbehälter mit einem braunen Pulver. Laut Beipackzettel enthielt das Fläschchen nur die aktiven Bestandteile des Zartmachers; dem Pulver waren Salz und Gewürze vollständig entzogen worden, um den Transport zu erleichtern. »Auf einen Teil des Pulvers kommen hundert Teile Salz und Gewürze nach Geschmack«, stand auf dem Zettel. »Eine Winzigkeit des Pulvers genügt, sonst durchlöchert es die Eingeweide.« Während wir uns nun Timbuktu entgegenschleppten, stellte ich mir mit Emilie vor, wie die Nomadenräuber ihr Siegesmahl mit unserer Spezialzutat gewürzt verspeisten.

»Das Zeug brennt ihnen größere Löcher in den Bauch als jede Kalaschnikow«, sagte ich glücklich.

»*Bon appétit!*« meinte Emilie.

In Timbuktu angekommen, fielen wir im Büro von Île de Paix Maurice und Viviane in die Arme. Sie hatten in der letzten Nacht kein Auge zugetan.

»Wir haben uns solche Sorgen gemacht«, sagte Maurice. »Vorgestern hörten wir über Funk aus Araouane, daß die Rebellen auf der Suche nach euch erneut das Dorf angegriffen haben. Als sie euch nicht fanden, drehten sie durch. Sie haben Mohammed Ali mißhandelt, seinen Morgentee ausgeschüttet und dann seine Teekanne, die Gläser und alles andere, was nicht niet- und nagelfest war, mitgehen lassen. Und wir wußten doch, daß ihr ihnen direkt in die Arme laufen würdet. Gott sei Dank seid ihr hier.«

In der folgenden Nacht fanden auch wir keinen Schlaf. Alle unsere Träume von der Rückkehr nach Araouane waren zerplatzt wie Seifenblasen. Beim Abendessen hatte uns der Ortsleiter des Roten Kreuzes einen Evakuierungsplan für Araouane vorgelegt. Emilie und ich hatten schon über eine Evakuierung gesprochen, aber sie schien nicht sehr sinnvoll zu sein. Evakuierung wohin? Nach Timbuktu? Wir konnten die Mauren nicht in die Stadt bringen, denn hier waren sie Freiwild. Nach Mauretanien? Dort wären die Schwarzen vogelfrei. Man munkelte, daß die mauretanischen

Araber für das Erschießen von Schwarzen nicht einmal einen Jagdschein brauchten.

Es gab keinen Ort, in dem beide – schwarze und weiße Araouaner gleichzeitig – sicher wären, und es hätte uns das Herz gebrochen, die Bevölkerung nach ihrer Hautfarbe zu trennen. Babayas schwarze Frau hätte in das eine Lager gehen müssen, seine weiße in das andere. Alles, was sich die Dorfbewohner gemeinsam erarbeitet hatten – die Schule, der Garten, die Bäume –, wäre dahin. Die Menschen von Araouane würden als eine von vielen hungernden Flüchtlingshorden in einer von vielen verwahrlosten Barackensiedlungen enden.

Wir sprachen über Funk mit den Dorfbewohnern – wunderbarerweise besaßen sie den Sender immer noch – und fragten sie, was sie tun wollten. Boudj übermittelte uns täglich Lageberichte in perfektem Französisch. Die Araouaner, so teilten er und Mohammed Ali uns mit, wollten bleiben.

Ihre Standhaftigkeit und ihr Mut gaben mir neue Kraft. Aller Not, allen Drohungen und Enttäuschungen zum Trotz hatten sie Durchhaltevermögen bewiesen. Ihre Habe war ihnen von den Rebellen genommen worden, ihre Entschlossenheit jedoch nicht. Schon die Tatsache, daß die Guerillas Araouane angegriffen hatten, war ein Beweis für den Erfolg unseres Projektes. Vor vier Jahren wäre den Tuareg nicht im Traum eingefallen, das Dorf auszuplündern, weil dort überhaupt nichts zu holen gewesen war. Doch nun, nach drei Jahren harter Arbeit, gab es reichlich frische Nahrungsmittel sowie massive Häuser und blühende Gärten, die man zerstören konnte. Das Kostbarste, was die Araouaner besaßen, vermochte ihnen jedoch niemand wegzunehmen: das Wissen, daß sie ihr Schicksal selbst in der Hand hatten.

In Timbuktu, bei Maurice und Viviane, hörten wir über Kurzwelle Nachrichten aus ganz Afrika. Der gesamte Kontinent schien in Aufruhr zu sein. Sudan und Äthiopien waren nach wie vor Schlachtfelder. Die Bevölkerung dieser Länder wie auch Somalias war vom Hungertod bedroht. In Südafrika wurden Schwarze von Schwarzen getötet. Aufstände und Unterdrückung wüteten in Kenia, Moçambique, Algerien, Madagaskar, Zaire und Nigeria.

Am 11. Dezember – wir hatten gerade zu Abend gegessen – hörten wir in der Ferne Maschinengewehrfeuer und als Antwort Schüsse aus der unmittelbaren Nähe unseres Hauses. Eine Granate explodierte direkt vor unserem Fenster und ließ die Holzfensterläden klappern. Am Morgen erfuhren wir, daß die Rebellen den Gouverneurssitz angegriffen hatten. Die militärische Ordnung war völlig zusammengebrochen, und es herrschten anarchistische Zustände. Männer mit Maschinengewehren durchstreiften die Straßen und drohten, Rotkreuzbeamte und jeden, der ihnen über den Weg lief, zu erschießen.

Wir beschlossen, uns aus dem Staube zu machen. Bei Dramane Alpha, einem Rotkreuzfahrer, den wir seit Jahren kannten, hinterließen wir Geld für Araouane. Außer einer Stammbesatzung des Roten Kreuzes wurden alle Mitarbeiter ausländischer Hilfsorganisationen aus Timbuktu evakuiert.

Die letzte direkte Verbindung mit Araouane war eine Funknachricht am Tag unseres Aufbruchs aus Timbuktu. Boudj wünschte uns eine gute Reise.

»Allen im Dorf geht es gut«, sagte der Junge. »Alle arbeiten, um den Garten wieder aufzubauen, wie du uns gesagt hast. Wir wünschen euch eine sichere Heimkehr und hoffen, euch bald wiederzusehen.«

Epilog

November 1992

Es dauerte fast ein Jahr, bis ich nach Araouane zurückkehren konnte. Wir hatten monatelang keine Nachricht aus dem Dorf erhalten. Eine Zeitlang hatte uns Alpha – postwendend gegen Zusendungen von Hämorrhoidensalbe – regelmäßig Bericht erstattet. Mohammed Ali arbeitete in Timbuktu für das Rote Kreuz und schaffte es von Zeit zu Zeit, den Nomaden Lebensmittelpakete für das Dorf mitzugeben. Bei einem dritten Raubzug jedoch war es den Tuareg schließlich gelungen, den Sender zu erbeuten, und seitdem hatte keiner der beiden mehr direkten Kontakt zu Araouane gehabt; allerdings kursierte das Gerücht, die Solarpumpen funktionierten nicht mehr.

Ende Oktober traf ich in Timbuktu ein, und kurz vor Erntedank überredeten Mohammed Ali und ich die Behörden, uns von zwei schwerbewaffneten Rebellen, die der Waffenstillstandskommission angehörten, im Landrover nach Araouane eskortieren zu lassen. Als das Dorf in der Ferne vor uns auftauchte, konnte ich meine Aufregung kaum unterdrücken. Wir fuhren an der Moschee vorbei von Osten her in die Stadt ein und dann zu Babayas Haus, um ihm unsere Aufwartung zu machen. Eine Horde Kinder umschwärmte das Auto, aber ich erkannte nur den kleinen Hussein. »Wo sind Boudj, Salim und all die anderen?« fragte ich.

Er murmelte etwas Unverständliches und sah verlegen aus.

»Na los«, sagte ich, weil ich annahm, sie hätten den Motorenlärm vielleicht nicht gehört. »Wo sind sie?«

»In Taoudeni«, sagte Hussein. »Sie sind alle dort.«

Babaya näherte sich mit einigen alten Männern. Nach den üblichen Formalitäten bestätigte er Husseins Bericht.

»Jeder, der arbeiten konnte, mußte nach Taoudeni gehen«, gab er zu. »Sie mußten Salz hauen, sonst wären wir alle verhungert.«

»Aber was ist mit all den Lebensmitteln passiert, die Mohammed

Ali euch geschickt hat?« schrie ich. »Ich habe jede Menge Kamele gekauft und genügend Vorräte, um das ganze Dorf damit zu ernähren!«

Die alten Männer schauten verdutzt, und Babaya zuckte mit den Achseln. Seit unserem letzten Zusammentreffen war sein stattlicher Bauch merklich dicker geworden.

Die alte Tata kam herbeigestürzt und schnatterte in ihrer üblichen Art laut drauflos: »Willkommen, Aebi, willkommen. Warum bist du so lange fort gewesen?«

Ich entdeckte den alten Baba Cambouse. »Was ist hier los?« fragte ich ihn. »Was ist geschehen?«

»Viele Probleme, viele Probleme«, sagte er. Er wandte sich ab, unfähig, mir ins Gesicht zu sehen.

Ich wanderte über das Projektgelände, um den Schaden genauer in Augenschein zu nehmen. Der Sand bedeckte sämtliche Windschutzmauern. Die Weinstöcke und praktisch alle Bäume waren tot und vertrocknet. Nur an den Stämmen einiger Oliven- und Feigenbäume entdeckte ich noch ein paar grüne Blättchen. In ihnen war zumindest noch ein Hauch von Leben.

Mein Haus hatte man gründlich ausgeplündert. Die Teppiche und Matten, das Geschirr, die Kameras und Kleidungsstücke waren gestohlen worden, die Fensterläden und Mauern von Kugeln durchsiebt. Das gesamte Mobiliar hatten sie zertrümmert und die Bedienungsanlage des Solarkollektors in kleine Stücke gehauen. An den Gegenständen, die die Rebellen nicht mitnehmen wollten, hatten sie ihre ganze Verachtung ausgelassen – ich fand stapelweise zerfetzte Bücher, Landkarten und Papiere, einen Haufen vertrockneter Gemüse und die Überreste von zwei Weinflaschen, die Emilie für meine verhinderte Geburtstagsparty eingeschmuggelt hatte.

In Mohammed Alis Schule lag noch immer ein Haufen Asche, wo die Tuareg zum Wasserkochen für ihren Tee die Schulbücher verbrannt hatten. Baba Boatna folgte mir von einem Ort zum anderen, doch als ich ihn auf französisch ansprach, schien der Junge mich nicht mehr zu verstehen.

Araouata gesellte sich zu uns und gestand, daß meine Lebensmittelladungen tatsächlich das Dorf erreicht hatten, Babaya sich aber geweigert hätte, sie zu verteilen. Viele entfernte Verwandte der arabischen Großfamilien hatten im Dorf Zuflucht gesucht, und sie hatten die Vorräte erhalten, die für die Gartenarbeiter bestimmt gewesen waren. Da die Schwarzen leer ausgegangen waren, hatten sie sich nicht mehr um den Gemüseanbau gekümmert, und waren darauf angewiesen, in die Sklaverei zurückzufallen. Araouata sagte, er habe versucht, die Mauren umzustimmen, und schäme sich für sein Versagen.

Als die Nacht hereinbrach, bestand unsere Rebelleneskorte aus Timbuktu darauf, daß wir den Landrover abschlossen. Noch nie zuvor hatte ich in Araouane ein Auto zugesperrt.

Am nächsten Morgen versammelte Baba die restlichen Einwohner im Theater. Alle alten Schwarzen sowie die meisten Araber kamen. Die Schwarzen setzten sich hinter die Araber. Nur der alte Baba saß neben mir.

Viel gab es nicht zu sagen. Ich teilte ihnen mit, ich hätte weder Lust noch Kraft zu einem Neubeginn – um so mehr, als die von uns gepflanzten Bäume ihnen sicher bald die Früchte ihrer Arbeit geschenkt hätten, wenn sie nur am Leben erhalten worden wären.

Die Araber nickten bedeutsam, die wenigen alten Schwarzen blickten zur Seite, und die Kinder kicherten. Salah Sultan, das Dorfoberhaupt, das schließlich doch von Timbuktu nach Araouane gezogen war, um Anschlägen zu entgehen, bedeckte das Gesicht mit dem Turban und machte ein Nickerchen.

Ich sagte, es gäbe eine Chance für die Wiederbelebung des Projektes, sobald es die politische Situation erlaube, aber diese Chance müßten sie sich erst einmal verdienen. Sie müßten alles versuchen, die wenigen noch lebenden Bäume zu retten und den Garten vor den heranrückenden Sandmassen zu schützen, genauso, wie sie es ja auch mit ihren Häusern machten.

Der alte Baba gestand, er habe die ganze Nacht kein Auge zugetan. »Ich schäme mich zutiefst, aber viel hätte ich nicht tun können – ich bin ja nur ein alter Mann«, sagte er. »Übrigens«, fügte er hinzu, »ist dieses Jahr wieder kein Tropfen Regen gefallen. Vielleicht ist das die Strafe dafür, daß wir den Garten nicht gepflegt haben.« Er schlurfte davon.

Ich wollte weg von hier. Überall im Dorf hingen Fliegenschwärme, alles sah häßlich aus. Ich brachte es kaum noch fertig, irgend etwas oder irgend jemanden anzusehen. Am Abend lud Salah Sultan uns zum Essen ein. Um nicht alles noch schlimmer zu machen, gingen wir hin. Ammas Vater Habbabu bediente uns, kein Schwarzer saß bei uns, keiner redete, und die Fliegen summten unaufhörlich um unsere Köpfe. Selbst an Araouanes Speisen konnte ich keinen Geschmack mehr finden, obwohl sich Habbabu an meine Lieblingsgerichte erinnert und sie gut zubereitet hatte. Nach dem dritten Glas Tee gingen wir schlafen. Ich hörte einen unserer Bewacher fluchen:»In diesem Scheißdorf gibt es nicht einmal Zigaretten.«

Und dennoch träumte ich davon, daß in Araouane eines Tages wieder Bäume wachsen würden. Wir hatten Samen in leblosen Sandboden gesät, und er war aufgegangen. Und auch in den Herzen vieler Dorfbewohner war so mancher Same auf fruchtbaren Boden gefallen, so daß ich die Hoffnung trotz allem nicht gänzlich aufgeben konnte.

Dann hatte ich eine Idee. Wegen der Unruhen wagten sich die Nomaden nicht mehr in die Städte, um dort ihre Kamele, Ziegen und Schafe zu verkaufen. Demzufolge waren ihre Herden riesengroß geworden – auf unserer Reise hatte ich gesehen, wie sie manchmal den gesamten Horizont bedeckten. Da gab es Nahrung im Überfluß, und doch war das Land auf ausländische Hilfe angewiesen!

Wieder in Timbuktu angelangt, gab ich Mohammed Ali 2000 Dollar in westafrikanischer Währung. Alpha erhielt 600 Dollar und dazu den Generator, die Werkzeugkisten und die Kleidungsstücke, die Emilie und ich bei unserem letzten Horrortrip in Timbuktu zurückgelassen hatten; er sollte alles verkaufen. Ich schlug den beiden vor, von den Nomaden Vieh zu kaufen, es zu schlachten, das Fleisch in der Sonne zu trocknen und es zur Versorgung der Notleidenden zu verkaufen. So würden sie nicht von Sardinen aus Japan und Corned Beef aus Finnland und Dänemark abhängig sein, denn das schafften die Reichen ohnehin für sich beiseite.

Die Idee gefiel ihnen. Mohammed Ali als Araber konnte sich furchtlos in die Wüste wagen, Alpha als Schwarzer das Fleisch auf dem Markt von Timbuktu anbieten. Ginge alles gut, so könnten sie

Araouane zum Umschlagplatz für den Handel mit den Nomaden machen. Ich hoffe, ihr werdet stinkreich, sagte ich zu ihnen, denn dann wißt ihr, daß es funktioniert. In der Zwischenzeit wollte Mohammed Ali mich über das Leben im Dorf auf dem laufenden halten. Es gab nicht viel zu tun. Nur ein paar halbvertrocknete Oliven- und Granatapfelstecklinge mußten versorgt werden. Aber das war auch gut so, denn damit blieb der Neubeginn überschaubar. Und vielleicht – wenn in ein oder zwei Jahren die Kalaschnikows im Sand erstickt wären und das Leben wieder in geordneten Bahnen verlief – würde die Saat der Unabhängigkeit erneut aufgehen.

Sobald ich grünes Licht bekomme, kehre ich nach Araouane zurück.

Danksagung

Kein Name der in diesem Buch vorkommenden Personen ist erfunden. Ich danke denen, die es verdienen, und erwäge zuweilen, denen zu vergeben, die es eigentlich nicht verdienen.

Ich möchte einige Personen namentlich hervorheben, die in meinem Buch nicht erwähnt werden. Dank Jonah Blank, dem Autor des indianischen Reiseepos *Arrow of the Blue-Skinned God*, las sich mein Manuskript schließlich so, als beherrsche ich das Englische gut und sei ein passabler Schriftsteller. Vielen, vielen Dank dafür! Suzanne Gluck, meine Agentin bei ICM, hatte glücklicherweise die geheimnisvolle Seelenverwandtschaft zwischen Jonah und mir erkannt und uns zusammengebracht. Danken möchte ich meiner Lektorin bei Simon & Schuster, Rebecca Saletan, für zahlreiche exzellente Verbesserungsvorschläge; sie ist eine der wenigen Personen, von denen ich immer gern Kritik entgegennehme, weil sie stets konstruktiv ist. Ein besonderes Dankeschön geht an Jeri Biehl, der es mir ermöglicht, durch die Welt zu reisen, indem er alle meine Angelegenheiten zu Hause regelt.

Und aus vielen naheliegenden Gründen danke ich Araouane – vor allem aber dafür, daß ich dem Dorf die Bekanntschaft mit Emilie verdanke.